In 26 Jahren durch Afrika
Gerhard Christian Jaksch

Für Susanne

Mit lieben Grüßen

von Gerhard

Gerhard Christian Jaksch

In 26 Jahren durch Afrika

Sieben Reisen, ein Fahrrad und 13.000 quälend lange Kilometer dazwischen

FSC
www.fsc.org
MIX
Papier aus verantwortungsvollen Quellen
Paper from responsible sources
FSC® C105338

Bibliografische Information der Deutschen Nationalbibliothek:
Die Deutsche Nationalbibliothek verzeichnet diese Publikation in der Deutschen Nationalbibliografie; detaillierte bibliografische Daten sind im Internet über http://dnb.dnb.de abrufbar.

https://www.gerhard-jaksch.de

1. Auflage

Herstellung und Verlag:
BoD – Books on Demand, Norderstedt

ISBN: 978-3-7583-2183-2

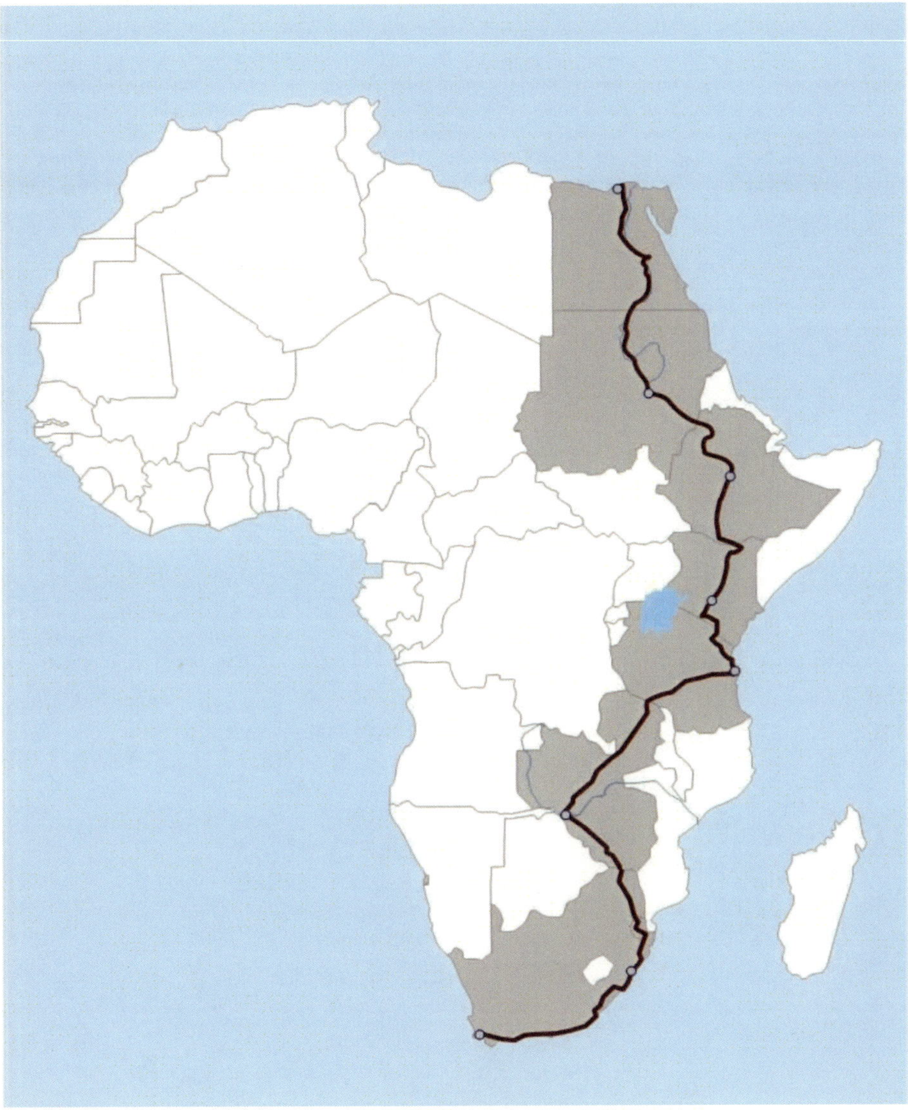

Die gesamte Radstrecke durch Afrika

Von Kapstadt bis nach Alexandria

INHALT

Auszug aus meinem Tagebuch

Kenia, 5 Kilometer vor der Grenze nach Äthiopien:

„... Nur noch fünf Kilometer, aber es geht steil bergauf in dieser extremen Hitze zur Mittagszeit. Es wird noch steiler und ich komme nur noch auf ein Tempo von gerade mal sechs Kilometer in der Stunde. Das heißt fasst noch eine Stunde auf dem Rad bei dieser Hitze. Ich brauche dringend Schatten, denn ich habe das Gefühl schon einen Hitzschlag zu haben. Noch drei Kilometer, ich bleibe stehen. Die LKWs und Busse donnern an mir ohne Rücksicht vorbei und stauben mich ein. Auf meiner Haut hat sich schon eine Staubschicht gebildet. Ich scheine einen jämmerlichen Eindruck auf die Menschen zu machen. Jeder von ihnen frägt mich mitleidig „How are you?". Habe ich bisher mit „good, thanks" geantwortet sage ich jetzt nur noch „i am ok". Noch zwei Kilometer, Trinkpause. Mein Wasser geht zuneige, aber vielleicht finde ich hier ja schon ein Geschäft, eine Bar oder noch besser einen Biergarten, nichts davon zu sehen. Mein Tacho lügt nicht, er will mich noch 1,5 Kilometer quälen und es wird noch steiler. Noch 800 Meter. Ich bleibe stehen; mein Wasser ist aufgebraucht. Ein kleiner Junge steht neben mir und frägt mich, ob ich Durst habe. Ich sage ja, gebe ihm etwas Geld und er holt mir irgendwoher Wasser. Ich schenke ihm das Wechselgeld und fahre wieder steil bergauf.

Nach meinem Tacho sind es noch 400 Meter. Sehe ich links eine Bar? Nein, leider nicht, ich glaube es sieht eher nach einem Friseursalon aus. Der kleine Junge steht schon wieder neben mir und frägt mich wie`s mir geht. Ich sage ihm: besser.

Jetzt wäre ich eigentlich am Ziel, doch weit und breit ist nichts anderes zu sehen, als der vor mir liegende Berg. Ich frage einen jungen Afrikaner: Is here a bar with cold drinks nearby? Er sagt mir ja, gleich hier um die Ecke... so einfach kann der Himmel auf Erden sein."

Prolog

In 26 Jahren durch Afrika. Ich wollte dieses Buch schreiben, um einen möglichst authentischen und zusammenhängenden Bericht von meiner Afrikadurchquerung mit dem Fahrrad zu erstellen. Zunächst hatte ich dabei nur an mich selbst gedacht. Denn beim Lesen der einzelnen Kapitel werden alle Erinnerungen wieder wach, die ich mit den Reisen und den jeweiligen Ländern verbinde. Doch dann merkte ich, wie viele Menschen sich auch dafür interessieren zu erfahren, was ich mit dem Fahrrad in verschiedenen Ländern Afrikas erlebt habe, welche Begegnungen ich hatte, wie ich mich motivierte, welche Gefahren lauerten oder wie ich diese Reisen vorbereitete und organisierte. So habe ich mich entschlossen, alle meine Geschichten zusammen zu tragen und in einem Buch aufzuschreiben. Die meisten meiner Erlebnisse konnte ich anhand meiner Tagebuchaufzeichnungen wiedergeben. Darin habe ich alle wichtigen Begegnungen, die ich während der Reisen gemacht habe, die Schwierigkeiten, die ich zu lösen hatte und die Stimmungen, die ich durchlebt habe, festgehalten.

Natürlich stehen hinter solchen Vorhaben immer der eigene Wille und das eigene Ego. Trotzdem bin ich froh, bei der Planung und der Durchführung der Reisen auch viele Unterstützer aus meinem privaten Umfeld gehabt zu haben.

Bei ihnen allen möchte ich mich bedanken. Da wäre meine damalige Partnerin Angela, die mir immer das Gefühl gegeben hat, das Richtige zu tun und mir natürlich auch die Freiheit gab, diese mehrwöchigen Reisen durchzuführen. Mein Bruder Wolfgang, der mich in vielen Dingen unterstützt hat, sei es eine neue spezielle Halterung für meine Trinkflaschen anzubringen und sonstige Veränderungen am Fahrrad vorzunehmen, meine Wohnung in meiner Abwesenheit zu versorgen oder als wichtige Kontaktperson nach Hause zu fungieren. Mein Freund Peter, der mich nicht nur auf der ersten Reise mit dem Fahrrad begleitet hat, sondern immer ein wichtiger Ratgeber und Diskussionspartner bei vielen Themen nicht nur rund um Afrika war und immer noch ist. Mein Freund Hubert, der mir mein Fahrrad immer so vorbereitet hat, dass ich mit gutem Gefühl meine Reise antreten konnte. Meine Kollegin Monika, die mir die Kontakte zur regionalen Presse ermöglicht hat und mich beim Schreiben immer motiviert hat. Und da ist natürlich noch mein Vater, der mich immer vor den Gefahren der nächsten Tour gewarnt hat und mich auch immer zu überzeugen versuchte, keine gefährlichen Fahrradreisen mehr zu unternehmen. Ich habe mir seine Meinung natürlich immer brav angehört, aber seine Warnungen letztlich doch in den Wind geschlagen. Nicht umsonst habe ich doch seine Gene vererbt bekommen – selbst schuld. Er hatte in dieser Zeit wohl immer unter der Sorge zu leiden, ob ich wieder gesund zurückkomme. Leider ist er 2018 verstorben und konnte meine letzte Reise zum Ziel ans Mittelmeer nicht mehr miterleben. Und für meine letzte Reise danke ich meiner Partnerin Jana, die meine ausgeprägte Abenteuerlust bis dahin nicht kannte und akzeptieren musste, dass ich für zwei Monate alleine unterwegs bin.

Herzlichen Dank an euch alle!

Augsburg, April 2023

Einleitung

Warum nur?

Was bewegt einen Menschen dazu, alleine mit seinem Fahrrad durch die Weiten des riesigen Kontinentes Afrika zu radeln, Gefahren auf sich zu nehmen und auch unsägliche Strapazen die mit solchen Reisen verbunden sind? Ist es Geltungssucht, die Suche nach der eigenen Grenzerfahrung oder einfach nur die pure Lust auf ein Abenteuer?

Wie viele andere Menschen habe ich mir diese Frage auch schon sehr häufig selbst gestellt. George Leigh Mallory, ein berühmter Extremkletterer früherer Tage, hat auf die Frage, warum er den Mt. Everest besteigen möchte, geantwortet „Weil er da ist". Eine einfache Antwort auf eine schwierige Frage. Doch ich glaube, die Frage nach dem Warum lässt sich nicht immer so einfach beantworten. Was bringt einen Extremkletterer dazu, immer wieder sein Leben neu aufs Spiel zu setzen oder einen Fallschirmspringer, sich ins Leere hinabzustürzen? Was veranlasst einen Apnoe-Taucher, seine Grenzen im Tiefenrausch zu erfahren und was bewegt einen Kriegsberichterstatter, zu den Brennpunkten der Welt zu reisen? Ist es nur sein Job oder vielleicht auch die Möglichkeit, den besonderen Kick zu erfahren? Gibt es überhaupt einen gemeinsamen Grund oder ist der Grund für jeden Menschen und jedes dieser Abenteuer ein völlig anderer?

Ich möchte mich in meiner Einleitung nicht mit Persönlichkeiten, wie es z.B. George Mallory war, vergleichen, aber ich möchte versuchen, anhand dieser Extremabenteurer und anhand meiner eigenen Empfindungen zu erklären, warum sich Menschen überhaupt darauf einlassen.

Es liegt wohl etwas Besonderes am Erfolg von schwierigen, persönlichen Herausforderungen. Nur so lässt sich erklären, dass es so viele Menschen gibt, die sich freiwillig zusätzlicher und scheinbar unnötiger Gefahren aussetzen. Dieses einzigartige Glücksgefühl ist aber in vielen Fällen zum Zeitpunkt der Durchführung überhaupt nicht spürbar. Ganz im Gegenteil. Auf meinen Reisen war ich weit, ja sehr weit davon entfernt, Glücksgefühle zu verspüren. Immer wieder habe ich mein Vorhaben in Frage gestellt. Beinahe täglich musste ich mich zum Weitermachen selbst motivieren. Manchmal habe ich mich selbst für verrückt erklärt und viele andere taten es wohl auch. Im Gegensatz zu einem schnellen Adrenalin-Kick bei so manchen Abenteuersportarten stellt sich dieses Gefühl erst später mit dem Erfolg ein, bleibt dafür aber noch lange Zeit erhalten. Dieses Gefühl wird zum festen Bestandteil eines Menschen und geht damit weit über den augenblicklichen Kick hinaus. Das ist für mich persönlich der Grund gewesen, eine Art Sucht auf Glücksgefühle aufzubauen. Dabei baut sich diese Sucht erst allmählich auf, denn die Anstrengungen wurden bei jeder neuen Tour mehr, die Unsicherheiten wurden größer, die Zeitabstände zwischen meinen Reisen deshalb auch länger, doch am Ende stand mein Entschluss immer wieder fest, ein neues Abenteuer zu starten.

Die Frage nach dem Warum, kann ich zumindest für mich in der Zeit meiner Afrika-Reisen beantworten. Neben dem unbeschreiblichen Glücksmoment des Erfolges, war es für mich auch die Möglichkeit, meine Reisen sehr intensiv zu erleben. Erlebnisse zu machen, auf die ich immer wieder gern zurückblicke und die ich auch niemals in meinem Leben vergessen werde. Erlebnisse, die ich niemals mit Geld oder Karriere ersetzen kann. Erlebnisse, die ich nur dadurch erlebt habe, weil ich schutzlos mit meinem Fahrrad den Menschen in Afrika begegnet bin. Diese Erlebnisse bleiben für mich einzigartig und immer in meiner Erinnerung. Das ist auch ein Grund dafür, dass ich dieses Buch geschrieben habe. Denn beim Lesen dieser Zeilen werden alle Einzelheiten wieder präsent, fast so wie an dem Tag, als ich sie erlebt habe. Ich halte es ganz im Sinne von Hans Kammerlander, der als erster mit Skiern den Mr. Everest abfuhr. Er antwortete auf die Frage nach dem Warum mit dem Satz „Derjenige, der es nicht macht, wird es auch nie erfahren."

Gerhard Christian Jaksch

1. Eine Idee entsteht

„Wie meinst du das?“, fragte mich Peter, als ich ihm von der Idee meiner Fahrradreise erzählte. „Genauso, wie ich es dir sage“, antwortete ich ihm auf seinen ungläubigen Blick. „Dann bin ich dabei“, gab er mir daraufhin unmissverständlich und spontan seine Absicht bekannt, an meinem Abenteuer teilhaben zu wollen. Ich brauchte also nicht viel Zeit, Peter davon zu überzeugen, mit dem Fahrrad über drei Wochen in Südafrika zu radeln. Doch bis zu diesem Zeitpunkt hatte ich mir schon lange vorher überlegt, wie eine Abenteuerreise für mich aussehen könnte.

Bereits 1996 kam mir erstmals der Gedanke, eine Reise zu organisieren, die eine besondere Herausforderung für mich werden sollte. Körperliche Fitness war bei mir schon immer weit überdurchschnittlich vorhanden und mit meinen damals 34 Jahren war ich im Bereich der Ausdauer auf dem Höhepunkt. Seit meiner Jugend betrieb ich Leichtathletik und lief jeden Tag bis zu 10 Kilometer. Damals wusste ich aber noch nicht, dass gute Fitness zwar eine wichtige Voraussetzung, aber keineswegs ein Garant für den Erfolg meiner Abenteuerreisen sein würde. Einzig und allein die psychische Einstellung und der unbedingte Wille des Erfolges sollte später entscheidend sein, ob und wie ich die Reisen überstehen würde.

Mein Reiseziel ließ ich noch offen, aber über die Art der Fortbewegung war ich mir schon sehr bald im Klaren. Ich wollte mit dem Fahrrad mein Ziel erreichen. Mit dem Fahrrad bin ich langsam unterwegs, aber doch noch viel schneller, als wenn ich zu Fuß ginge. Ich wollte fremde Länder bereisen, dabei eine körperliche Leistung vollbringen und gleichzeitig Menschen aus anderen Kulturkreisen kennenlernen. Um die Reise zum Außergewöhnlichen werden zu lassen, war mein erster Gedanke, in drei Wochen mit dem Fahrrad von Augsburg nach Moskau zu radeln. Als diese Idee bei mir gereift war, sollte sie mir auch nicht mehr aus dem Kopf gehen. Ich besorgte alle notwendigen Straßenkarten, plante akribisch alle Tagestouren (die geplanten

Tagestouren waren alle über 150 Kilometer und Navigationssysteme wie Google Maps gab es noch nicht), informierte mich über Einreisebestimmungen und erzählte den Plan voller Stolz auch meinem Arbeitskollegen Alfred. Der war als begeisterter Biker ebenfalls schnell von der Idee infiziert und so planten wir dieses Vorhaben gemeinsam durchzuführen. Doch schon bald stellte sich heraus, dass diese Tour nicht nur gefährlich ist, sondern auch mit einigen Schwierigkeiten bei der Durchreise der meisten Länder verbunden sein würde. Und so blieb der Gedanke bei mir erst einmal auf Eis liegen, sollte sich bald danach aber in einer anderen Reise wiederfinden. Afrika war meine nächste Idee und schon war die Strecke von Kapstadt durch Südafrika und Botswana bis nach Namibia in meinem Kopf. Doch das waren lange, menschenleere Tagesstrecken voller Hindernisse, die ich mir zu diesem Zeitpunkt nicht im Entferntesten hatte vorstellen können. Eine Nachfrage per E-Mail an die Botschaft Botswanas sollte mir die Durchreisemöglichkeit näher beschreiben. Doch dort wurde mein Vorhaben als verrückt eingestuft und die Durchführbarkeit als lebensgefährlich eingeschätzt. Aber so schnell ließ ich mich von meinem Vorhaben nicht abbringen. Ich schraubte meine Ziele etwas nach unten, doch zumindest bis nach Johannesburg sollte mein erstes kürzeres, aber immer noch ehrgeiziges Ziel schon gehen. Die Strecke sollte doch zu schaffen sein. Zufällig besuchte ich in dieser Zeit einen Vortrag von dem Ausnahmealpinisten Reinhold Messner in Landsberg. Sein Ziel war es seinerzeit, die drei Pole dieser Erde – also den Nordpol, den Südpol und den Mt. Everest – zu Fuß zu erreichen, was ihm später dann auch gelang. Dieser Vortrag imponierte mir schon gewaltig. Und so dachte ich mir, wenn er die drei Pole der Erde zu Fuß erreichen kann, dann sollte ich doch die drei Pole Afrikas – also Kapstadt als südlichsten Pol, den Kilimanjaro also höchsten Pol und das Mittelmeer als nördlichsten Pol – mit dem Fahrrad erreichen können. Naja den Kilimanjaro kann ich natürlich nicht wirklich mit dem Fahrrad erreichen, aber zumindest den Weg dorthin, um dann zu Fuß den Berg zu besteigen. Ein Diavortrag über Afrika gab schließlich den Anstoß für meine letzte Korrektur des ersten Reisezieles. Mir wurde die Küste entlang bis nach Durban, die sogenannte Garden Route, empfohlen und vom Referenten als äußerst interessante Strecke dargestellt. Wieder setzte ich meine

Planungsaktivitäten in Gang und hatte bereits nach kurzer Zeit alle wichtigen Informationen über das Land gesammelt. Informationen, wie dieses Land per Rad bereist werden kann, konnte ich jedoch nicht in Erfahrung bringen. Ich wusste also nichts über Gefahren und möglicher Unwegsamkeiten, die sich mir entgegenstellen sollten. In Afrika denkt man bei möglichen Gefahren natürlich auch an eine Begegnung mit wilden Tieren. Ich muss dabei immer an ein Radiointerview mit Ratio Fantasy, einem Augsburger Sender denken, dass ich Jahre später geführt habe. „Wie begegnet man denn dort einem Löwen?", hat mich der Radioreporter gefragt und hatte auch schon gleich die Antwort darauf parat: „Der denkt sich, oh wie praktisch, Essen auf Rädern". Den Lacher hatte er natürlich auf seiner Seite. Dabei ist die Begegnung mit wilden Tieren auf freier Strecke in Afrika sehr unwahrscheinlich, da sich diese Tiere in geschlossenen Nationalparks aufhalten, die mit dem Fahrrad nicht durchfahren werden dürfen. So bin ich immer wieder Zebras, Antilopen oder Giraffen außerhalb der Parks begegnet. Und es waren auch immer besondere Momente, den Tieren so nah zu sein. Auf Begegnungen mit den Raubtieren durfte und konnte ich natürlich gut verzichten.

Wenn man erstmals zu einem Abenteuer mit vielen unbekannten Faktoren aufbricht, ist man froh, nicht ganz alleine zu sein. Und so bin ich sehr schnell auf meinen Freund Peter gekommen, den ich wie schon erwähnt nicht lange überreden musste. Er war sofort begeistert und damit stand unserem Plan nichts mehr im Wege. Schnell war der richtige Termin gefunden und wir planten gemeinsam unsere Tour. Reiseutensilien wie Kartenmaterial, Medikamente, Campingausrüstung, aber natürlich auch Werkzeug und einiges an Reserveausrüstung wie z.B. Schläuche, Ventile und Speichen wurden Inhalte unserer Gespräche. Wir planten, das gesamte Material auf beide Räder gleichmäßig zu verteilen. Als es dann später losging, mussten wir feststellen, dass wir vieles doppelt dabeihatten. Gegen Hepatitis waren wir beide geimpft, Malariatabletten hatte dagegen nur ich dabei. Peter hielt es einfach nicht für notwendig. Ich dagegen wusste aus früheren Reisen, dass ich die Lariam-Tabletten gut vertrage und unterzog mich dieser Prophylaxe. Unser Freundeskreis nahm unser Vorhaben ein wenig ungläubig, aber auch mit großer Bewunderung auf. Mein Mountainbike ließ ich von meinem Freund Hubert auf Vordermann bringen und entschied mich auf meiner ersten Reise für die komplette Beladung auf dem Hinterrad. Das heißt, neben der üblichen Satteltasche war noch ein Fahrradkoffer oben drauf und eine kleine Tasche am Lenker angebracht. Allein meine Fotoausrüstung mit einem Stativ, zwei Zoomobjektiven, jede Menge an Filmmaterial (zur damaligen Zeit waren das noch unzählige Dia-Filmrollen) und die sonstigen Ausrüstungsgegenstände hatten viel Platz benötigt. Die Lastverteilung war alles andere als optimal und auch der schnelle Zugriff in die Reisetaschen, war durch den zusätzlichen Koffer versperrt. Dieser und weitere Fehler in der Vorbereitung sollten sich dann aber erst später auf der Reise bemerkbar machen. Meine Vorbereitungen auf späteren Reisen liefen schon sehr viel professioneller und gezielter ab. Ich konnte natürlich immer auf die Erfahrung der letzten Reise zurückgreifen. Doch manche Entscheidungen lassen sich später nicht mehr korrigieren. Ich habe mich mit der ersten Reise festgelegt, den Kontinent nach Norden zu durchradeln. Da Windrichtungen für Radfahrer schon sehr wichtig sind, das gilt natürlich ganz besonders für solch lange Etappen, war diese Entscheidung sicherlich falsch. Betrachte ich alle Reisen zusammen, war ich sehr viel öfter auf Gegenwindkurs. Mittlerweile sind die Möglichkeiten, sich über die Länder in Afrika und die Besonderheiten auf jeder einzelnen Reise zu informieren, durch das Internet auch sehr viel einfacher, schneller und ausführlicher geworden. Ein Restrisiko bei jeder Tour ins „ungewisse" bleibt dennoch. Das gilt im Besonderen, wenn man alleine unterwegs ist, wie es bei mir ab meiner zweiten Reise der Fall war.

Am 26. Februar 1997 war es dann endlich soweit und Peters Bruder Michael stand vor meiner Tür, um uns beide zum Münchner Flughafen zu fahren. Was ich dann allerdings sah, als ich mein Fahrrad in sein Auto verstauen wollte, konnte ich erst gar nicht so recht glauben. Ich sah Peters Fahrrad reisefertig zusammengebaut auf der Ladefläche von Michaels Auto. Doch es war kein robustes Mountainbike wie ich es hatte, sondern ein leichtes City-Bike, das eher für den Einkauf um die Ecke geeignet war. „Das ist doch nicht dein Ernst", kam es spontan aus mir heraus, „du willst doch nicht mit diesem Fahrrad in Afrika radeln!" Wir hatten alle wichtigen Dinge zur Reise besprochen, hatten alles geplant und sind die Details immer wieder durchgegangen. Wie konnten wir nur vergessen, uns über den wichtigsten Punkt, nämlich das Fahrrad zu unterhalten? Doch alle Überlegungen waren jetzt zu spät. Wir hatten die Tickets in der Tasche und standen kurz vor unserem Abflug nach Südafrika. Und so stieg ich mit sehr gemischten Gefühlen ins Fahrzeug und wusste, dass unser Vorhaben, von Kapstadt die Küste entlang bis nach Durban zu radeln, jetzt noch verrückter werden würde, als eigentlich geplant.

Als wir dann in Kapstadt ankamen, sollte auch schon bald das ganze Unterfangen erstmals auf der Kippe stehen, denn wir waren anfangs wirklich nicht vom Glück begünstigt. Und dann kam es doch ganz anders.

2. Tuchfühlung mit Afrika

Auf der Autobahn fahren wir mit unseren Rädern vom Flughafen ins Zentrum von Kapstadt. Hier auf der Standspur herrscht betriebsame Hektik und sowohl Fußgänger als auch Fahrradfahrer nutzen den Seitenstreifen zur schnelleren Fortbewegung. So machen wir uns zunächst überhaupt keine Gedanken darüber, dass wir mit unseren Rädern auf der Autobahn unterwegs sind und ob wir auf dieser Straße überhaupt fahren dürfen. Doch je länger die Fahrt in die Innenstadt dauert, desto weniger Menschen sind auf diese Spur unterwegs. Noch kommen wir hier schnell voran, doch kritisch, ja sogar tollkühn und lebensgefährlich, wird die Lage erst, als wir plötzlich keine Standspur mehr zur Verfügung haben und die Lastwagen und Autos nur um Haaresbreite an uns vorbeidonnern. Besonders die Ein- und Ausfahrten sind hier extrem gefährlich und wir müssen höllisch aufpassen, nicht schon am ersten Tag überrollt zu werden. Ein LKW hält unmittelbar vor uns. Mit: „You must be crazy!", stellt der Fahrer unmissverständlich fest, was er von unserer Aktion hält und ohne eine Reaktion von uns abzuwarten, hievt er unsere Räder auf die Ladefläche seines Fahrzeuges. Wir klettern ebenfalls auf die Ladefläche und sind auf der Weiterfahrt reichlich bemüht, Halt zu finden. Mit einer Hand halten wir unser Rad fest, mit der anderen versuchen wir uns an der Bordwand festzukrallen, um nicht von der Ladefläche zu fallen. Bei jeder Bremsbewegung und in jeder Kurve haben wir Angst, das Gleichgewicht zu verlieren, wenn wir nicht richtig ausbalancieren. Wir erleben somit unser erstes unfreiwilliges Abenteuer, noch bevor wir den Ausgangspunkt unserer Reise erreicht haben. Welche Art der Fortbewegung für uns letztlich gefährlicher war, vermag ich, nachdem wir glücklich und unfallfrei angekommen sind, nicht zu sagen. Wir sind jedenfalls sichtlich erleichtert, nun endlich im Zentrum Kapstadts angekommen zu sein. Aber schon in den ersten Tagen am Kap der guten Hoffnung stellen wir fest, dass hier ein orkanartiger Sturm bläst. Uns wird sehr schnell klar, warum dieses Kap auch als Kap der Stürme bezeichnet wird. „Mit Rückenwind würde uns der Wind unseren Start ziemlich erleichtern", spreche ich aus, was auch Peter sicherlich denkt. „Doch was machen wir, wenn wir dagegen anradeln müssen?" Mit dieser Frage von ihm möchte ich mich gar nicht erst beschäftigen. „Wir denken positiv", stelle ich fest und versuche, damit etwas Optimismus zu verbreiten.

Die ersten Kontakte zu den Kapstädtern sind sehr herzlich. Wir treffen Alex aus Deutschland abends an einer Bar und erzählen ihm von unserem tollkühnen Vorhaben. Er ist sichtlich beeindruckt davon. „Die Küste entlang der berühmten Garden Route bis nach Durban ist eines der schönsten Gebiete in Südafrika und ist daher bestens geeignet für euren Plan", bestätigt er uns. Nur das Gebiet der Transkei zwischen East London und Port Shepstone sollen wir seiner Meinung nach meiden. „Da kommt ihr nicht lebend durch", prophezeit er uns. Das klingt nicht sehr vielversprechend für unsere Ohren. Alex kennt sich in Südafrika bestens aus, sagt er uns und will sich hier im nördlichen Krüger Nationalpark in den Semesterferien nützlich machen, um als Touristenführer etwas hinzuverdienen. Als er uns aber erzählt, dass er selbst den Krüger Nationalpark vorher noch nie besucht hat, müssen wir über sein Vorhaben doch etwas schmunzeln. „Ich denke, mit der Führung von Touristen wird er nicht viel zu tun haben", spricht Peter auf dem Heimweg aus, was auch ich glaube. Aber das soll ja nicht unser Problem sein. Wir müssen uns überlegen, wie wir um die Transkei herumkommen, da dieses Gebiet nach unseren mitgebrachten Karten nur sehr weiträumig zu umfahren ist. Wir werden die Antwort auf diese Frage aber auf später verschieben können. Falls wir es bis nach Durban schaffen, wollen wir anschließend mit dem Bus nach Johannesburg fahren, da unsere Rückflugtickets von dort ausgestellt sind.

Am nächsten Tag nehmen wir uns eine kleine Tagestour in Kapstadt und zur Kap Halbinsel vor, um für den Start am nächsten Tag gut vorbereitet zu sein. Mit dem Signal Hill planen wir auch eine kleine Bergetappe mit ein. Die Kap-Region im Hinterland von Kapstadt mit ihren Weinanbaugebieten bildet eine idyllische Landschaft und darf mit der Küstenstraße entlang zum Kap der Guten Hoffnung und den Traumstränden an den Küsten wohl zu den schönsten Gebieten auf unserer Erde gezählt werden. Wir sind beeindruckt, mit dem Fahrrad dieses Stück Natur erleben zu dürfen. Auch die Fahrt hoch zum Signal Hill, mit einem atemberaubenden Blick auf den Tafelberg und auf die Stadt, sollte nicht verpasst werden. Doch Peter hat seine liebe Mühe, auf den Berg zu kommen (*siehe Bild Peters Fahrt auf den Signal Hill*). Das liegt allerdings nicht an mangelnder Kondition, sondern vielmehr an seinem Fahrrad. Ihm fehlt schlicht eine niedrige Übersetzung. So muss er für den herrlichen Ausblick mit einigen zusätzlichen Strapazen und Schweißtropfen bezahlen. Dieser erste Ausflug und am Ende auch etwas Glück bewegen ihn dann doch noch, in Kapstadt sein geliebtes Fahrrad mit etwas Aufpreis gegen ein neues GIANT-Mountainbike einzutauschen. Denn zunächst will er in einem Fahrradgeschäft, an dem wir zufällig vorbeifahren, nur den Zahnkranz an seinem Hinterrad wechseln, um für die Berge besser gerüstet zu sein. Doch nachdem wir das Fahrradgeschäft ohne neuen Zahnkranz und ohne neues Fahrrad gerade wieder verlassen haben, kehren wir wegen unseres bereits vierten Plattens, den wir in nur zwei Tagen hatten, noch einmal zurück. Und noch bevor Peter den Plattfuß im Laden geflickt hat, steht sein Entschluss fest: „Ich kaufe ein neues Mountainbike und lasse mein altes Fahrrad hier". Natürlich hat auch der Verkäufer mit seinem geschickten Verkaufsgespräch großen Anteil an seiner Entscheidung. Ich jedenfalls bin erleichtert. Mit einem neuen Fahrrad geht es somit auf unsere erste Etappe. Zur Sicherheit lässt sich Peter aber noch die Kontaktadresse des Ladenbesitzers geben und verspricht ihm, sein gerade erst verkauftes Fahrrad wieder zurückzukaufen, sobald er wieder zuhause in Deutschland ist. Für dieses Versprechen bekommt er vom Ladenbesitzer nur ein ungläubiges Lächeln. Wer soll schon aus Südafrika ein altes Fahrrad mit sehr viel Aufwand zurückkaufen, denkt der sich wohl. Dass Peter sein Versprechen später, als wir zurück in Deutschland sind, auch einlösen wird, konnte er sich zu diesem Zeitpunkt kaum vorstellen.

Wir verlassen Kapstadt und müssen sehr schnell feststellen, dass sich der Wind gegen uns entschieden hat. Wir lassen gerade die letzten Häuser der Stadt hinter uns, als der Wind plötzlich mit voller Wucht auffrischt und die Weiterfahrt von uns beiden jäh stoppt. Der Wind bläst uns mit einer Stärke ins Gesicht, die eine Weiterfahrt auf dem Rad einfach unmöglich macht. Als wir absteigen, bemerken wir auch noch einen weiteren Plattfuß an Peters Rad. Unsere erste Euphorie und die Freude auf unsere erste Etappe sind bereits nach kürzester Zeit verschwunden. Der fünfte Plattfuß noch bevor es richtig losgeht und ein orkanartiger Gegenwind, schlimmer kann unsere Tour einfach nicht beginnen. „Ich glaube, wir sind beim Schieben schneller als auf dem Rad", stelle ich fest und nachdem der Schlauch schnell ausgetauscht ist, schieben wir gegen den von uns nun zum Feind erklärten Wind an. Nach einer Weile hält vor uns ein Pick-Up. Kopfschüttelnd und etwas mitleidig fragt der Fahrer uns, ob wir ein paar Kilometer mitfahren wollen: „May i give you a lift?" Ohne unsere Antwort abzuwarten, nimmt er die Räder auf seine Ladefläche und wir sitzen im Fahrerhaus. Uns ist spätestens jetzt klar geworden, dass wir auf diese Art nicht weitermachen können. Wenn der Wind nicht dreht oder abflaut, können wir unser Vorhaben vergessen. Unser Plan ist schon am ersten Tag zum Scheitern verurteilt. Die nächsten zwei Tage schleppen wir uns mühselig durch und erleben einen ersten Höhepunkt am vierten Tag, als wir nach über 350 Kilometern auf Mossel Bay hinabblicken und erstmals wieder den Indischen Ozean vor uns sehen. Spätestens jetzt sind wir an der Garden Route angekommen und in uns keimt Optimismus auf. Es ist ein unbeschreiblich schönes Gefühl. Die Gegend zwischen Mossel Bay und Oudtshoorn ist für Südafrikas Straußenzucht bekannt, wobei Oudtshoorn das Zentrum für südafrikanische Straußenzucht darstellt. Straußenzüchter laden uns hier mehrmals zur Besichtigung ihrer Farm ein, viele bieten uns ein Nachtquartier an oder geben uns nützliche Adressen für unsere weitere Reise. Doch einen längeren Aufenthalt während unserer Tour sieht unser enger Terminplan eigentlich nicht vor. Deshalb geht es auch nach dem Ende jeder Besichtigung der Farmen weiter Richtung Norden. Die nächsten Tage entlang der Küste kämpfen wir stundenlang auf dem Rad gegen den Wind an. Am Ende des Tages müssen wir dann doch wieder feststellen, dass wir unsere geplanten 100 Kilometer Tagespensum nicht erreichen konnten. Aber wir fahren entlang der Küste und können uns an den vielen spektakulären Ausblicken erfreuen. Die erste Woche ist sehr mühselig und ich frage mich, wie lange es noch dauern wird, bis Peter mir die idiotische Idee dieser

Radreise vorhält und frustriert aussteigt. Doch daran denkt er keine Sekunde, ganz im Gegenteil. Je mehr der Wind uns ins Gesicht bläst, umso mehr Ehrgeiz entwickeln wir beide. Wir wechseln uns in der Führungsarbeit ab, um am Hinterrad des anderen unsere eigenen Kräfte zu sparen. Nach einigen Tagen kommt jedoch erschwerend hinzu, dass Peter mit einem starken Sonnenbrand zu kämpfen hat und ihm sein neuer Fahrradsattel doch einige Mühe beim Sitzen bereitet. Wir fahren die Küste entlang durch Wilderness und Plettenberg Bay. „Gott hat sich mehr Zeit gelassen, als er Plettenberg Bay geformt hat", lese ich auf dem Ortsschild. Inmitten der Garden Route bietet sich uns eine wunderschöne Gegend, doch wir können die Landschaft nicht in vollem Umfang genießen. Dazu quälen wir uns zu sehr die Berge hoch. Als wir in Plettenberg Bay ankommen, haben wir schon viel Moral auf der Strecke gelassen. Doch glücklicherweise hat sich an diesem Tag der Wind gedreht und wir können die nächsten Tage mit kräftiger Windunterstützung unsere Tagesstrecken auf 140 Kilometer und mehr ausdehnen. Die teilweise extremen Steigungen haben wir so nahe am Meer allerdings nicht erwartet. In der Mittagshitze und bei vollem Gepäck von über 25 Kilogramm werden diese kleinen, kurzen, aber giftigen Anstiege zu einer wahren Bergprüfung. Wir entschließen uns dazu, jeden Tag eine Mittagspause von drei Stunden einzulegen, um die heißeste Zeit des Tages auf dem Rad zu vermeiden. Peter hatte jetzt schon mehrfach einen Sonnenbrand und kämpft auch noch mit Durchblutungsstörungen seiner Handinnenflächen. An seinem neuen Rad sind keine Hörner am Lenker angebracht, wie ich sie habe. Dadurch kann er auf der Strecke und am Berg auch nicht umgreifen. Nachdem wir schon über 1000 Kilometer unterwegs sind, wirken sich plötzlich auch solche Kleinigkeiten negativ aus. Selbst noch lange Zeit später, als wir längst wieder Zuhause sind, ist dieses Gefühl der Taubheit bei ihm immer noch zu spüren. Es hat noch einige Monate in Deutschland gedauert, bis sich diese Durchblutungsstörungen wieder gebessert haben. Ich habe auf der letzten Tagesetappe etwas in mein Auge bekommen. Zum Glück bekomme ich hier in Plettenberg Bay in einer Apotheke Augentropfen, die mir hoffentlich Linderung verschaffen.

Auf der weiteren Fahrt entlang der Küste haben wir immer wieder interessante Begegnungen mit den Südafrikanern. Bei jedem Stopp scharen sich die Menschen um uns und überschütten uns mit Fragen. Die Frage nach dem Tour-Start fehlt dabei nie und die Antwort darauf löst mit jedem gefahrenen Kilometer auch immer mehr Bewunderung bei den Menschen aus. Bei vielen persönlichen Kontakten zur Bevölkerung bekommen wir Adressen in die Hand gedrückt. „Wenn ihr in diese oder jene Stadt kommt, meldet euch bei meinen Bekannten", werden wir immer wieder aufgefordert. Doch auf diese Art zu reisen haben wir uns nicht vorgestellt. Wir wollen uns einfach treiben lassen und freuen uns über die Zufallsbegegnungen mit den Menschen. In Port Elisabeth machen wir eine Ausnahme und suchen eine Adresse auf, wo wir, wie überall auf der Strecke, ganz herzlich empfangen werden. Wir lassen uns überreden in Port Elisabeth einen freien Tag einzulegen und landen am nächsten Tag auf einem der vielen Schleppern im Hafen, die speziell ausgebildete Schiffskapitäne an Bord der einlaufenden riesigen Frachter bringen. Dort übernehmen sie die Steuerung der Schiffe, um sie sicher in den Hafen zu manövrieren. Wir bleiben auf dem Boot mehrere Stunden und lernen so den Hafen von Port Elisabeth von allen Seiten kennen. Am Ende des Tages sind wir aber froh, wieder festen Boden unter den Füßen zu haben.

Es gibt hier in Südafrika viele Weiße, die sich mit uns über ihr Land und ihre Probleme unterhalten möchten. „Apartheid Reverse" nennt einer der weißen Farmer die augenblickliche Situation und erklärt uns, wie sich die Mehrheitsverhältnisse der schwarzen zur weißen Bevölkerung auch bei der Besetzung öffentlicher Stellen auswirkt. Das neue System sieht vor, dass ein festgelegter Anteil der Entscheidungsträger in der Politik und in der Verwaltung aus der schwarzen Bevölkerungsschicht rekrutiert wird. „Es fehlt ihnen aber an Ausbildung und Erfahrung. So entsteht eine Gesellschaftspolitik, die sich nicht an Leistung orientiert und die sich an unserem früheren Apartheidsystem rächt." Mir kommt dabei die Frauenquote bei uns in Deutschland in den Sinn. Auch hier wird durch politische Entscheidungen in die Wirtschaft eingegriffen und das Leistungsprinzip ausgehebelt. Das führt bei vielen Menschen hier zu Frustration. So teilen uns viele Weiße mit, dass bereits viele

Leistungsträger Südafrika wieder verlassen haben und zurück nach Europa, Amerika oder in ein anderes Land Afrikas ausgewandert sind. Und trotz dieser Feststellung können wir beobachten, dass viele einfache Dienstleistungen, wie Auto waschen und Schuhe putzen ausschließlich von Schwarzen durchgeführt werden und eine gesellschaftliche Rassentrennung auch nach der Abschaffung der Apartheid noch überall spürbar ist. Wären wir noch vor einigen Jahren nach Südafrika gekommen, hätten wir diese Empfindung wohl noch viel deutlicher wahrnehmen können. Die Rassentrennung, wie der Begriff Apartheid übersetzt wird, ist politisch erst seit 1994 verschwunden, seit nämlich Nelson Mandela Präsident von Südafrika geworden ist. Bis dieses System aber auch aus dem Alltag und den Köpfen der Menschen völlig verschwindet, werden wohl noch viele Jahre ins Land gehen. Es sind nicht nur die „niederen" Dienstleistungen der schwarzen Bevölkerung, die uns noch immer sehr häufig begegnen, es sind natürlich auch die verwahrlosten Vororte, die ausschließlich von Schwarzen bewohnt werden. Hier in Südafrika werden sie Townships genannt. Und mit Soweto, einem Township vor den Toren Johannesburg, haben sie eines, dass wegen der hohen Kriminalität zu zweifelhafter Bekanntheit gekommen ist. Diese Spuren werden noch viele Jahre in Südafrika von einer verfehlten Politik zeugen. Die Townships waren eine politische Entscheidung, die 1950 durch den Group Area Act festgelegt wurde. Für Weiße und Schwarze wurden gesonderte Wohngebiete festgelegt. Heutzutage sind die Townships der schwarzen Bevölkerung ganze Städte mit einfacher, völlig unterentwickelter Infrastruktur. Ein Besuch dieser Vororte ist häufig möglich, doch sollte hierfür aus Sicherheitsgründen zwingend ein Führer eingebunden werden, der die Besucher begleitet. So hat sich aus der „Zurschaustellung" der Ärmsten regelrecht ein touristischer Zweig entwickelt, der für diese Menschen aber auch eine finanzielle Unterstützung bedeutet. Vor jeder größeren Stadt gibt es diese Townships. Und auch wir können uns ein Bild davon machen, als wir mit einem Führer ein Township besichtigen.

Die Küste Südafrikas bildet ein landschaftlich reizvolles Gebiet mit herrlichen Sandstränden. Getrübt wird dieses Bild lediglich von den starken

Stürmen, die den Strandaufenthalt fast unmöglich machen. Für die so genannte Garden Route bis nach Port Elisabeth ist es leider auch nicht die ideale Reisezeit. Es ist Herbst und die Blütenpracht ist in dieser Jahreszeit schon vorüber. Aber es sind viele kleine Episoden die uns auf dieser Strecke passieren. Zwischen Jeffreys Bay und Port Elizabeth thront das kleine Nest Thornhill auf einer Anhöhe. Dort gibt es ein einziges Hotel, das aber allem Anschein nach schon lange keine Gäste mehr beherbergt hat. Als wir ankommen und um ein Nachtlager nachfragen, bekommen wir einen überaus freundlichen Empfang. „Nehmt Seife, Handtücher und Toilettenpapier mit", gibt uns der Vermieter zu verstehen und drückt uns beiden alle genannten Artikel in die Hand. Anschließend legt er uns auf den Stapel auch noch den Stöpsel für das Bad. Wir schauen uns etwas fragend an, nehmen aber alles mit und beziehen unser Zimmer. „Ich habe einen Riesenhunger", erklärt mir Peter und als ich ihm zustimme, dass es mir genauso geht, beschließen wir zunächst einmal unseren Hunger zu stillen. Der Speisesaal im Hotel ist so groß wie eine Turnhalle und steht für uns ganz alleine zur Verfügung. Wir genießen heute allein und exklusiv die Kochkünste der Frau des Vermieters. Anschließend trinken wir noch bis tief in die Nacht unseren Graca Wein, den wir seit einigen Tagen lieben gelernt haben. Am nächsten Tag haben wir beide alle Mühe früh aufzustehen. Dabei hatten wir doch beschlossen, jetzt jeden Tag so früh wie möglich auf unseren Rädern zu sein. Seitdem Peter die Hitze und die Sonne zu schaffen macht, passen wir unseren Tagesrhythmus den Sonnenstunden an. So fahren wir meist schon ab 6.00 Uhr los. In den frühen Morgenstunden können wir bis zur Mittagszeit einen großen Teil unserer Tagesstrecke radeln. An diesem Morgen regnet es jedoch und als wir endlich losradeln, sind wir nach wenigen Metern völlig durchnässt. Dabei stören uns weniger die nassen Klamotten am Leib, als vielmehr das Spritzwasser unserer Vorderräder und der vorbeidonnernden Autos und Lastwägen, dass uns ins Gesicht spritzt. Peter kommt als geübter Biker jetzt jeden Tag besser in Form. Mit dem Wind im Rücken ist er mir teilweise mehrere Kilometer voraus. Aber es ist wichtig, dass jeder seinen eigenen Rhythmus findet. Das gilt nicht nur auf Bergwanderungen, sondern auch, wenn man wie wir täglich acht und mehr Stunden auf dem Sattel sitzt. Einmal habe ich sogar großes Glück, nicht direkt am Hinterrad von ihm zu sein. Denn bei einer der rasanten Abfahrten, löst sich plötzlich eine Glasflasche, die Peter auf dem Gepäckträger verstaut hat. Mit einem lauten Knall fällt sie auf die Teerfläche, wo sie anschließend in tausend Teile zersplittert. Zum Glück habe ich genügend Abstand. Wäre ich in diesem Moment zu nahe hinter ihm gewesen, wäre ein Sturz aus voller Fahrt wohl unvermeidlich gewesen. Wer weiß was dann passiert wäre. Ich will mir die Folgen eines Unfalls erst gar nicht ausmalen, es hätte unter Umständen das Ende unserer Reise bedeutet.

Zwischen East London und Port Shepstone liegt das Gebiet der Transkei. Was habe ich nicht alles an Warnungen gelesen. Nirgendwo anhalten, Autotüren immer geschlossen halten, notfalls auch bei Rot über die Ampeln fahren. Aber wir sind ohne jeden Schutz, nur auf unseren Rädern unterwegs. Der Kontakt mit den Menschen hier, lässt sich somit nicht vermeiden.

Sanft eingebettet in eine grüne hügelige Landschaft liegen jetzt die weitläufigen Dörfer. Auch Nelson Mandela hatte hier das Licht der Welt erblickt und seine Jugendzeit verbracht. Das Gebiet der Transkei ist Homeland der Xhosa und war der größte Autonom Staat für Schwarze in Afrika. Homelands wurden als Zeichen getrennter Entwicklung der Ethnien zwischen Schwarz und Weiß den jeweiligen Stämmen in der Zeit der Rassentrennung zugewiesen. Der Unterschied der Transkei zum restlichen Südafrika wird für jeden sofort offensichtlich. Die Bevölkerung ist auch heute noch ausschließlich Schwarz, selbst unter den Durchreisenden befinden sich nur selten Weiße. Wer mit dem eigenen Fahrzeug unterwegs ist, umfährt dieses Gebiet so gut es geht. Drähte der Elektrifizierung hängen am Straßenrand von den Masten, Fahrzeuge aller Art rosten neben der Straße vor sich hin. Auch die Städte zeigen ein Bild mit großer Armut und geringem Lebensstandard. Dass hier neben Johannesburg die höchste Kriminalitätsrate in Südafrika liegt, ist nachvollziehbar, wenn man durch dieses Gebiet fährt. Aber es ist auch das ursprüngliche Afrika. Ein Afrika, dass durch den Tourismus noch nicht verändert wurde. Wir haben uns in unserer Abwägung dafür entschieden, kein unnötiges Risiko einzugehen und fahren deshalb mit dem Bus durch die

Transkei. Somit sind wir auch zwei Tage früher in Durban und können noch die Gegend nördlich von Durban bereisen.

Die größte Stadt der Provinz KwaZulu-Natal, die im Osten vom Indischen Ozean und im Westen von den Drakensbergen begrenzt wird, hat über 3 Millionen Einwohner. 60 % Schwarzafrikaner und 20 % Menschen indischer Abstammung machen den Großteil der Bevölkerung aus. Und sie hat eine echte Skyline mit dem schönsten Strand der Ostküste Südafrikas. Doch auf uns wirkt die Stadt nicht sehr einladend, da kann auch der Strand mit viel touristischem Flair nichts daran ändern. Deshalb beschließen wir schon bald weiter Richtung Norden zu fahren. Die Fahrt aus Durban heraus wird eine Tour durch zwielichtige Vororte immer auf der Suche einer Parallelstraße zur Autobahn N2. Und hier entdecken wir erstmals ein Verbotsschild für Radfahrer. Fritz aus Hannover kommt uns ebenfalls auf dem Fahrrad entgegen. Er hat bereits Erfahrung mit der örtlichen Polizei gemacht, als sie ihn von der Autobahn holten. „Die haben mir eine saftige Strafe aufgebrummt", gibt er uns zu verstehen und beklagt, dass dadurch sein Reisebudget doch etwas gelitten hat. Er war acht Wochen im südlichen Afrika unterwegs und stand nun kurz vor seinem Ziel in Durban. Wenn sich Biker auf einer solchen Reise treffen, löst das gleich riesige Freude und gegenseitiges Interesse aus. Gleichgesinnte zu treffen, ist wie ein kleiner Triumph und eine willkommene Abwechslung auf dieser verrückten Reise. Gleichgesinnte mit denselben Problemen, denselben Zielen und derselben Einstellung wie wir sie haben. Am Ende haben wir schließlich den Weg aus Durban herausgefunden. Die Gegend nördlich der Stadt wird immer weitläufiger und so wird unsere Fahrt über Land für uns und die dort lebenden Menschen immer befremdlicher und sie wird auch aus unserer subjektiven Betrachtung risikoreicher. Wir fahren durch die Region KwaZulu Natal, in dem der Stamm der Zulus ihr Zuhause hat. Die Menschen auf der Straße klatschen und winken uns zu, so dass auch wir uns über ihre Begeisterung freuen. Sobald wir stehen bleiben, ist sofort eine Menschentraube um uns und bestaunt neugierig unsere Räder. Mittlerweile sind wir allerdings schon daran gewöhnt. Wir übernachten in Stanger. Der Ort liegt etwa 100 Kilometer nördlich von Durban. Wir kommen erst am

Abend dort an und quartieren uns im einzigen Hotel ein. Von Lipho, einem sehr netten, aber etwas unbeholfenen Ober, lassen wir uns das Abendessen servieren und wollen den Abend bei einer Flasche Graca Wein ausklingen lassen. Es dauert eine Weile, bis Lipho die Flasche Wein geöffnet hat. Die Funktion eines Korkenziehers ist ihm scheinbar fremd. Ich biete ihm meine Hilfe an. Doch ihm ist es scheinbar wichtig diese Herausforderung selbst zu meistern. Schließlich ist es ja seine Aufgabe und ein wenig Stolz schwingt dabei sicherlich auch noch mit. Auch wenn es ein wenig länger dauert, am Ende hat er es doch geschafft die Flasche zu entkorken und wir haben dabei auch noch eine kurzweilige Darbietung zu sehen bekommen. Doch schon bald merken wir, dass sich eine Menschenmenge am Tisch um uns gebildet hat. Immer mehr setzen sich zu uns oder stehen neben uns. Je mehr getrunken wird, desto aufdringlicher wirken die Menschen auf uns. Zum Glück können wir uns untereinander auf Deutsch verständigen ohne dass die restliche Gruppe am Tisch etwas mitbekommt. Denn wir fühlen uns beide mittlerweile nicht mehr sicher. Ich gebe Peter zu verstehen, bald auf mein Zimmer zu verschwinden. Auch Peter flüchtet zusammen mit mir auf sein Zimmer. Auch wenn wir meist in einem Doppelzimmer schlafen, gab es in diesem Hotel nur Einzelzimmer für uns. Jeder von uns schließt sein Zimmer doppelt ab, wir verstecken unsere paar Habseligkeiten und haben auch gottlob die Nacht unversehrt überstanden. Am nächsten Morgen bemerkt Peter allerdings das Fehlen seiner Geldbörse. Nervös und ziemlich gereizt macht er sich auf die Suche. Natürlich denken wir an den gestrigen Abend zurück, vielleicht war Peter ja doch etwas unvorsichtig. Vielleicht waren der Wein und die anschließenden Biere etwas zu viel. Vielleicht hat er sein Geld liegen lassen oder es wurde ihm entwendet. Kurze Zeit später, findet er zum Glück jedoch seine Geldbörse wieder, er hatte sie einfach nur verlegt. Wir sind erleichtert. Wieder einmal wird uns bewusst, wie schnell eine ernsthafte Situation entstehen kann.

Für uns geht es anschließend noch ein Stück weiter nach Shakaland. Als wir zwei Frauen nach dem Weg fragen, bekommen wir nur ein verachtungsvolles kichern zu hören. Shakaland ist in unserem Reiseführer als ein Dorf eines Zulu Stammes beschrieben, das nach alter Tradition lebt und Touristen an dieser Tradition teilhaben lässt. Doch die Menschen auf dem Land können diese Art des Tourismus nicht begreifen und belächeln uns bei der Frage nach dem Weg dorthin. Wir kommen schließlich auch ohne fremde Hilfe dort an und können für zwei Tage die Lodges und die showreifen Aufführungen zur Geschichte der Zulus genießen. Auch wenn wir auf unserer gesamten Reise nicht ein einziges Mal auf unser mitgebrachtes Zelt zurückgreifen mussten, ist diese Unterkunft für uns Luxus und eine willkommene Erholung unserer Strapazen.

Die meisten Menschen verbinden einen Afrika Urlaub mit Tierbeobachtungen, Safaris, Savannen, unvergessliche Sonnenuntergänge und glasklaren Sternennächten. Diese sternenklaren Nächte habe ich auf meinen Afrikareisen sehr häufig erlebt, jedoch kann ich mich auf meiner ersten Reise nicht daran erinnern. Es ist ein überwältigendes Erlebnis in sternklarer Nacht und bei Neumond, auf diesem Teil der Erdkugel die sternenüberflutete Hemisphäre zu erleben. Diese Nächte haben mich immer wieder stark fasziniert und bleiben mir auch immer in Erinnerung. Aber natürlich wollten wir auf unserer Reise auch die einheimischen Tiere beobachten. Hier in Südafrika sind schließlich ideale Bedingungen dafür.

Die Tiere sind ausschließlich in riesigen Reservaten beheimatet, die alle eingezäunt sind. Mit dem Bike bietet sich allerdings keine Gelegenheit in die Parks oder Reservate zu fahren. Es wäre zu gefährlich. Entweder man mietet sich selbst ein Fahrzeug oder man schließt sich einer Reisegruppe an. Der Addo-Elephant Nationalpark in der Nähe von Port Elizabeth bietet zum Beispiel hervorragende Beobachtungsplätze für Elefantenherden. Am Ende des Tages kommt hier sicher jeder auf seine Kosten und kann sich vollkommen der Tierbeobachtung widmen. Auch im weiter nördlich gelegenen Hluhluwe Game Park und in St. Lucia ist das der Fall. Wir haben auf unserer Reise leider nicht alle afrikanischen Tierarten der berühmten Big Five beobachten können, aber das war uns auch nie wirklich wichtig. Bei den Big Five sind der afrikanische Elefant, das Spitzmaulnashorn, der Büffel, der Löwe und der Leopard gemeint. Die Beobachtung der letzteren zwei Tierarten blieb uns verwehrt. Und dennoch haben wir den Eindruck, neben der fremden Kultur, in die wir eintauchen durften, auch die afrikanische Tierwelt gesehen zu haben.

Als wir uns in Richards Bay in den Bus zurück nach Johannesburg setzen, treten wir mit gemischten Gefühlen die Rückreise an. So sind wir natürlich froh, ja sogar stolz auf unsere Leistung und die Tatsache, dass wir unseren Plan verwirklicht und über 1500 Kilometer mit dem Rad zurückgelegt haben. Dabei hatten wir kaum Probleme mit Übernachtung und Verpflegung. Aber wir nehmen auch die Erinnerung mit, was uns der tägliche Kampf gegen Wind, Regen und den vielen Stunden auf dem Sattel alles abverlangt hat. Mit dem Rad zu reisen ist sicher abenteuerlich, aber nicht ideal in diesem Land. Dazu das Gefühl der immer größer werdenden Unsicherheit je weiter wir nach Norden kamen. Aber noch sind wir nicht Zuhause, denn in Johannesburg warten noch weitere Abenteuer auf uns.

Mitten in der Nacht steigen wir bei Dauerregen in einem vorgelegenen Stadtviertel Johannesburgs aus, denn wir wollen in der Nähe des Flughafens unser Quartier suchen. Der erste Eindruck der Gegend kann uns nicht glauben lassen, hier eine vernünftige Bleibe für eine Nacht zu finden. Wir schauen uns die erste mögliche Unterkunft an, schließen sie aber nach der Zimmerinspektion kategorisch aus. Das ganze Haus macht einen grauenhaften Eindruck, die Zimmer stecken voller Ungeziefer, das Bett ist nicht zu gebrauchen. Auch bei den nächsten Häusern haben wir das Gefühl in der Nacht ein sicheres Opfer eines Überfalls zu werden. Ein junger dunkelschwarzer Afrikaner spricht uns an. Wir sehen wohl sehr verloren aus und geben ein leichtes Opfer für mögliche Nepper ab. „Are you looking for a room?" fragt er uns. Ja das tun wir, aber sollen wir uns wirklich ihm anvertrauen? Mitten in der Nacht, bei Regen und in dieser Gegend? Doch wir haben auch keine wirklichen Alternativen. Wir folgen ihm vorsichtig, denn wir müssen uns eingestehen, wohl auf fremde Hilfe angewiesen zu sein, wenn wir hier noch eine brauchbare Übernachtungsmöglichkeit finden wollen. Wir hoffen, dass er uns seine Hilfe nur aus lauter Gastfreundschaft anbietet. Doch je weiter wir gemeinsam gehen, desto enger und dunkler werden die Straßen. „Ich gehe hier keinen Schritt weiter" sage ich zu Peter, „hinter der nächsten Ecke warten möglicher weise seine Kumpels und hauen uns eins über die Rübe". Wir einigen uns also darauf, nur noch bis zur nächsten Ecke und in einem Mindestabstand von 30 Meter zueinander weiterzugehen. So hat wenigstens einer von uns die Chance davonzulaufen um Hilfe zu holen. Zum Glück kommen wir nach wenigen Metern an ein Guest House. Doch die Unterkunft ist nicht viel besser als alle anderen, die wir zuvor besichtigt hatten. Wir entschließen uns trotzdem hier zu übernachten und breiten auf dem Fußboden unseres Zimmers unsere Iso-Matten aus. Wir wollen nicht noch in der letzten Nacht zusammen mit Wanzen und Läusen übernachten. Von der langen Fahrt im Bus haben wir beide mächtig Hunger bekommen. Die Restaurants und Bars im Stadtviertel sind alle mit einem Gitter versperrt. Als wir an einem der Kneipen klingeln, werden wir von oben bis unten abgecheckt. Anschließend bekommen wir Einlass. Wir können kaum glauben, welche Sicherheitsvorkehrungen hier in Johannesburg getroffen werden, um mögliche Krimimelle abzuhalten. Zum Glück haben wir auch diese Hürde gemeistert, denn wie übliche Touristen sehen wir wirklich nicht aus. Wir gehen zurück ins Hotel, versperren unsere Zimmertür und hoffen die Nacht unbeschadet zu überstehen. Doch mitten in der Nacht wache ich plötzlich vom Lärm im Flur auf. Ich sehe zu Peters Schlafplatz hinüber, doch der liegt nicht auf seiner Iso-Matte und ist auch nicht im Zimmer. Im nächsten Moment verbinde ich den Lärm instinktiv mit ihm. Was ist nur geschehen? Doch mitten in der Nacht muss ich meine Gedanken erst ordnen. Und noch bevor ich richtig klar im Kopf bin und die Situation einschätzen kann, springt er, nur mit seiner Unterhose bekleidet, wieder zur Tür herein. „Was ist denn mir dir los?", frage ich ihn noch halb im Schlaf. „Ich musste dringend auf die Toilette und habe in der Eile die Damentoilette benutzt", erklärt er mir. Doch da war er nicht lange allein. Was darauf folgte, hörte das ganze Hotel. Spätestens jetzt wussten wohl alle, dass ein paar „crazy guys" hier nächtigen und am nächsten Morgen war Peters nächtlicher Ausflug sicher Gesprächsthema Nummer eins für die wenigen Gäste und den Hotelbesitzer. Wir verlassen zum Glück schon sehr früh wieder unser Hotel und besuchen noch vor der Rückreise Soweto, das größte Township vor den Toren Johannesburgs. In der Vorstadt mit über vier Millionen Menschen zeigt sich jedoch auch, dass verglichen mit den benachbarten Ländern Südafrikas der Lebensstandard selbst in diesen Slumvierteln noch relativ hoch ist. Die Menschen leben von einfachen Arbeiten wie Autowäsche, Schuhe putzen oder anderen Dienstleistungen. Uns fällt auf, dass meist nur ein Familienmitglied einem Job nachgeht und so zur Unterstützung der gesamten Familie beiträgt. Soweto gilt als Synonym für den schwarzen Widerstand gegen die Apartheid. South West Township, so der vollständige Name Sowetos, hat eine Größe von ca. 120 km². Armut, Alkohol- und Drogenkonsum, sowie die Zugehörigkeit der Menschen zu vielen unterschiedlichen Stämmen, sorgen immer noch für eine sehr hohe Kriminalität. Ein Besuch sollte deshalb niemals alleine, sondern immer mit einer organisierten Führung unternommen werden. So erfahren wir, dass es auch Unternehmer, Politiker und sogar Millionäre gibt, die sich, durch hohe Mauern gesichert, hier inmitten der Armen niedergelassen haben. Ein noch größerer Unterschied der Lebensweise zwischen Arm und Reich auf so einem engen Raum können wir uns kaum vorstellen.

Unser Flieger geht an diesem Tag zurück nach Deutschland. Mit einem sehr zufriedenen Gefühl steigen wir ein. Es ist das Gefühl eine ganz besondere Reise erlebt zu haben, die uns immer in Erinnerung bleibt. Wir haben unser erstes Abenteuer in Afrika überstanden.

3. Mein erster Solo-Trip

Ich hatte mir sehr lange und sehr intensiv darüber Gedanken gemacht, ob ich nochmals mit dem Rad nach Afrika zurückkehren sollte. Aber alle Erinnerungen an die Strapazen auf der ersten Reise waren längst vergessen. Nur die vielen interessanten Erlebnisse und Begegnungen sind mir im Gedächtnis geblieben. Und ich hatte ja ursprünglich den Gedanken gefasst, noch viel intensiver mit dem Rad in Afrika einzutauchen, um irgendwann auch das Mittelmeer zu erreichen. Je länger ich von der ersten Reise Abstand hatte, desto klarer stand für mich fest, dass ich weitermache. Nur über das Wie und Wann musste ich mir noch Gedanken machen. Denn die Durchquerung Afrikas war nach wie vor mein großes Ziel.

Im August 1999 war es dann soweit, ich hatte alle Zweifel zur Seite geschoben. Ich stand reisefertig mit meinem Mountainbike am Flughafen in München mit dem Reiseziel Durban. Und diesmal konnte ich aus meinen Erfahrungen der ersten Reise zehren. Zunächst musste ich mir im Klaren sein, wieder zu zweit oder diesmal alleine das Abenteuer zu wagen. Dass ich mich am Ende für einen Solo-Trip entschieden habe, lag sicher nicht an Peter, meinem Reisebegleiter der ersten Reise. Ganz im Gegenteil. Wir kennen uns schon seit unserer Jugend, waren auch vorher bereits über mehrere Wochen zusammen im Urlaub unterwegs und wissen deshalb, dass wir uns gegenseitig respektieren und vor allem, dass wir uns aufeinander verlassen können. Ich wusste auch, dass Peter ein guter Biker ist, ehrgeizig und für alle Abenteuer offen war. Er würde niemals in einer schwierigen Situation den Kopf verlieren oder mir Vorwürfe machen über Dinge, die sich auf einer ungewissen Fahrradreise einfach ereignen können. Die nicht vorhersehbar waren.

Das wir uns gegenseitig sehr gut einschätzen konnten, war mir auf unserer ersten Reise auch ungeheuer wichtig. Doch diesmal standen die

Vorzeichen anders. Ich hatte noch die Übernachtung in Stanger oder die letzte Nacht in Johannesburg im Gedächtnis, als wir uns alles andere als sicher fühlten. Und dann die Ungewissheit, was uns noch weiter nördlich erwartet. Ich wollte nicht die Verantwortung übernehmen, ihn auf eine weitere Tour überredet zu haben und war mir auch sicher, alleine die Tour zu überstehen.

Ich glaube auch die Eigenschaft zu besitzen, in kritischen Situationen einen kühlen Kopf zu bewahren und drohende Konflikte deeskalieren zu können, bevor sie aus dem Ruder laufen. Und auch mein Organisationstalent ist so gut, dass ich kurzfristig auf veränderte Situationen richtig und schnell reagieren kann. Ich entschloss mich also Peter erst gar nicht zu fragen. Vielleicht hätte er auch gar nicht mehr eingewilligt, ich habe ihn später nie mehr danach gefragt. Und ein anderer Reisepartner wäre mir ohnehin nicht in den Sinn gekommen.

Nachdem ich mir also sicher war, es alleine zu wagen, musste ich mich um meine Ausrüstung kümmern. Sie wurde zweckoptimiert. Vier gleich große Satteltaschen wurden auf das Vorder- und Hinterrad verteilt. Die Tasche an der Lenkerstange wurde ersatzlos gestrichen. Ein Zweipunktständer angebracht, der es ermöglicht, das Fahrrad stabil abzustellen und eine Rückholfeder zwischen Vorderrad und Rahmen angebracht, damit sich das frei schwingende Vorderrad durch das Gewicht des Gepäckes nicht jedes Mal komplett zur Seite dreht, wenn es auf dem Ständer entlastet wird. Ich achtete darauf nur Fahrradschläuche mit PKW Ventil mitzunehmen. Die ließen sich problemlos an jeder Tankstelle aufpumpen.

Auch bei den Ersatzteilen und der Ausrüstung war ich noch vorsichtiger und akribischer bei der Zusammenstellung geworden. Neben den üblichen Ersatzschläuchen, hatte ich auch Speichen und einzelne Kettenglieder dabei, einen kompletten Werkzeugsatz und ausreichend Medizin. Als Malariaprophylaxe griff ich wieder auf die bewährten Lariam-Tabletten zurück. Als Flüssigkeitsvorrat habe ich mir zwei Trinkflaschen am Rahmen befestigt, der Rest sollte dann in den Satteltaschen verstaut werden. Später wurde mir auf meiner Reise klar, dass ich damit einfach zu wenig Flüssigkeit auf dem Rad dabeihatte. Eine ausreichende Menge an Flüssigkeit, die ich mitnehmen konnte, war auf der ersten Reise an der Küste Südafrikas kein so wichtiges Thema. Es gab genügend Möglichkeiten den Tagesbedarf an Flüssigkeit überall zu decken und die Flaschen wieder nachzufüllen. Deshalb achtete ich in der Vorbereitung der neuen Reise auch nicht darauf, noch mehr Trinkflaschen am Rahmen anzubringen. Um mein Fahrrad kümmerte sich wieder mein Freund Hubert, selbst Fahrradhändler und -monteur, den ich seit vielen Jahren aus dem Sport kenne. Bei ihm war ich mir sicher, dass ich wieder bestens vorbereitetes Material bekomme.

Meine Reisestrecke sollte von Durban durch Swasiland über den Limpopo Fluss durch Simbabwe bis an die Grenze nach Sambia führen. Ziel meiner Reise war die Stadt Victoria Falls am berühmten Sambesi Fluss gelegen mit den gleichnamigen Wasserfällen. Von Simbabwe wusste ich nur, dass weiße Siedler gelegentlich Konflikte mit der dortigen Regierung hatten. Über mögliche wilde Tiere auf der Strecke, mochte ich mir erst gar keine Gedanken machen. Ich hoffte, dass sich die Tiere ausschließlich in den Reservaten aufhielten oder sich für Radfahrer nicht interessierten. Per E-Mail nahm ich mit der Botschaft von Simbabwe Kontakt auf und informierte mich über mögliche Gefahren einer Radreise durch das Land. Die Antwort war alles andere als ermutigend. Auf wilde Tiere, verrückte LKW-Fahrer und gewaltbereite Einheimische, sollte ich mich einstellen. Und sie hatten auch noch einen guten Tipp für mich parat: „Carry as little money as possible". Auch das hörte sich nicht besonders ermutigend an. Im Nachhinein gestehe ich mir ein, bei Reiseantritt schon ein etwas mulmiges Gefühl gehabt zu haben. Aber meine Abenteuerlust und mein Wille weiterzumachen waren eben doch noch größer. Meine Hoffnung war auch, diesmal schneller aus Durban herauszufinden, nachdem mir die Schwierigkeiten der letzten Reise noch in Erinnerung waren, als wir den Weg aus Durban kaum gefunden hatten.

So bin ich also Ende August wieder in Durban. Zum Glück geht mein erster Wunsch auch in Erfüllung. Ich finde diesmal schnell einen Weg durch die Vorstädte aus der Stadt heraus. Mein Eindruck von Durban, den ich vor zwei

Jahren gewonnen hatte, wird auch bei meinem zweiten Besuch bestätigt. Sieht man von der Goldenen Meile, dem Vorzeigestrand der Stadt und der Region KwaZulu Natal ab, ist aus meiner Sicht, ein längerer Aufenthalt in Durban reine Zeitverschwendung.

Die erste Woche zurück in Südafrika ist von heftigen Regenschauern geprägt. Als Radfahrer bin ich natürlich besonders wetterempfindlich. Dauerregen und andauernder Gegenwind bedeuten wettermäßig das Schlimmste was passieren kann. Das Nass von oben und das Spritzwasser der LKWs frustrieren mich und dämpfen meine Euphorie zunächst spürbar. Sämtliche Kleidungsstücke sind irgendwann völlig durchnässt und können nicht mehr richtig getrocknet werden. So habe ich bald meine Satteltaschen voll klammer Wäsche und hoffte auf Wetterbesserung. Die stellt sich nach einigen Tagen zum Glück auch ein, als ich in St. Lucia bei strahlendem Sonnenschein einen Tag Pause einlege und die komplette Wäsche zum trocken auslege. Zu meiner Erleichterung wird meine Reise nach Norden nicht wie befürchtet gefährlicher, sondern ich habe das Gefühl nach Stanger, wo wir uns auf unserer letzten Reise so unwohl fühlten, ist die Gegend wieder sehr viel sicherer geworden. Aber schon jetzt beginnt eine Berg- und Talfahrt, die ich zwar befürchtet, aber so heftig nicht erwartet habe. Mein Weg führt mich nach Eswatini dem früheren Swasiland, ein Land mit gerade mal 1,2 Millionen Einwohner. Ich reise im Lowland ein, also dem Teil des Landes, der vergleichsweise auf niedriger Meereshöhe liegt und damit auch als Malaria Risikogebiet gilt. Einige Südafrikaner halten mich für verrückt, hier mit dem Fahrrad und damit relativ ungeschützt gegen den Stich der Tse-Tse Fliege, die als Überträger von Malaria gilt, zu radeln. Glücklicherweise ist die Zeit im August und September eher ungefährlich, denn auch viele Einheimische nehmen in diesen Monaten kein vorbeugendes Mittel gegen die Erkrankung. In der Stadt Big Band treffe ich auf ein nettes weißes Ehepaar, das ich auf der Straße nach einer möglichen Unterkunft anspreche. Glen und Carol laden mich kurzerhand bei sich selbst zuhause ein. „Du kannst gerne bei uns übernachten. Wir haben genügend Platz und unsere Kinder freuen sich auch, wenn sie sich mit dir unterhalten können". Ich glaube nicht nur ihre beiden Töchter sind froh, etwas Abwechslung in ihren eintönigen Alltag zu bekommen, sondern auch die beiden selbst. Glen und Carol stammen aus Simbabwe und sind für zwei Jahre in Eswatini. Glen arbeitet in einer führenden Position in der hiesigen Zuckerrohrfabrik. Ein längerer Aufenthalt in Eswatini ist auch für ihn nicht möglich, da alle Arbeitsplätze des Landes ausschließlich von Einheimischen besetzt werden. Nach seiner Zeit als Ausbilder, müssen er und seine Familie das Land wieder verlassen. Das steht in einem Gesetz, welches mit dieser umstrittenen Maßnahme dafür sorgen soll, die Arbeitslosigkeit so gering wie möglich zu halten. Doch dieses Land braucht dringend Fachkräfte in Führungspositionen, um die wirtschaftliche Entwicklung voranzutreiben. Das Gegenteil wird jedoch erreicht, wenn die Fachkräfte nach kurzer Aufenthaltszeit das Land wieder verlassen müssen. So wird es auch Glen, Carol und ihren Kindern ergehen. „Die Einarbeitung dieser Menschen ist äußerst schwierig" erzählt mir Glen. „Es fehlt ihnen ganz einfach am technischen Verständnis. Diese Menschen sind alle künstlerisch hochbegabt, doch wie Drähte gezogen werden, kann man ihnen nur schwer vermitteln". In der Tat, jeder Einheimische versteht es mühelos aus einem Stück Holz ein Kunstobjekt zu schnitzen. Davon kann ich mich ständig überzeugen. Im ganzen Land sind immer wieder kilometerlang Stände mit den unterschiedlichsten Holzfiguren darauf drapiert. Aber dafür fehlt es ihnen einfach am logischen Denken für technische Abläufe. Der Verkauf von geschnitzten Figuren aus Holz oder weichem Stein ist deshalb auch für viele Menschen in Eswatini die einzige Einnahmequelle der Familie. Das merke ich ganz besonders bei meiner Reise durch dieses Land. Ständig werden mir auf meiner Fahrt an den Ständen irgendwelche selbstgemachte Giraffen und sonstige einheimische Tiere angeboten. Dass ich mit dem Fahrrad kaum in der Lage bin, meterhohe Giraffen mitzunehmen, spielt in ihren Augen wohl keine allzu große Rolle, auch wenn es sicher sehr lustig aussehen würde. Ich stelle mir in meinen Gedanken vor, wie ein langer Giraffenhals auf meiner weiteren Fahrt aus meiner Satteltasche herausragt. Schiebe den Gedanken aber gleich wieder zur Seite. Sie versuchen trotzdem und immer wieder ihr Glück und wollen mich vom Kauf überzeugen. „Außerdem" sagt mir Glen „ist zwischen den Vorarbeitern und dem Rest der Arbeiter keinerlei Autorität aufzubauen". Kollegen aus der

Arbeiterschicht werden als Vorarbeiter einfach nicht akzeptiert. Das führt sogar soweit, dass sie sich in der Aufgabe des Vorarbeiters abwechseln. Glen gibt mir für meiner Weiterfahrt noch einige Tipps mit auf den Weg. Wir wollen uns nochmals in Lobamba nahe der Hauptstadt Mbabane treffen, wenn dort das jährliche Umhlange, das Schilffest gefeiert wird. Doch jetzt geht es zunächst in die Highlands. Zuckerrohrfelder prägen über weite Strecken das Land. In den Feldern fühlen sich auch viele Schlangen wohl, so dass sich dieser Platz für ein geschütztes Zeltlager auch nicht gerade anbietet. In der Erntezeit werden regelmäßig die Arbeiter von Schlangen gebissen, einige von ihnen sterben auch daran. Zum Glück gibt mir Glen auch diesen Tipp noch mit, sonst hätte ich vielleicht doch einmal ein geschütztes Zuckerrohrfeld als Zeltplatz ausgewählt um in der Nacht unbemerkt zu bleiben. Dieses Risiko bleibt mir schon mal erspart.

Seit 1986 ist König Mswati III Oberhaupt der Monarchie Eswatini, was hier auch gleichzeitig mit der politischen Gewaltausübung verbunden ist. König Mswati III sorgt immer wieder für Schlagzeilen in der internationalen Presse. Einmal hat er ein Sexverbot für Mädchen bis zu einem festgelegten Alter propagiert, ein anders mal macht er von sich reden, als er sich ein eigenes Flugzeug kaufte. In einem Land, in dem die Bevölkerung in größter Armut lebt, ist das nicht gerade ein positives Signal an die Menschen. Auch wegen dem bereits erwähnten Umhlanga- oder Schilffest, dass alljährlich im August zu Ehren des regierenden Monarchen stattfindet, stand er bereits mehrfach in der Presse. Er beansprucht das Privileg, jährlich eine Jungfrau als Braut auszuwählen, die er sich auf diesem Fest aussucht. 22 Ehefrauen hat er bereits, aber das ist auch nur eine aktuelle Bestandsaufnahme. Die Zahl könnte sich jedes Jahr weiter erhöhen, denn bei seinem Geburtsjahrgang 1968 dürfte er noch viele weitere Jahre sein Amt bekleiden. Er verkündete auch viele Jahre nach meiner Reise im Jahre 2018 zum 50. Jahrestag der Unabhängigkeit von Großbritannien, den Namen Swasiland in Eswatini zu ändern. Damit sollten die Überreste der Kolonialzeit beseitigt werden.

Schon Tage vor dem eigentlichen Fest sehe und höre ich hunderte Frauen und Mädchen singend auf den LKW Ladeflächen Richtung Lombamba fahren.

Dieses Zusammentreffen ist für alle jungen und unverheirateten Mädchen und Frauen, aber natürlich auch für die jungen Männer eines der wenigen Höhepunkte im Jahr. Zu diesem achttägigen Fest treffen sich die Menschen aus allen Teilen des Landes. Mit langen Schilfbündeln ziehen sie durch die Straßen des Dorfes. Zum Höhepunkt des Festes beginnen die Vorbereitungen schon in aller Früh. Mit meinem Rad bin ich mitten unter ihnen und wecke damit natürlich sofort auch das Interesse. Als die Veranstaltung schließlich beginnt, tanzen tausende barbusige, leicht und knallbunt bekleidete junge hübsche Frauen im Rhythmus einzelner Gruppen. Einige von ihnen geben den Takt mit Trillerpfeifen vor. Alle anderen bewegen sich synchron im Schritt der Gruppe. In der Hand halten sie häufig eine Machete oder ein langes Messer, welches sonst für die Schilfernte genutzt wird. Es scheint so, als ob jedes Dorf in seiner Darbietung die anderen übertreffen will. Der Tanz ist unverheirateten und noch kinderlosen Mädchen und Frauen vorbehalten. Es ist ein Fest zur Ehrerbietung des Königs, der an diesem Tag natürlich ebenfalls anwesend ist. Aber die wenigen Touristen und das regionale Fernsehen, die ebenfalls vor Ort sind, scheinen am meisten Gefallen an den Darbietungen zu finden. Über Stunden tanzen die Frauen in einem großen, offenen Fußballstadion ohne jeden Schutz gegen die Sonne. Die brütende Hitze macht mir ziemlich zu schaffen. Den Einheimischen scheint es offensichtlich weniger aus zu machen. Selbst die amtierende Miss Swaziland ist an diesem Tag zur Freude vieler Fotografen mit dabei. Sie wird nicht nur von mir zum begehrten Fotoobjekt. Ich denke das Fest ist auch so etwas wie eine traditionelle Partnervermittlungsbörse. Denn wo sonst sind so viele heiratswillige Frauen an einem Ort und wo sonst lassen sich so leicht für die einheimischen Burschen neue Bekanntschaften machen. Wer jedoch als Ausländer auf die Idee kommt, dort auf Partnersuche zu gehen, sollte schon bereit sein, seine Nationalität zu wechseln, denn das Motto in Eswatini lautet: „Eswatini den Einheimischen". König Mswati III trifft am späten Nachmittag ein. Begleitet von mehreren Männern mittleren Alters in ihren traditionellen Gewändern gibt er sich sehr volksnah. Bis auf wenige Meter stehe ich vor ihm und kann Fotos machen, ohne dass mich jemand zurückhält.

Ich treffe auf dem Fest auch wieder Glen und Carol. Beide sind extra für diesen Tag aus Big Bend angereist. Nur ihre beiden Töchter konnten sie nicht überzeugen mitzukommen. „Die haben an solchen traditionellen Festen kein Interesse", erklärt mir Carol. Bis spät in die Nacht wird gefeiert und am Ende falle ich todmüde in mein Zelt und schlafe tief und fest.

Am nächsten Tag weiß ich um die Schwere der Steigungen, die ich bis nach Piggs Peak zu bewältigen habe. „In Piggs Peak hast du das Schlimmste hinter dich gebracht". Die Worte von Glen klingen mir noch im Ohr, als ich mich an den langen Steigungen mit meinem Rad hoch quäle. LKWs kriechen an mir vorbei und qualmen schwarzen Ruß aus ihren Auspuffanlagen, der sich auf meiner schwitzenden Haut festsetzt. Fahrer schauen mitleidig auf mich herunter, wie ich unter der Last meiner Satteltaschen in der heißen Sonne versuche, jede dieser Steigungen hochzukommen. Ihre Gedanken kann ich an ihren Gesichtern lesen. Von Piggs Peak fahre ich über Bulembu am nächsten Tag nach Mbombela und damit zurück nach Südafrika. Der Grenzübergang in Bulembu durch das Josefsdaal stellt eine erhebliche Abkürzung gegenüber der geteerten Hauptstraße MR1 dar. Doch aus den gerade mal 20 Kilometern Sandpiste, die meine Karte ausweisen, werden 60 endlos lange, staubige und steile Kilometer in der Gluthitze des Tages. Als ich 25 Kilometer nach der Abzweigung in Piggs Peak an die Grenzstation in Bulembu komme, denke ich das Schlimmste sei hinter mir. Doch auf die Frage an den Grenzbeamten wie lange diese schlechten Straßen noch andauert, bekomme ich ein ernüchterndes: „For the next forty or fifty kilometer". „Noch vierzig bis fünfzig Kilometer!", wiederhole ich frustriert und still in mich hinein. Der Grenzbeamte sieht mir wohl die Fassungslosigkeit an. Ich denke ernsthaft daran umzukehren, um anschließend doch noch über die Teerstraße den längeren Weg zu nehmen. Aber soll ich die 25 Kilometer wieder zurück radeln? Nein eine Umkehr ist sinnlos. Die Schinderei geht also weiter. Sobald ich aus dem Sattel gehe, findet mein Hinterrad bergauf keinen Halt und rutscht durch, bergab muss ich vorsichtig manövrieren um nicht vom Rad zu fallen. Teilweise schiebe ich auch, um mein Material zu schonen. Nie ist mir jemals vorher klar gewesen, dass eine Strecke mit dieser Länge eine echte Herausforderung darstellen kann. Als ich den letzten steilen Anstieg kurz vor Mbombela bezwinge, befinde ich mich bereits 10 Stunden ohne Pause auf dem Sattel und am Ende meiner Kräfte. In Mbombela treffe ich zufällig auf einen Gärtner, der einen Rasen sprengt und bekomme zu meiner Begeisterung an Ort und Stelle auf der Straße eine Dusche mit seinem Gartenschlauch. 90 Tageskilometer stehen an diesem Tag auf meinem Zähler, das ergibt einen Durchschnitt von nicht einmal 10 Kilometer in der Stunde. Aber das ist für mich unwichtig geworden, vielmehr freue ich mich an diesem Abend auf mein Bett.

Auch am nächsten Tag fahre ich bis Graskop, kurz vor dem Blyde River Canyon, fast nur bergauf. An jedem meiner Finger hat sich inzwischen eine Blase gebildet. Das sind die Folgen meiner Vergesslichkeit, denn bereits am Tag meiner Abfahrt habe ich meine Fahrradhandschuhe in Durban vergessen. Auf dieser Reise werden solche Fehler eben bestraft. Der Blyde River Canyon gehört mit zu den größten und schönsten Canyons der Welt. Am Rande des Canyons erwartet mich und viele weitere Besucher, die mit den Autos unterwegs sind, ein atemberaubender und kilometerweiter Blick in den 800 m tiefen Canyon hinab, in Richtung Simbabwe. Der berühmteste aller Nationalparks Südafrikas, der Krüger Nationalpark wird ein Opfer meiner Routenwahl über den Blyde River Canyon, denn er erstreckt sich über ein großes Gebiet parallel zu meiner Strecke und hätte deshalb für mich einen zusätzlichen Umweg bedeutet. Doch die schönste Radstrecke schließt sich unmittelbar am höchsten Punkt des Canyons an. Nahezu die gesamte Strecke bis an die Grenze zu Simbabwe fahre ich nun in rasender, aufregender Bergabfahrt und kann somit meine Kräfte schonen. Die Berge von Südafrika und Eswatini liegen endlich hinter mir. In Beitbridge fahre ich über die Grenze nach Simbabwe ein. Endlich – so lange war ich in Südafrika unterwegs und irgendwie habe ich es mir so sehr gewünscht, endlich über die Grenze zu fahren und in ein neues Land einzureisen. Natürlich bin ich auch durch Eswatini, aber dieses kleine Land, das wie eine Insel mitten in Südafrika liegt, war nur ein erstes kleines Ziel. Wie viel wichtiger war doch, in ein so riesiges Land wie Simbabwe mit dem Fahrrad einzureisen.

Aber schon am ersten Tag spüre ich die gnadenlose Hitze, die ich auf endlos langer Strecke ohne jeglichen menschlichen Kontakt auf mich nehmen muss. Mir wird sehr schnell klar, was mich hier erwartet. 140 Kilometer ohne Schatten und ohne die Möglichkeit Wasser nachzufüllen, werden für mich zur echten Probe meiner eigenen Motivation. Ich teile mir die Strecken in Entfernungen ein, die ich von Zuhause kenne. So fahre ich im Gedanken die Stecke zwischen zwei Nachbardörfern meiner Heimat mehrmals an diesem Tage ab. Ich gönne mir alle 10 Kilometer eine kleine Belohnung, wie z.B. einen Schluck aus meiner Wasserflasche oder eine Banane. Aber ich habe einfach zu wenig Wasservorrat dabei. Am Ende ist es dann nur noch ein neuer Kaugummi, den ich alle 5 Kilometer zu mir nehme und mich damit zur Weiterfahrt motiviere. Irgendwann komme ich an einer Bar vorbei, die ich etwa 10 Kilometer vor West Nickelson erreiche. Wow. Mein absolutes Highlight des Tages. Ein kleiner, unscheinbarer Laden mit einigen wenigen Einheimischen, die sich darin aufhalten. Genauso, wie man es vielleicht in amerikanischen oder australischen Filmen sieht, um die Einsamkeit der Gegend herauszuheben. Für mich ist diese Bar der Hauptpreis. Das es nur warmes Bier gibt! Wurst. Ein Besucher der Bar bietet mir eine kurze Mitfahrt in das Dorf an, nachdem ich meinen Durst und meinen Hunger mit kühler Cola und steinharten Keksen gestillt habe. Ich will mir gar nicht erst ausmalen, welchen Eindruck ich auf diese Menschen mache. Sie halten mich wohl alle für verrückt. Nach diesem intensiven ersten Tag in Simbabwe, stelle ich mich auf die weiten, menschenleeren Strecken besser ein. Die Straßen sind gut befahrbar, der Linksverkehr stellt wie schon in Südafrika für Radfahrer kein Problem dar, nur die vorbeidonnernden LKWs zwingen mich gelegentlich zu Ausweichmanövern. Meine Streckenplanung stelle ich auf die vorhandenen Übernachtungsmöglichkeiten ein, für den Notfall baue ich mein mitgebrachtes Einmannzelt abseits der Straßen in geschützter Lage auf. Jede Möglichkeit zum Getränkekauf nehme ich jetzt ausgiebig in Anspruch. So lassen sich die Anstrengungen der Reise auf die beste Art kompensieren. Der Matopo und der Hwange Nationalpark liegen auf direktem Wege nach Victoria Falls und so miete ich mir ein Auto für die Abstecher in die eingezäunten Parks. Für Cecil Rhodes, den Namensgeber des früheren Landesnamen Rhodesien, als sich Simbabwe noch unter englischer Kolonialherrschaft befand, war der Matopo Nationalpark eines des schönsten Flecken Afrikas. Seine sterblichen Überreste ließ er in diesem Park am „View of the world" begraben. Es ist in der Tat ein atemberaubender Blick, der sich an diesem Aussichtspunkt über die Weite Afrikas erstreckt. Ein wirklich magischer Ort. Das Grab von Cecil Rhodes ist innerhalb des Nationalparks in einem Felsen eingelassen.

Als ich Tage später am Ziel meiner Reise in Victoria Falls ankomme, stellt sich in mir wieder dieses unglaublich tolle Gefühl der Zufriedenheit ein. Ein Gefühl etwas Besonderes erreicht zu haben und jetzt am Ende meiner Reise kann ich die letzten Tage hier in Victoria Falls noch richtig entspannen. Hier habe ich viele Annehmlichkeiten, die ich auf meiner Strecke nie hatte. Doch gleichzeitig fühle ich mich meines besonderen Status als Reisender beraubt. Niemand mehr interessiert sich nach dem „woher" oder „wohin" der Reise. Niemand mehr wundert sich über die verrückte Tour eines Weißen auf dem Fahrrad durch Afrika. Niemand interessiert sich für mich. Ich verschwinde wieder in der Anonymität der anderen Touristen. Es ist ein eigenartiges Gefühl, dass ich hier in einer touristisch geprägten Stadt das erste Mal wieder wahrnehme. Ich bin nur noch einer von vielen. Doch ich fühle mich nach wie vor nicht als gewöhnlicher Tourist, schließlich habe ich fast 1800 Kilometer abgestrampelt um hier her zu kommen. Ich bin aus meiner Sicht auf einer sehr „ehrlichen Art" hierhergekommen.

Victoria Falls habe ich mir ganz anders vorgestellt. Viele Touristen tummeln sich hier. Sehr viele von ihnen sind Backpacker, aber auch wohlhabende Afrika Touristen haben sich in die noblen Hotels in der Stadt einquartiert. Die Stadtoberen versuchen inmitten einer armen, trostlosen Gegend ein zweites Las Vegas zu errichten. Ich bin beeindruckt und traurig zugleich, als ich die riesigen Hotelanlagen sehe, die in kürzester Zeit hier entstanden sind. The Kingdom heißt der Komplex, der neben dem ehrwürdigen Victoria Falls Hotel errichtet wurde und dazu beiträgt, die Nostalgie der alten Gebäude im viktorianischen Stil vergessen zu machen. Und es werden sicher noch weitere neue Hotelanlagen folgen. Ich will wieder raus aus der Stadt.

Da ich nur noch wenige Tage vor meinem Rückflug Zeit habe, miete ich mir ein Fahrzeug. Die Strecke bis nach Milibizi zum Kariba See würde ich sonst nicht schaffen. Schon nach wenigen Kilometern Richtung See fahrend, kommen mir die Kinder verdreckt und in zerrissener Kleidung bettelnd entgegen. Der Unterschied zwischen Reichtum und Wohlstand auf der einen Seite und dem Leben am Existenzminimum auf der anderen Seite, ist hier auf so bizarrer Weise innerhalb von nur wenigen Kilometern sichtbar. Vergleichsweise wie nur an wenigen Orten auf der Welt. Am See angekommen habe ich immer noch dieses beklemmende Gefühl, das sich bei mir eingestellt hat, als ich Richtung See aufgebrochen bin. Wie sehen nur die Länder auf meiner weiteren Reise nach Norden aus? Länder, die noch ärmer sind als Simbabwe? Ich genieße den wunderschönen afrikanischen Sonnenuntergang am Kariba See, schreibe einige Gedanken in mein Tagebuch und schlafe in meinem spartanisch eingerichteten Zimmer ein. Als ich nach zwei Tagen zurück in Victoria Falls bin, freue ich mich schon, eines der größten und schönsten Naturwunder auf unserer Erde mit eigenen Augen sehen zu können. Die Victoria Falls. Die Wasserfälle kündigen sich bereits aus weiter Entfernung durch ein satt klingendes Donnern an. In bis zu 30 km Entfernung ist die Gischt noch zu sehen. Nicht umsonst heißen die Fälle bei den Einheimischen „Mosi Oa Tunya" – also „der Rauch, der donnert". Ein kleiner Regenwald in der Nähe hat seine Existenz alleine dem ständigen Sprühnebel zu verdanken. Der erste Europäer, der die Fälle mit eigenen Augen sah, ist der berühmte schottische Missionar David Livingston. Er beschreibt die Wasserfälle als „das Schönste, das er in Afrika je zu Gesicht bekam". Er benannte die Fälle nach der damaligen britischen Königin Victoria. 110 Meter tief stürzt hier der Sambesi Fluss, der die Grenze zwischen Simbabwe und Sambia markiert, spektakulär in die Tiefe und verwandelt sich dann in einen reißenden Strom der diesen Fluss zu den schwierigsten und interessantesten Rafting Gebieten der Welt werden lässt. Als ich später die Fälle bei einem Rundflug aus der Vogelperspektive sehe, bin ich vom Ausmaß dieses Naturwunders noch mehr beeindruckt als zuvor (siehe Bild Victoriafälle von oben). Um die vielen spektakulären Aussichtspunkte auf der anderen Flussseite zu sehen, muss ich nach Sambia einreisen. An der Grenze zu Sambia kann ich ein

Tagesvisum beantragen. Ich fahre mit dem Rad noch wenige Kilometer weiter nach Livingstone, das nach dem gleichnamigen Entdecker dieser Wasserfälle benannt ist und bin überrascht wie wenig touristisch diese kleine Stadt im Gegensatz zu Victoria Falls ist. Keine gigantischen Hotelanlagen, keine touristischen Attraktionen. Selbst der Zugang zu den Wasserfällen ist kaum gesichert und reglementiert. Ich kann mich bis an den unmittelbaren Rand der Wasserfälle setzten. Einige Touristen nehmen ein Bad, nur Zentimeter vom Abgrund einer der großartigsten Wasserfälle auf dieser Erde. Wo sonst kann man das noch in dieser Form erleben? Aber in Sambia ist dieses kleine Abenteuer kein Problem. Noch. Denn wie lange wird wohl diese touristische Abgeschiedenheit noch anhalten?

In der Mitte der Brücke über den Fluss ist die Grenzstation beider Länder. Hier ist eine weitere echte Touristenattraktion zu erleben. Wer möchte, kann sich 110 Meter tief mit dem Bungee Seil verbunden in die Schlucht stürzen. Bungee Springen ist mittlerweile auch in Simbabwe beliebt und ist neben den Eintrittsgebühren des Nationalparks eine weitere sichere Einnahmequelle geworden. Natürlich kann auch ich der Verlockung des Sprunges nicht widerstehen. Doch ich glaube die 100 Dollar, die ich hierfür investieren muss, haben sich wirklich gelohnt. Es ist für mich ein tolles Gefühl, den Fluss unter mir zu sehen und mit einem Sprung auf ihn zu zurasen. Es ist nicht mein erster Bungee Sprung, aber es ist bisher sicherlich der Schönste. Doch der abenteuerliche Höhepunkt in Victoria Falls sollte mir noch bevorstehen. Eine „Whitewater-Rafting" Tour auf dem Sambesi Fluss.

4. Auf dem Sambesi River

Schon am Vortag sehe ich mir das Video der Tour an. Jeden Tag wird am Abend das aktuelle Video der Tagestour gezeigt. Ich bin sehr beeindruckt über das, was ich auf dem Video zu sehen bekomme. Das scheint keine gemütliche Donau Tour zu werden, sondern hier türmt sich der Sambesi zu richtig wildem Wasser auf. Einige Boote kentern in den Stromschnellen, andere werden immer wieder hineingezogen und die Mannschaft ist kräftig am Rudern, um wieder aus dem Wasserstrudel des Flusses herauszukommen. Der Sambesi gilt nicht umsonst als eines der schwierigsten Wildwassergebiete der Welt. Ich möchte unbedingt diese Tour mitmachen. Schließlich werden jeden Tag unzählige Touristen durch die Stromschnellen, die im englischen mit Rapids bezeichnet werden, gebracht. Eine junge Frau sitzt mit dickem Verband auf der Nase im Videoraum. Sie hat sich das Nasenbein gebrochen, als das Boot kenterte und ein Paddel auf ihre Nase schlug. An dieses Erlebnis wird sie wohl noch lange Zeit denken. Von solchen Kleinigkeiten will ich mich aber nicht um den Spaß bringen lassen. Es wird schon gut gehen.

Am nächsten Morgen geht es schon sehr früh los. Wir sitzen zu sechst als Team mit unserem Bootführer Lazarus im Boot. Auf die Frage von Lazarus, ob wir paddeln oder uns lieber nur am Seil des Bootes festhalten wollen, entscheidet sich die Gruppe einheitlich fürs paddeln. Die Rapids 4 bis 19 warten auf uns, nur Rapid 9 müssen wir auslassen, da dieses Rapid bei Low Water zu gefährlich ist und von keiner Rafting Organisation in dieser Jahreszeit durchfahren wird.

Unser „Guide" weist uns gleich zu Beginn darauf hin, wie wir uns in bestimmten Situationen verhalten sollen. „Haltet euch im Rapid am Seil fest solange es geht. Das Seil wird heute euer bester Freund sein. Fliegt ihr vom Boot raus und kommt nicht mehr heran, seid ihr so genannte - long distance swimmer -, dann versucht durch das Rapid zu kommen und eines der Kajaks wird euch wieder auffischen. Seid ihr näher am Boot, werfe ich euch ein Seil zu, an dem ihr euch gut festhaltet. Ins Boot ziehe ich euch wieder rein. Alles klar?" - „Alles klar!" Noch ein paar Trockenübungen im ruhigen Wasser und schon geht es los. Rapid Nr. 4 mit dem Namen „The morning glory" wird unser „wake-up-rapid" werden. Es hat einen mittleren Schwierigkeitsgrad - der Sambesi heißt uns also willkommen.

Noch bevor es richtig losgeht, gibt mir Lazarus zu verstehen, dass ich im Boot nach vorne gehen soll. Dafür beordert er eine junge Frau nach hinten. Als ich ihren Platz einnehme, bemerke ich, dass an diesem Platz die Fußschlaufen ausgerissen sind. Das ist wohl der Grund des Platzwechsels, denke ich mir. Naja, dann müssen eben die Schlaufen für die Hände ausreichen.

Wir kommen auf die erste Welle zu und schon fliege ich in hohem Bogen aus dem Schlauchboot in den Fluss (*siehe Bild Rafting auf dem Sambesi River*). In der ersten Einschätzung erkenne ich, dass ich schon weit vom Boot entfernt bin. „Aha" denke ich mir, „ich bin also der erste long distance swimmer" und das, bevor noch die eigentliche Stromschnelle beginnt. Rapid 4 kenne ich nur unter Wasser. Ich schnappe panisch nach Luft, bekomme aber keine. Ich kämpfe nur darum, nicht zu ertrinken und schlucke dabei unendlich viel Wasser. Kurzzeitig bin ich wieder an der Wasseroberfläche - ich versuche Luft zu holen, das ist das einzige was ich tun kann. Doch ich erkenne, wie nahe ich bereits am Felsen bin und die Strömung treibt mich noch weiter darauf zu. Automatisch versuche ich mit meinen Füßen einen Aufprall abzufangen, komme aber zum Glück nicht mit den Felsen in Kontakt. Wie in einer Waschmaschine werde ich durchgewirbelt. Endlich kann ich, nach für mich endlos langer Zeit, wieder etwas erkennen. Unser Boot ist gekentert und alle anderen sind ebenfalls im Wasser. Der Sambesi hat sich bei mir und sicherlich auch bei allen anderen der Gruppe gehörig Respekt verschafft. Ich hatte jedenfalls zum ersten Mal das Gefühl, um mein Leben gekämpft zu haben. Der Rest ist schnell erzählt. Nur in Rapid 18 kentern wir nochmals. Dieses Rapid ist aber auch gefürchtet und kaum eines der Boote bleibt hier verschont. Für mich persönlich ist Rapid 18 aber kein Vergleich zu dem, was ich in Rapid 4 durchgemacht habe.

Wieder habe ich auf meiner Reise sehr viel erlebt. Und auch dieses Mal bin ich froh, alle Abenteuer gesund überstanden zu haben.

Nur ein Jahr nachdem ich aus Simbabwe wieder zurückgekehrt war, trat der Limpopo Fluss an der Grenze zu Südafrika über seine Ufer und überschwemmte riesige Gebiete in Südafrika, Simbabwe und vor allem Mocambique. Tausende Menschen verloren bei dieser Katastrophe ihr gesamtes Hab und Gut. Ich beschloss einen kleinen Teil dazu beizutragen, die schlimmste Not dieser Menschen zu lindern. Mit Dia-Vorträgen meiner beiden Afrikareisen nahm ich etwa 1000 Euro ein, die ich mittels eines früheren Schulkameraden, der zur damaligen Zeit in Maputo in der Hauptstadt Mocambiques im deutschen Konsulat beschäftigt war, spendete. So kam das Geld zur Mission „Congregacao das Irmas Missionárias do Precioso Sanue" und dort wurde es für Notunterkünfte, Medizin und Lebensmittel eingesetzt. Schwester Maria Paula Köstler bedankte sich bei mir in zwei freundlichen Briefen über die hilfreiche Spende.

Vier Jahre vergingen, bis mich das Afrikafieber wieder packte und ich zu einem neuen Trip aufbrechen wollte. Doch auch in der Zwischenzeit war ich radtouristisch unterwegs. Mit meinem Bike reiste ich fünf Wochen durch den Vietnam. Ein Land in dem fast ausschließlich Zweiradfahrer das Straßenbild prägen. Ein Land, das so ganz im Gegenteil zu den Reiseverhältnissen in Afrika steht. Aber auch ein Land das ideal auf zwei Rädern erkundet werden kann. Auch diese Reise durch Vietnam wurde zu einer weiteren wichtigen Erfahrung bei meinen Radreisen. Doch mich zog es wieder zurück nach Afrika. Dorthin, wo ich meine letzte Tour beendete. An den Ort, den ich nur kurz besuchen konnte und der einen so klangvollen und berühmten Namen besitzt. Livingstone.

5. Meine längste Tour

Livingstone liegt in Sambia an der Grenze zu Simbabwe. Dort wollte ich meine Reise durch Sambia und Tansania fortsetzen und bis nach Dar es Salam fahren. Ich war mir anfangs noch nicht sicher, ob ich auch durch Malawi reisen sollte, da die damalige Hungerkatastrophe in diesem Land eine Fahrt mit dem Rad sicher sehr erschweren würde. Es war eigentlich auch nicht notwendig, da nach Lage der Straßenkarten der direkte und überwiegend geteerte Weg ohnehin an Malawi vorbeiführt. In der Süddeutschen Zeitung bekam ich einen Artikel über Malawi zu lesen. „Mit Mäusen und Wurzeln füllen sich die Menschen ihre Mägen" stand als Schlagzeile in der Überschrift. Malawi ist von allen Ländern dieser Welt als eines der Ärmsten einzustufen. Ich hielt mir die Entscheidung für einen späteren Zeitpunkt auf. Zunächst war ich jedoch froh, Simbabwe bereits durchquert zu haben. Denn unmittelbar nach meiner zweiten Reise, sollten sich die Unruhen erheblich ausweiten und es setzte eine regelrechte Jagd auf weiße Farmer ein. Farmer, die aufgrund einer früheren Landreform in Besitz von Grund und Boden gekommen waren und dieses Land über viele Jahre hinweg erfolgreich bewirtschaftet und aufgebaut haben, sind bei diesen Unruhen die Zielscheibe der schwarzen Bevölkerung geworden. Aufgehetzt wurden sie von ihrem Präsidenten Mugabe, der die entschädigungslose Enteignung der Großfarmer durchsetzen wollte. Als ein Verfassungsentwurf hierfür abgelehnt wurde, setzte eine gewalttätige Jagd auf weiße Farmer mit illegaler Landbesetzung ein. Mugabe unternahm nichts, um diesem Treiben ein Ende zu setzen. Ganz im Gegenteil, er unterstützte diese Aktionen noch, um seine Intention, alle Macht der weißen Bevölkerung zu nehmen, weiter zu forcieren.

Zu dieser Zeit war eine Reise mit dem Fahrrad durch Simbabwe sicher nicht mehr sehr ratsam. Aber nicht nur hier war Präsident Mugabe Antreiber von Menschenverfolgung, Hass und Unterdrückung. Als Mitte März 2003, kurz vor meinem Reiseantritt, der zweite Golfkrieg ausbrach und der damalige amerikanische Präsident George W. Bush mit aller Macht Iraks Saddam Hussein entmachtete und das irakische Volk von diesem Diktator befreite, nutzte der andere Diktator Mugabe die Gelegenheit, als die ganze Welt auf den Irak schaute, um gnadenlos Jagd auf viele Oppositionelle seiner Regierung zu machen, die er gerne als Marionetten der USA bezeichnete. Die Diktatoren dieser Welt sterben wohl nie aus, zumindest nicht in Afrika. Mugabe galt aber auch bei den Nachbarländern als höchst umstritten und unbeliebt. Seine Korruptionspolitik führte dazu, dass die Menschen des Landes kaum mehr etwas zu essen bekamen, die Regale der Kaufhäuser leer blieben, notwendiges Benzin für Autos und Flugzeuge zur Mangelware wurde und somit auch die Zahl der Touristen stark zurück ging. Mit der Folge, dass die relativ jungen Unternehmen der Touristikbranche nicht mehr existenzfähig waren und somit dem erst jungen Wirtschaftszweig erheblicher Schaden zugefügt wurde. Selbst in Sambia waren zur Zeit meiner dritten Afrikareise die Zeitungen voll mit den negativen Schlagzeilen aus Simbabwe. Doch für Präsident Mugabe war das alles kein Grund zurückzutreten, hatte er doch seine letzte Wiederwahl nicht nur knapp, sondern auch äußerst umstritten für sich entscheiden können.

Ich musste mich aber langsam für mein neues Ziel vorbereiten. Meine Reiseplanungen liefen jetzt schon in gewohnter Manier ab. Ich besorgte mir aktuelle Straßenkarten und beantragte die notwendigen Visen für Sambia und Tansania. Straßenkarten sind in Afrika sehr schwer zu bekommen, deshalb achtete ich darauf, für die vollständige Strecke maßstabsgerechte Karten im Maßstab von mindestens 1:2 000 000 zu besorgen, besser sind natürlich noch detailliertere Karten. Das Visum für Malawi könnte ich mir immer noch an der Grenze besorgen, falls ich kurzfristig meine Reiseplanung doch noch ändern sollte. Auf der Internetseite des Auswärtigen Amtes holte ich mir die aktuellen Sicherheitsinformationen ein. Außer den üblichen Gefahrenhinweisen bei nächtlichen Überlandfahrten und für den Aufenthalt in Ballungsgebieten, waren keine besonderen Hinweise dabei, die zu einer Einreise abrieten. Natürlich wird bei den offiziellen Verlautbarungen niemals von einer Reise mit dem Fahrrad ausgegangen. Das Rad bietet sicherlich einerseits kaum Schutz vor Überfällen, jedoch wird man selten als lohnenswertes Opfer eingestuft, sieht man mal von gefräßigen Löwen ab, die ich allerdings auf offener Strecke auch auf dieser Reise nicht erwartete. Im Internet stieß ich jedoch auf einen Bericht auf eine Bikerin, die im Frühjahr 2002 in Malawi ausgeraubt und ermordet wurde. Ein Grund mehr zur Vorsicht und ein weiterer Grund, der zu diesem Zeitpunkt nicht für die Einreise nach Malawi sprach. Später auf meiner Reise werde ich auf Bob aus Ägypten treffen, der in Tansania einen Campingplatz führte. Er begegnete der jungen Frau, noch kurze Zeit bevor sie nach Malawi aufbrach. Sie sei äußerst mutig und körperlich topfit gewesen. Er konnte die spätere Nachricht von ihrer Ermordung gar nicht fassen, da die Menschen von Malawi auch in allen Nachbarländern als sehr freundlich und hilfsbereit gelten. Als Frau ist es in Afrika aber auch wesentlich gefährlicher, alleine zur reisen. Bei solchen Abenteuern lassen sich Restgefahren wohl auch niemals ganz ausschließen.

Für mein Bike hatte ich eine weitere Halterung für eine große Trinkflasche angebracht, so dass ich jetzt vier Liter Flüssigkeit am Rahmen befestigen konnte. Mehr ließ die Rahmengeometrie einfach nicht zu. Zur Sicherheit nahm ich auch noch einen neuen Fahrradmantel mit, da die Ersatzteilbeschaffung auf dieser Reise wohl sehr beschwerlich werden könnte. Auch über den Reiseproviant machte ich mir Gedanken. Trockenfrüchte hielt ich als Grundversorgung und als Notration für geeignet, da sie gut haltbar sind und wenig Platz in meinen Satteltaschen benötigen würden.

Vor meinem Antritt der Reise startete ich über die regionale Presse eine Spendenaktion für ein Projekt im Kongo. Bei dem Projekt „Matadi" sollen Mütter und deren Kinder über ein Selbsthilfeprogramm geholfen werden. Ich war überrascht wie viele Menschen sich bei mir meldeten und helfen wollen. So konnte ich in kurzer Zeit fast 2000 Euro Spendengelder an das Projekt übergeben.

Viele Menschen zeigten sich in Gesprächen mit mir über mein neues Projekt wieder sehr interessiert. Sie wollten alle Einzelheiten darüber erfahren, aber nie hatte ich das Gefühl, dass sie meine Gründe, warum ich mich in Gefahr begebe, wirklich verstanden.

Trotz der diesmal sehr langfristigen und sorgfältigen Planung, wusste ich noch bis zum Tag der Abreise nicht sicher, ob ich meine Reise antreten konnte. Zwei Wochen vor dem Abflug verletzte ich mich bei einem Fußballmatch. In den darauffolgenden Tagen schwoll das Knie an und machte mir bei jeder Bewegung zu schaffen. Ich hatte zwar keine Schmerzen, aber es bildete sich Flüssigkeit neben der Kniescheibe und schon allein der Gedanke daran ließ ein Unbehagen in mir aufkommen, angesichts der Tatsache die nächsten Wochen über 2500 Kilometer mit dem Bike zurück legen zu müssen. Aber ich wollte meine Reise nicht mehr absagen. Alles war vorbereitet, in der lokalen Presse sollte in den nächsten Tagen ein Artikel über die Reise erscheinen und so beschloss ich, es auf jeden Fall zu versuchen. Zur Sicherheit holte ich mir dennoch ärztlichen Rat ein und bekam zu meiner Erleichterung auch grünes Licht signalisiert. Ich hatte mir zum Glück nur eine Prellung zugezogen. So lief am Ende alles nach Plan.

Am 28. April stehe ich mit meinem Bike im Flughafengebäude von Livingstone. Mein drittes Abenteuer in Afrika kann endlich beginnen.

Auch wenn ich mit Erleichterung mein Fahrrad in Empfang nehme, auf meine zwei Satteltaschen warte ich vergebens. So muss ich am ersten Tag schon um meine Ausrüstung bangen. Ohne mein akribisch geplantes und zusammengestelltes Gepäck mit Werkzeug, Ersatzteile und meinen Medikamenten, ist an einen Start natürlich zunächst nicht zu denken. Ich kann vorerst nichts Weitere tun als abwarten. Meine Fotoausrüstung habe ich gottlob als Handgepäck mitgenommen. Ich kann nur hoffen, dass morgen meine Satteltaschen nachkommen. Eine freundliche Flughafenangestellte drückt mir ein Formular in die Hand und erklärt mir, dass ich den Wert des Fahrrades hierin eintragen soll. Ohne länger darüber nachzudenken gebe ich einen Wert von 100 Dollar an, wohl wissend kräftig untertrieben zu haben. Sofort beginnt bei ihr eine minutenlange Tipperei auf ihrem Taschenrechner an dessen Ende sie mir zu verstehen gibt, dass ich 266.150 Kwatscha (Kwatscha ist die Landeswährung in Sambia) für die Verzollung des Fahrrads bezahlen muss. Wie der Wert zustande kommt und warum ich überhaupt Zollgebühren entrichten soll, ist mir jedoch vollends unklar und kann von ihr auch nicht nachvollziehbar erklärt werden. Auch alle meine Erklärungsversuche, dass ich dieses Rad nicht einführe, es auch nicht verkaufe und nur zu meinem persönlichen Gebrauch verwende, lassen bei ihr keinen Zweifel an der Richtigkeit ihrer Zollerhebung. Ich lasse mir den Wert in Dollar umrechnen und bekomme von ihr schließlich 66 Dollar genannt. Das erscheint mir bei dem angegebenen Wert nun doch ein wenig hoch. Zu guter Letzt einigen wir uns nach zähem verhandeln auf 40 Dollar, die ich allerdings nur mit Widerwillen und unter Protest bezahle, um endlich den Flughafen verlassen zu können. Zur Erstversorgung für das fehlende Gepäck bekomme ich von meiner Fluggesellschaft Britisch Airways 20 Euro ausgehändigt. Somit habe ich zumindest einen Teil der merkwürdigen Zollgebühren wieder zurück. Am nächsten Wechselschalter wechsle ich dann noch 200 Dollar in Kwatschas, um etwas Bargeld bei mir zu haben. Ich traute meinen Augen nicht, als ich 1 Millionen Kwatscha hierfür bekomme und habe im wahrsten Sinne des Wortes alle Hände voll zu tun um das ganze Geld zu verstauen. So schnell bin ich also „Kwatscha"-Millionär geworden. In Livingstone quartiere ich mich im Waterfront Resort ein. Livingstone hat sich in den vier Jahren seit meinem letzten Besuch fast nicht verändert. Der Ort, der mit der Bezeichnung „Tourist capital of Zambia" wirbt, wirkt auf mich immer noch klein und beschaulich. Große Hotelanlagen wie in Victoria Falls sind auch nach vier Jahren mit stetig steigenden Touristenzahlen nicht entstanden und der Besucher findet noch kleine schöne Anlagen mit sehr gutem Service. Sambia profitiert bei den Besucherzahlen aber auch von den Auswirkungen der Korruptionspolitik und den derzeitigen Unruhen in Simbabwe.

Wie wenig sich die Menschen hier auf den Tourismus eingestellt haben, erkenne ich spätestens, als ich einige Postkarten kaufen möchte. Als ich endlich fündig werde, knöpfen sie mir einen Dollar je Karte ab und fordern mich auf, morgen nochmals wiederzukommen, da den Verkäufern im Laden der Preis nicht genau bekannt ist. Zurückbekommen sollte ich allerdings auch am nächsten Tag nichts mehr.

Der Aufenthalt in Livingstone, gehört wie schon auf meiner letzten Reise, wieder zu den landschaftlichen Höhepunkten hier in Afrika. Auch diesmal gönne ich mir einen atemberaubenden Flug über die Victoriafälle, diesmal jedoch mit einem Ultralightflieger. Mit diesem Flieger komme ich noch näher an die Fälle heran. Wieder bin ich völlig fasziniert von der Schönheit dieses Naturereignisses. Nach der Regenzeit werden die Fälle mit enormen Wassermassen gespeist und sind deshalb durch die Gischt schon aus weiter Entfernung erkennbar. Teilweise sind zu dieser Jahreszeit die Fälle am Boden nur mit Regenschirm oder Regenjacke passierbar. Aus der Luft kann man aber die ganze Größe und Schönheit des Wasserfalles erkennen. Wie Spielzeug schaut die Grenzbrücke über den Sambesi aus dieser Höhe aus. Als ich am Abend von meiner Tour zurückkomme, stelle ich fest, dass mir ein Dia-Film mit den Bildern vom Flug fehlt. Der kann mir nur im Flieger verloren gegangen sein. Sofort fahre ich panisch zurück zum Flugplatz und habe Glück, dass gerade das Flugzeug wieder von seiner Tour zurückkommt. Noch mehr Glück habe ich, als ich zwischen den Sitzen am Boden meinen Film wiederfinde. Ich atme kräftig durch. Und die guten Nachrichten gehen anschließend noch weiter. Im Hotel erfahre ich, dass in der Zwischenzeit auch mein Gepäck angekommen ist. Dem Start steht somit nichts mehr im Wege.

Am 1. Mai starte ich dann endlich auch meine erste Tagestour auf dem Rad in Richtung Dar es Salam. Ich kann es kaum erwarten, auch wenn oder vielleicht auch gerade, weil ich nicht weiß, was auf mich zukommt. Um 6.00 Uhr sitze ich auf dem Sattel und muss bis nach Simba dem ersten größeren Ort an dem ich vorbeikomme, gehörig aufpassen in der morgendlichen Dämmerung nicht Opfer der riesigen Schlaglöcher zu werden. Doch der erste Eindruck von den Straßen Sambias sollte sich auf der weiteren Reise nicht bestätigen. Über weite Teile des Landes wurden Straßen neu asphaltiert und waren im optimalen Zustand. Doch andere, größere Gefahren lauern auf mich. LKWs und Busse donnern bei hohem Tempo nur um Haaresbreite an mir vorbei und verursachen jedes Mal einen Windstoß der mich fast vom Fahrrad reißt und mich ständig aus dem Tritt kommen lässt. Später lese ich in der Zeitung einen Bericht über die Verhaltensregeln für Radfahrer bei der

Benutzung öffentlicher Straßen. Man solle gegen den Verkehr radeln, so wie es die meisten Schwarzen in den südlichen Ländern Afrikas tun. Noch dazu fahren sie von der Straße ab, sobald sich ein größeres Fahrzeug nähert. Ich stelle mich aber weiterhin dieser Gefahr, bleibe eisern auf der linken Straßenseite und harre der Dinge, auch wenn die Busse hinter mir ein regelrechtes Hupkonzert veranstalten. Denn wenn ich bei jedem Bus und jedem LKW absteigen würde, dann würde ich nicht sehr weit kommen. 130 Kilometer stehen am ersten Tag auf meinem Kilometerzähler. Diese Distanz werde ich auf meiner Reise fast täglich bewältigen müssen. Aber mit zwei anderen Dingen werde ich in den nächsten Tagen auch noch kämpfen müssen. Der Wind, da die Hauptwindrichtung wieder einmal gegen mich gerichtet zu sein scheint und die Hitze der Mittagszeit, die schon am ersten Tag so sehr an meiner Substanz gezehrt hat, dass ich mir fest vornehme in den nächsten Tagen während dieser Zeit mindesten 3 Stunden Pause einzulegen. Der Gegenwind sollte sich in der gesamten nächsten Woche als Hauptproblem herausstellen. Nicht so sehr der physische Kräfteverbrauch macht mir schon in den ersten Tagen zu schaffen, vielmehr die mentale Auswirkung. Bei einem Stundenmittel von 13 bis 14 Kilometer bei heftigem Gegenwind und unerträglicher Hitze ab 10.00 Uhr, lässt meine anfängliche Euphorie doch ziemlich schnell nach. Ich rechne mir aus, dass ich als Jogger wohl nicht viel langsamer wäre. So kann es nicht weitergehen denke ich mir, ohne dass mir eine Lösung so recht einfällt. Was bleibt mir auch anderes übrig, ich radle also weiter.

Meine Unsicherheit und Vorsicht, die ich zu Beginn jeder neuen Afrikareise mitbringe, legen sich auch hier wieder in den ersten Tagen. Die Menschen in Sambia sind so hilfsbereit und so nett, wie ich es bisher in Südafrika und Simbabwe nicht erlebt habe. Bereits am ersten Abend meiner Tour in Kalomo kann ich als Zuhörer bei einer Gesangsprobe teilnehmen. Die Menschen in Sambia gelten als sehr musikalisch und so habe ich auf meiner Tour immer wieder die Gelegenheit mich zu überzeugen, mit wie viel Freude und Begeisterung in der Dorfgemeinschaft gesungen wird. Sobald ich Musik aus dem Dorf höre, drehe ich um, radle in das Dorf hinein und höre ihnen zu. Ich habe dabei immer das Gefühl, sie strengen sich ganz besonders an, wenn ich ihren Proben beiwohne. Diese ganz besondere Freude zur Musik, spüre ich auch in Lusaka, als ich dort einen Gottesdienst besuche. Mit voller Inbrunst singen die Kirchenmitglieder ihre Gotteslieder. Es ist eine wahre Freude in Sambia an einem Gottesdienst teilzunehmen. Mir fällt bei meiner Fahrt durch Sambia auf, dass es hier auffällig viele Kirchen der Zeugen Jehovas gibt. Die Menschen begegnen mir im ganzen Land sehr aufgeschlossen und interessiert, natürlich auch etwas verwundert über einen weißen Radfahrer. „We wish you a safe journey", wünschen mir die meisten zum Abschied.

Bereits schon am zweiten Reisetag habe ich Pech. Beim Herausnehmen meiner Kamera bricht ein Teil der inneren Mechanik an meinem Objektiv und fortan kann ich auf meiner Reise keine Fotos mehr machen. Die einzige Chance hier in Sambia ein Ersatzobjektiv zu bekommen ist in der Hauptstadt Lusaka. Ich hoffe Lusaka in den nächsten zwei Tagen zu erreichen. Beim Versuch das Objektiv zu reparieren, habe ich jedoch mindestens schon eine Stunde verloren, dazu der auffrischende, kräftige Gegenwind und die einsetzende Mittagshitze. Vor Frust über mein Missgeschick, beschließe ich gegen meinen erst gestern gefassten Vorsatz über Mittag die verlorene Strecke wiedergutzumachen. Mein Ehrgeiz hat über die Vernunft gesiegt und wieder muss ich hierfür bezahlen. Heute ist mir endgültig klar geworden, dass ich mit meiner Energie besser haushalten muss, will ich mein Ziel in Dar es Salam erreichen. 30 Kilometer vor Choma fährt plötzlich Siyoto mit seinem alten Rad neben mir. Wir unterhalten uns und er erzählt mir, dass er Fotograf sei. Was für ein Glück, denke ich mir und erzähle ihm von meinem Missgeschick mit meiner Kamera. In Choma will er mir einen Fotoshop zeigen, wo ich vielleicht auch ein Objektiv kaufen kann. Ich kann es kaum fassen, sollte ich so viel Glück haben? Doch meine Hoffnungen sind sehr schnell zerstört, als ich den Laden sehe. Der Fotoshop stellt sich als Kopiershop heraus, eine Fotoausrüstung ist hier sicher nicht zu bekommen. Ich bedanke mich trotzdem bei Sjyoto und verabschiede mich. Die nächsten zwei Tage bis Lusaka sind geprägt von Hitze, extremen Gegenwind aber auch weiterhin von vielen netten Begegnungen mit den Menschen aus Sambia. Meine mitgebrachten Kugelschreiber werden mir regelrecht aus der Hand gerissen. Und wo ich auch auftauche, lenke ich sofort ihre Aufmerksamkeit auf mich. Hier in dieser bevölkerungsreichen Gegend, finde ich auch ohne Probleme geeignete Unterkünfte. Auch einfache Restaurants stehen mir hier noch in großer Zahl zur Verfügung. Eine echte Auswahl an Speisen wird mir jedoch nur selten geboten, denn meist gibt es Hühnchen mit Reis oder Pommes. „We have Chicken and chips – do you like?" In den nächsten Wochen kann ich die Antwort auf meine Frage was es zu essen gibt, schon bald nicht mehr hören, aber was bleibt mir auch anderes übrig „Yes, of course i like!" Lusaka bildet in vielen Dingen eine willkommene Ausnahme. Mit zahlreichen Restaurants, Kaffees, Internetbuden und Geschäften macht die Stadt einen sehr urbanen Eindruck. Ich quartiere mich ins Lusaka Hotel inmitten der Stadt ein. In der zentralen Lage glaube ich die größte Sicherheit zu haben, denn am Abend möchte ich nicht mehr in den kleinen Seitenstraßen der Stadt unterwegs sein. Zunächst nutze ich aber die Möglichkeit, mein Postfach im Internet durchzusehen. 50 neue Nachrichten von Freunden stehen im Posteingang und warten darauf gelesen und beantwortet zu werden. Ich freue mich über jede Einzelne und irgendwie empfinde ich den ständigen Kontakt zu Freunden auch als ein Stück Sicherheit. Aber mir ist es hier in Lusaka natürlich auch wichtig, mein Objektiv auszutauschen. So klappere ich alle Fotogeschäfte der Einkaufsstraße ab. Wenn ich die weitere Reisestrecke bedenke, wird hier wohl die einzige Chance sein, ein neues Objektiv zu bekommen. Am Ende bleibt mir aber nichts anders übrig, als für 200 Dollar das einzige passende Zoomobjektiv für meine Nikon zu kaufen, welches ich hier finden kann. Leider bin ich mit der erworbenen Brennweite von 75-240 mm im Weitwinkelbereich sehr stark eingeschränkt. Doch letztlich bin ich froh, überhaupt etwas gefunden zu haben. Und so verabschiede ich mich von Lusaka und vom letzten bisschen Luxus für die nächsten Wochen.

Noch am Nachmittag fahre ich aus der Stadt und verspüre erstmals einen leichten Rückenwind. Doch schon der nächste Tag wird meine Hoffnung wieder begraben, dass sich der Wind zu meinen Gunsten gedreht hat. Bis Kapiri

Mposhi ändert sich bei meinem täglichen Kampf gegen Sonne, Wind und dem gefährlichen Verkehr nicht viel. Die vielen Straßenbauarbeiten zwingen mich immer wieder auf Feldstraßen mächtig Staub zu schlucken. Fast täglich messen sich einheimische Jugendliche auf ihren Rädern mit mir. Fahren oft viele Kilometer lang in meinem Windschatten, um dann kurz vor ihrem Ziel betont lässig an mir vorbei zu „fliegen". Manchmal begegne ich ihnen aber schon nach kurzer Zeit wieder, wenn sie die abgesprungene Kette ihres Rades wieder auflegen müssen. Hin und wieder begleiten sie mich aber auch über 30 oder 40 Kilometer und wir kommen während dieser Zeit ins Gespräch. So erfahre ich auf diesem Wege viel von ihrem Leben. Je weiter ich mich von Lusaka entferne, umso schwieriger wird es Essen und Unterkunft zu bekommen. Meist sind es Guest- oder Resthäuser, in denen ich als einziger Weißer absteige. Die Zimmer sind sehr spartanisch eingerichtet und werden gen Nordwesten des Landes immer einfacher in der Ausstattung. Die Anlagen selbst, sind meistens bewacht und ich kann dort auch häufig etwas zu essen bekommen. Im Norden ist der Verkehr praktisch völlig erlahmt und viele Menschen nutzen die Straßen als Teil ihres Lebensraumes. So treffe ich nicht nur spielende Kinder auf den Straßen, ganze Familien sitzen auf der Asphaltfläche, essen und unterhalten sich.

An meinem achten Reisetag komme ich am späten Nachmittag nach Kanona. Dort steht ein Guesthouse direkt am Wegesrand. Nachdem ich mich im Dorfladen mit einigen Flaschen Bier für den Abend versorgt habe, treffe ich den Besitzer der Unterkunft. Wie immer werde ich freundlich aufgenommen. Hier in Kanona gibt es für die meisten Häuser weder Strom noch fließend Wasser. Einige Häuser haben einen Generator, aber der ist bei meinem Gastgeber schon sehr lange defekt. Wasserleitungen und Waschbecken sind zwar vorhanden, aber nachdem der Hausherr seine Rechnungen nicht mehr bezahlen konnte, wurde die Wasserversorgung kurzerhand abgestellt. So wird mir eine Wanne voll warmes Wasser gereicht und zwei Kerzen für den Abend zur Verfügung gestellt. Ab 18.00 Uhr bricht sehr plötzlich und ohne lange Dämmerungsphase die Nacht herein. Mein Vermieter, dessen einziger Gast ich heute wohl bin, tappt in völliger Dunkelheit durch das Haus. Ich trete ihm deshalb eine meiner beiden Kerzen wieder ab, so dass er sich wenigstens waschen kann und noch ein wenig Licht vor dem Schlafengehen hat. Auch ich gehe in diesen Tagen sehr früh zu Bett. Notgedrungen, denn nach Einbruch der Dunkelheit kann ich nicht mehr viel tun und meist habe ich auch noch einen knurrenden Magen. Am nächsten Morgen fahre ich per Rad mit den Söhnen des Hauses zu einem nahen gelegenen Wasserfall, wofür ich 40 Kilometer staubiger Piste in Kauf nehme. Hier in Kanona ist dieser Wasserfall eine echte Attraktion, aber er ist natürlich überhaupt kein Vergleich zu den bekannten Victoriafällen. Aber niemand den ich hier frage, hat jemals in ihrem Leben dieses großartige Naturschauspiel im eigenen Land gesehen und die wenigsten werden es wohl jemals zu Gesicht bekommen.

Auch am nächsten Tag gibt es für mich nichts Vernünftiges zu Essen. Ich muss mich jetzt auf meine getrockneten Früchte, die ich als Notration mitgebracht habe und den Keksen, die ich hier überall kaufen kann, beschränken. Auch wenn heute mein hilfsbereiter Hausherr die Nachbarn noch bittet ein Huhn für mich zu schlachten, es wird nichts mehr daraus. Ich frage ihn, ob er ein Bier hätte. Doch nachdem im ganzen Dorf auch kein Bier zu bekommen ist, schickt er kurz entschlossen einen Boten mit dem Rad ein Dorf weiter und schon eine Stunde später steht dieser mit einigen Flaschen Castele Bier vor mir. Ich teile sie mit ihm, um seine Dienste zu entlohnen und auch mein Gastgeber bekommt etwas ab. So haben wir an diesem Abend noch eine sehr gesellige Runde.

Wie immer geht's am nächsten Morgen schon sehr früh aus den Federn und mittlerweile spüre ich auf meinem Drahtesel auch schon alle Knochen. Mein Nacken ist verspannt und ich habe massive Probleme an einem Finger der rechten Hand und an einem Zeh meines rechten Fußes. Ich verspüre an beiden Stellen eine Taubheit und ein Kribbeln, so dass ich vermutlich einen Nerv eingeklemmt oder gereizt habe. Trotz intensiver Bemühungen die Durchblutung wieder anzuregen, durch regelmäßige Bewegung der Finger und Zehen, werde ich auch in den nächsten Wochen dieses Gefühl der Taubheit nicht los. Nach wie vor kämpfe ich jetzt jede Stunde des Tages gegen den anhaltenden Gegenwind, der mir an manchen Tagen ein klägliches

Stundenmittel von weniger als 15 Kilometer beschert. Es gibt mittlerweile fast keinen Tag mehr, an denen mir keine Selbstzweifel über den Sinn dieses Unterfangens kommen, denn wenn ich selbst bei den Bergabfahrten aus dem Sattel gehen muss um Tempo zu machen, möchte ich am liebsten alles hinschmeißen. Aber was kommt danach? Mit dem Bus oder der Eisenbahn weiterfahren? Nein, in solchen Momenten motiviere ich mich immer wieder selbst und fahre weiter, Kilometer für Kilometer, Stunde um Stunde, Tag für Tag.

Kurz vor der Grenze nach Tansania komme ich nach Isoka. Auch dort gibt es ein Guesthouse, einen kleinen Markt mit Obst und Gemüse und ein Restaurant mit Biergarten. Ich fühle mich schon fast wie Zuhause in Bayern. Ein echter Biergarten! So steht es jedenfalls mit großen Lettern auf einem Schild. Nur die Getränkeauswahl im „beer garden" ist mit unserer in Bayern nicht vergleichbar. Bier ist ausgegangen, Cola, Fanta, Wasser und sonstige Softdrinks sind auch nicht mehr erhältlich. Jetzt weiß ich zumindest warum die jungen Leute alle ohne Getränke am Tisch sitzen. „If you like, we have Puschkin". Mir wird also an einem heißen Tag in einem Biergarten in Afrika als einziges Getränk Puschkin angeboten. „No, thanks", ich lehne dankend ab. Auch mit dem Restaurant nebenan habe ich keine gute Wahl getroffen. Das Huhn und die Pommes, die mir in einem Blechnapf serviert werden, sind nicht mal den einen Euro wert, der mir umgerechnet in Rechnung gestellt wird. Ich lasse das Essen als ungenießbar zurückgehen und mache mich wieder auf den Weg zurück in mein Zimmer. Um 19.00 Uhr, als es schon dunkel geworden ist, klopft es lautstark an der Tür. Zwei bullige Dorfbewohner stehen vor mir und halten mir ihren alten, schäbigen Ausweis unter die Nase, der sie als Mitarbeiter des Immigration Office ausweist. Mein nächster Blick geht an den Boden, wo einer der Männer seinen Fuß zielstrebig in den Türspalt stellt und mich anschließend auffordert ihm meine Aufenthaltsgenehmigung vorzuzeigen. Wir einigen uns darauf, dass ich kurzzeitig die Tür wieder verschließen kann und ich hole sogleich meinen Pass mit dem gültigen Visum. Mir hat das Auftreten dieser Männer allerdings gehörig Angst eingejagt und nur mit sehr mulmigem Gefühl öffne ich abermals die Tür.

Auch jetzt setzt mein Gesprächspartner sofort wieder seinen Fuß in die Tür. Ich zeige ihm mein Visum ohne den Pass aus der Hand zu geben. Doch damit gibt er sich nicht mehr zufrieden. Als nächstes will er Auskunft über meine Reiseplanung, meine gemachten Dias und den Inhalt meines Gepäckes. Auch damit ist immer noch nicht genug und so fordert er mich auf, ihm das gesamte Reisegepäck zu zeigen. Das geht mir jetzt nun doch zu weit. In einem kurzen Augenblick seiner Unaufmerksamkeit schiebe ich ihn aus der Tür und sperre in der gleichen Sekunde ab. Mit vehementem klopfen an der Tür fordert er Einlass und droht mit der Polizei und meinem anschließenden Arrest, falls ich dazu nicht bereit wäre. Ich halte die Tür verschlossen, auch wenn mir bewusst ist, dass die Tür einem kräftigen Tritt wohl nicht standhalten wird. Mein Herz klopft so laut wie das Klopfen an der Tür. Mittlerweile habe ich das Gefühl, die Lage ist für mich ziemlich bedrohlich geworden. Durch mein Fenster sehe ich die beiden Männer verschwinden um 30 Minuten später wieder vor meiner Tür zu stehen. Diesmal ist ein Dritter dabei, der sich als örtlicher Polizist ausgibt. Durch das Fenster an dem zu meinem Glück ein Schutzgitter angebracht ist, versuche ich dem selbsternannten „Polizisten" die Situation zu erklären. Er macht auf mich im Gegensatz zu den beiden anderen einen vertrauen erweckenden Eindruck. Nach einer anschließend langen und sehr angeregt geführten Diskussion der Drei hat sich die Lage anscheinend entspannt. Die beiden Männer ziehen ab und der Polizist erklärt mir die Sache sei erledigt. Auf meine Bitte bleibt er noch eine Weile hier und verspricht mir, auch morgen früh zu meiner Abfahrt um 6.00 Uhr wieder hier zu sein. In der kommenden Nacht mache ich kaum ein Auge zu, da ich mir eines nächtlichen Besuches der beiden nicht sicher bin. Bereits um 5.00 Uhr packe ich meine Sachen zusammen und noch lange bevor die Sonne aufgeht bin ich auf meinem Rad in Richtung Tansania unterwegs. Zum ersten und einzigen Mal auf meiner Reise fühlte ich mich wegen meiner weißen Hautfarbe bedroht. Jedoch soll dieser Vorgang meine durchweg positiven Eindrücke von den Menschen Sambias nicht schmälern.

Der nächste Reisetag auf dem Fahrrad fällt mir nicht nur wegen der kurzen Nacht sehr schwer, ich habe zum ersten Mal seit meiner Ankunft auch mit

„Montezumas Rache" zu kämpfen. Und so werfe ich an meinem letzten Tag in Sambia mein Fahrrad 4mal in größter Eile in den Straßenrand und flüchte ins Gebüsch. Für diese Notfälle habe ich meine Loperamid Tabletten mitgenommen, die mir dann auch während des Tages weiterhelfen. Diese letzte Etappe in Sambia ist noch mit vielen kleinen Steigungen versehen, doch endlich verspüre ich einen kräftigen Rückenwind, der mich schnell vorankommen lässt. Nach ca. 100 Tageskilometern stehe ich an der Grenze nach Tansania und kann der Versuchung nicht widerstehen, in das Land noch am selben Tag einzureisen. Über 1500 Kilometer habe ich bereits durch Sambia zurückgelegt und kann heute einen ersten Teilerfolg verbuchen. Ich bin in Tansania angekommen. Auch wenn die Menschen hier ebenfalls sehr freundlich auf mich wirken, stelle ich zu meinem Leidwesen schon am ersten Tag fest, dass Englisch nicht von allen gesprochen wird. Die Menschen sind stolz auf ihr Kiswahile und so ist für mich der Kontakt schwerer herzustellen als noch in Sambia.

Bei meinem ersten Reisetag in Tansania machen mir auf den 75 Kilometern nach Mbeya nicht nur die vielen Baustellen zu schaffen, auch der Wind ist zurück und bläst mir wieder mit voller Wucht ins Gesicht. In mein Tagebuch schreibe ich an diesem Tag:

„Diese Strecke ist mit die schwerste, die ich je geradelt bin. Sogar bergab komme ich nur auf einen Schnitt von 13 Kilometer in der Stunde".

Aber nicht nur der starke Wind macht mir wieder zu schaffen, mein Vorderreifen ist völlig abgefahren und an der Seite des Mantels zeigen sich einige bedenkliche Risse. In meinem Gepäck habe ich zwar einen Ersatzmantel mitgenommen, der ist allerdings mit groben Stollen versehen und hat somit einen sehr viel unruhigeren Lauf. In Mbeya treffe ich Patrick und Simon. Sie sind beide aus Malawi und verdienen sich ihren spärlichen Lebensunterhalt mit Touristenführungen an den Malawi See oder den Bergwanderungen rund um die Stadt. Sie helfen mir bei der Hotelsuche, begleiten mich zur Bank, zeigen mir ein Internetcafé und kennen den best-sortiertesten

Fahrradhändler der Stadt. Für umgerechnet sieben Euro bekomme ich einen neuen Reifen inklusive Montage. Ich lade sie am Abend zum Essen ein – es gibt wieder mal Hähnchen mit Pommes, wie so häufig auf meiner Reise. Tagsüber wird es wieder sehr heiß auf der nächsten flachen Etappe, bevor es ab Makumbako in die Berge geht. Bis dahin stehen mir allerdings noch 172 Kilometer bevor. Die Strecke zwischen Mbeya und Makumbako wird meine längste Einzeletappe auf dieser Reise. Am nächsten Morgen geht's nach Sao Hill und wie der Name schon vermuten lässt, auch in die Berge von Tansania. Als ich am frühen Nachmittag dort ankomme, sehe ich allerdings nur einige wenige Lehmhütten. Von einem Dorf ist weit und breit nichts zu sehen. Nach meiner Straßenkarte müsste Sao Hill schon mindestens 10 Kilometer hinter mir liegen und die nächste Siedlung viel zu weit entfernt, als dass ich die Strecke heute noch in Angriff nehmen sollte. Ich frage die Bewohner der Häuser nach dem Dorf Sao Hill oder einem möglichen Guesthouse. Die Kommunikation in Englisch ist zwar ungeheuer schwierig, aber sie geben mir zu verstehen, dass sich hier, in dieser kleinen Ansiedlung, die einzige Unterkunft weit und breit befindet. Zwar kann ich es mir nicht so recht vorstellen, am Dorf vorbei geradelt zu sein ohne davon Notiz genommen zu haben, ich entscheide mich aber trotzdem dafür hier zu übernachten. Auf meinem Weg durch die Straßen der Siedlung begleiten mich die Kinder auf Schritt und Tritt. Im Zimmer stehen lediglich ein Bett und ein alter Schrank. Nachdem ich meinen Schlafsack ausgerollt habe und das Moskitonetz über dem Bett befestigt ist, lege ich mich aufs Ohr. Es klopft an der Tür. Schon wieder. Ich bin vorsichtig geworden und frage ohne die Tür zu öffnen was denn los sei. Meine Vermieterin bittet mich um ein Gespräch mit zwei Dorfbewohnern. Ich öffne die Tür und sehe beide Männer mittleren Alters vor mit stehen. Beide machen auf mich einen harmlosen, eher unscheinbaren Eindruck. Nachdem wir im Nachbarhaus ungestört miteinander reden können, schildern mir beide Männer in ihrem gebrochenen Englisch ihr Leid. Die harte Feldarbeit auf den ausgetrockneten Böden macht es für sie kaum möglich ihre Familie zu ernähren. Einige Familienmitglieder sind krank und Medikamente sind sehr schwer zu bekommen. Nicht umsonst liegt die Lebenserwartung dieser Menschen bei unter 50 Jahre. Ich drücke jedem der beiden ein paar Geldscheine in die Hand und gehe zurück auf mein Zimmer. Mehr kann ich für sie leider nicht tun. Für morgen muss ich allerdings noch meine Trinkflaschen auffüllen und so schaue ich im einzigen Lebensmittelladen vorbei. Als ich reinkomme, traue ich meinen Augen nicht. Einige Dorfbewohner sitzen im Geschäft und sehen sich im Fernsehen ein Fußballspiel an. Noch mehr überrascht bin ich, als ich die Spielpaarung Bayern München gegen den VfB Stuttgart erkenne. Das kann doch nicht wahr sein. Das Spiel mit der anschließenden Übergabe der Meisterschale wird live auf BBC World übertragen. Kaum zu fassen, mitten in Afrika sitze ich in einer Strohhütte und sehe mir live ein Spiel aus der Bundesliga an. Jetzt ist es plötzlich leicht geworden den Menschen zu erklären, woher ich komme. Doch München ist für sie sicherlich genauso weit entfernt wie der Mond.

Als ich am nächsten Morgen die kleine Siedlung verlasse, erwartet mich nach weiteren rund 5 Kilometer die nächste große Überraschung - Sao Hill. Wäre ich am Abend vorher nur wenige Kilometer weitergefahren, hätte ich ein Hotel und etwas zu essen bekommen. Dafür hätte ich wohl nicht überraschender Weise ein Bundesligaspiel mit verfolgen können. Jede Medaille hat immer zwei Seiten. Was mir jedoch unklar bleiben wird, ist die Tatsache, warum mir niemand mitgeteilt hat, dass ich nur ein Stück weiterfahren muss, um ins Dorf zu gelangen. Manches wird sich wohl nie erklären lassen.

Auf meinen Bergetappen bis Iringa komme ich gut voran. Auch wenn Iringa sonst nicht viel zu bieten hat, macht sich hier doch ein wenig Tourismus breit und ich bekomme in der Stadt ein hervorragendes Steak serviert. Meine Vorfreude von Iringa aus nur noch leichte Etappen bergab nach Dar es Salam zu haben, wird jedoch schon am nächsten Tag getrübt. Katastrophale Straßen und der wieder auffrischende Gegenwind machen die Tagestouren erneut zur Schinderei. Ich fahre durch Baobab Valley. Dieses Tal mit hunderten an Wasser speichernden Affenbrotbäume, wie der Baobab auch bezeichnet werden, geben ein unvergleichliches Panorama ab. Baobab Bäume gehören mit den Schirmakazien zu den charakteristischen Baumarten in Afrika. Diese Bäume mit ihren mächtigen Stämmen speichern mehrere

10.000 Liter Wasser und sind damit wichtiger Wasserspender und auch Rohstofflieferant für die Menschen.

Hier in diesem Tal ist einer der wenigen und auch noch wunderschön gelegenen Campingplätze. Außer mir campieren hier nur noch wenige Gäste einer Safari. Ich stelle mein kleines Zelt zwischen zwei Baobab Bäumen auf (*siehe Bild Camping zwischen Baobab Bäumen*). Wie winzig es dazwischen aussieht. Bob, der Chef der Anlage, kommt aus Ägypten und macht den Job hier nur zur Überbrückung, bis er etwas Neues gefunden hat, wie er mir sagt. Ich frage ihn, ob er mir etwas zu essen machen kann. Ich befürchte schon, es wird wieder das Standardgericht Afrikas sein, Hähnchen und Pommes. Doch weit gefehlt, denn die Antwort kommt wie aus der Pistole geschossen – „Yes, Spagetti". Hervorragend, es wird meine größte Portion Spagetti, an die ich mich jemals erinnern kann. Als ich meine weiteren Reisepläne hier in Afrika mit ihm bespreche, rät er mir zur Vorsicht. „In Ägypten schneiden sie dir wegen 5 Dollar die Kehle durch", erklärt er mir seine skeptische Haltung gegenüber seinen eigenen Landsleuten. Aber er sollte es eigentlich am besten wissen. Zum Glück ist Ägypten in meiner jetzigen Planung noch ein fernes Ziel. Als ich mich am nächsten Morgen von ihm verabschiede, empfiehlt er mir noch ein Restaurant eines Bekannten aus der Schweiz kurz vor dem Mikumi Nationalpark, das Tan-Swiss Restaurant. Bereits am Nachmittag komme ich daran vorbei und lasse mir gleich für den Abend die einzige Flasche Weißwein, die von der Mittagssonne auf dem Tresen aufgeheizt wird, kaltstellen. Was für ein Glück, denke ich mir. Wäre ich erst am Abend vorbeigekommen, hätte ich wohl nur Glühwein bekommen. Acht US Dollar kostet die Flasche. Für afrikanische Verhältnisse ein stolzer Preis, aber schon das Beobachten des Kellners beim Öffnen des Weines, macht den Preis wieder wett. Denn der ist mit der Technik des Öffnens der Weinflasche völlig überfordert und bricht nach mehreren Versuchen den einzigen Weinöffner des Lokals entzwei. Genau das habe ich kommen sehen, doch meine angebotene Hilfe will er nicht annehmen. Und gegenüber den anderen Gästen will er natürlich auch nicht inkompetent wirken. Doch jetzt bleibt mir nichts anderes übrig, als den Korken in die Flasche zu drücken. Ich erinnere mich zurück an meine erste Afrikareise, an Lipho den Kellner in Stanger. Auch er hatte uns damals eine unfreiwillige Slapstick Einlage beim Öffnen des Weines geboten. Wein öffnen scheint nicht Teil der Ausbildung afrikanischer Kellner zu sein. Doch die hervorragende Qualität des Essens bleibt mir sicher in guter Erinnerung.

Am 23. Reisetag bin ich mit meinem Rad am Ziel in Dar es Salam angekommen. Hinter mir liegt eine Strecke von über 2700 Kilometer und sicherlich die schwerste Radtour, die ich bisher unternommen habe. Wie immer stellt sich am Ziel meiner Reise ein unbeschreibliches Glücksgefühl ein, auch wenn die Stadt keinen touristischen Höhepunkt darstellt. Vor meinem Rückflug habe ich noch eine Woche Zeit mit der Fähre nach Sansibar überzusetzen und mir die Insel mit dem vielversprechenden Namen anzusehen. 1890 errichtete England ein Protektorat über Sansibar. Für dessen Anerkennung erhielt das Deutsche Reich Helgoland und den Caprivi Streifen in Südwestafrika von den Briten. Nur sechs Jahre später schossen die Briten die Festung des Sultans in weniger als einer Stunde sturmreif um einen Herrscher auf den Thron zu hieven, der in London Anerkennung fand.

Die überwiegend moslemischen Einwohner sind in ihrer Art ganz anders als die Menschen des Festlandes in Tansania. Allen gemein ist allerdings ihre Freundlichkeit gegenüber den fremden Besuchern. Ob in der Hauptstadt Stonetown oder entlang den traumhaften Stränden, überall fühle ich mich sicher und bekomme die Herzlichkeit der Einwohner zu spüren und sehe abwechslungsreiche Natur. Einzig die Tatsache, dass die Regenzeit noch nicht vorüber ist, und sich deshalb jeden Tag zum Teil heftiger Regen einstellt, macht die Planung der Tagestouren auf meinem Rad etwas beschwerlich. Zur Not greife ich auf die offenen Sammelbusse zurück, die hier Daladalas genannt werden (*siehe Bild Fahrt mit den Daladalas*). Mein Rad wird kurzerhand auf das Dach befördert und ich klemme mich zwischen die Menschen auf der überfüllten Transportfläche. Diese Transportmittel sind ideale Möglichkeiten mit den Einheimischen in Kontakt zu treten. Man sollte allerdings die Daladalas nur nutzen, wenn man etwas mitbringt, das alle Menschen hier in Afrika im Überfluss haben – ganz viel Zeit.

Es vergingen ganze 6 Jahre nach dieser Etappe bis ich meine nächste Tour plante. So lange hatte es gedauert, bis ich mich wieder für eine Reise an die Grenze meiner mentalen Leistungsbereitschaft wagen wollte. Robert Mugabe, inzwischen 85 Jahre alt geworden, ist immer noch Diktator, pardon Präsident, des demokratischen Simbabwes. Und dass trotz einer klaren Wahlniederlage seiner letzten Wahl. Aber was heißt das schon, für ihn jedenfalls nicht sehr viel. Sein Herausforderer Morgan Tsvangirai wurden einfach einige Zugeständnisse und das Mitregieren versprochen. Dass Tsvangirai kurze Zeit später einen schweren Verkehrsunfall hatte, bei dem er nur knapp dem Tode entging und seine Frau dabei starb, mag Zufall sein, doch daran glauben wohl die Wenigsten. Dass in „seinem" Land Simbabwe zu jener Zeit eine verheerende Hungersnot und eine Cholera Epidemie herrschte, störte Mugabe wenig. Er gab dafür einfach Amerika die Schuld und verabschiedete sich erst mal in den Urlaub. Am 20. März 2009 stand in der Augsburger Allgemeine ein Artikel mit folgendem Inhalt:

„... Die Cholera-Epidemie ist die nächste Katastrophe, die den Krisenstaat Simbabwe überrollt. Die einstige Kornkammer Afrikas ist ökonomisch ruiniert, die Menschen hungern – vom politischen Terror einmal ganz abgesehen. Ihrem Machthaber Robert Mugabe ist das egal. „Simbabwe gehört mir", hat er erst vor kurzem wieder betont. Und dann seinen 85. Geburtstag mit einer riesigen Party gefeiert: mit Hummer und Kaviar, Champagner und einer 85 Kilo schweren Torte. Die Kosten: 200.000 Euro.

Ein Lehrer hat in den vergangenen Wochen umgerechnet drei US-Dollar im Monat verdient. Das reicht nicht einmal, um mit dem Bus zur Arbeit zu fahren. Ähnlich die Ärzte, die Schwestern, die Beamten. ... Die Landeswährung ist nichts mehr wert, die Billionenscheine liegen auf der Straße, ohne dass sich jemand danach bückt..."

Das sind bedrückende Meldungen, die ich in der Presse mit Interesse mitverfolge. Seit ich die Länder Afrikas so hautnah erlebt habe, lese ich jeden Artikel, der in unserer Presselandschaft über Afrika erscheint.

Mich zog es als nächstes Ziel auf den Kilimanjaro. Damit wollte ich auch den zweiten meiner drei Pole Afrikas erobern.

6. Der Kibo ruft

Am 17. Januar 2009 startete ich meinen nächsten Trip nach Afrika. Ein besonderes Reisehighlight sollte für mich die Besteigung des 5895 m hohen Kilimanjaro sein und damit des höchsten Punktes in Afrika. Für dieses Vorhaben gibt es 7 verschiedene Routen und eine weit größere Zahl verschiedener Anbieter. Auf „das Dach Afrikas" kommt man allerdings nur in Begleitung eines zugelassenen Bergführers und bei Bezahlung einer täglichen Parkgebühr. Nach umfangreichen Recherchen im Internet, entschied ich mich für die Lemosho Route mit dem Anstieg von der Westseite. Diese Route ist relativ lang und bedeutet deshalb in der Regel mit insgesamt 8 geplanten Tagen einen Tag mehr am Berg. Dafür gehört sie zu den landschaftlich schönsten Touren, so beschrieben es jedenfalls die Mitglieder des Mount Kilimanjaro Forums im Internet. Feste Unterkünfte gibt es bei dieser Tour nicht, die Übernachtung war ausschließlich im Zelt vorgesehen. Für die Wahl meines Tour-Anbieters hatte ich mich letztlich für Mawenzi Reisen entschieden, weil sie mir als Einzige die Möglichkeit gaben, als „Selbstträger", das heißt ohne zusätzlichen Träger meines eigenen Rucksackes, den Kili zu besteigen. Mir war diese Variante sehr wichtig, weil ich mir wirklich nicht vorstellen konnte, mich mit dem Fahrrad durch den halben Kontinent zu quälen und anschließend meine Ausrüstung von Dritten nach oben bringen zu lassen. Nein, auch das wollte ich ganz alleine schaffen. Ich hatte meinen Tour Start auf den 31. Januar festgelegt; ob noch weitere Teilnehmer dazukommen würden, stand zum Zeitpunkt meiner Anmeldung allerdings noch nicht fest. Zunächst war ich der einzige Teilnehmer der Tour und ich hoffte zum damaligen Zeitpunkt auch, dass es so bleiben würde.

Ca. 1000 Euro ist der Pauschalpreis für die 8 Tage am Berg. Dazu kamen noch Trinkgelder für den Führer und einen Koch. Da ich mit dem Rad unterwegs war, konnte ich natürlich nicht die komplette Ausrüstung für den Berg mitnehmen. Dies hätte erstens mein Volumen in den Satteltaschen gesprengt und zweitens hätte ich unnötig viel Gepäck auf der Fahrradtour mitschleppen müssen. Deshalb schickte ich für etwa 50 Euro meine komplette Bergausrüstung vorab mit der Post nach Tansania und bekam auch schon bald danach die Bestätigung, dass mein Paket bei Mawenzi Reisen angekommen war. Nach meinen jetzt schon fast routiniert ablaufenden Vorbereitungen und der weiteren Unterstützung beim Fahrradcheck durch meinen Freund und Ausrüster Hubert, konnte meinem nächsten Abenteuer in Afrika nichts mehr im Wege stehen. Für mich stand fest, dass ich den zweiten Pol, also den höchsten Punkt Afrikas erobern möchte und das wollte ich so eigenständig wie nur möglich schaffen.

Um 16:05 Uhr ist mein Abflug mit der British Airways in München über London direkt nach Dar es Salaam geplant. Die British Airways ist als einzige Fluggesellschaft bereit, mein Fahrrad kostenlos mitzunehmen. Voraussetzung ist allerdings eine Verpackung für mein Fahrrad – wie ich die Verpackung für den Rückflug organisieren würde, werde ich mir erst zu einem späteren Zeitpunkt überlegen, da mir in Nairobi, bei meinem Rückflug, mein mitgebrachter Fahrradkarton logischer weise nicht mehr zur Verfügung stehen wird.

Schon beim Einchecken beginnt meine Serie an Pleiten, Pech und Pannen. Ich darf nur zwei Gepäckstücke aufgeben und habe mit meinen vier einzelnen Satteltaschen folglich zwei zu viel dabei. Deshalb muss ich noch schnell umplanen; eine Tasche verschwindet in der Fahrradverpackung und eine Tasche nehme ich notgedrungen als zusätzliches Handgepäck mit.

Durch das schnelle Umpacken habe ich mir mit dem zusätzlichen Handgepäck aber auch so manche Schwierigkeit mit eingepackt. Zunächst fällt meine 200 ml große Sonnencremetube den strengen Vorschriften am Flughafen zum Opfer. Sie steht jetzt in Reih und Glied mit vielen anderen beschlagnahmten Utensilien der Gepäckkontrolle und ist nicht die einzige Tube, die an diesem Tag von den Kontrolleuren konfisziert wird. Kurz vor dem geplanten Abflug erfahre ich dann auch noch, dass sich mein Flug um über eine Stunde verspäten wird. Mein Weiterflug von London nach Dar es Salam ist damit wohl ebenfalls geplatzt. In London wird mir eine Alternativroute ausgearbeitet. Über Johannesburg und von dort mit der South African Airline weiter nach Dar es Salam. Durch diesen Umweg werde ich allerdings erst am späten Abend dort ankommen. Die Nacht ist sicher keine gute Zeit, um in Tansania noch ein Hotelzimmer zu suchen. Vor lauter Frust über diese geänderte Reiseplanung, lasse ich in einem der zahlreichen Handgepäckkontrollen mein Handy am Terminal A am Flughafen Heathrow liegen. Erst sehr viel später und bereits im Terminal B angekommen, bemerke ich den Verlust. Ich versuche verzweifelt dem nächsten Flughafenangestellten klarzumachen, dass ich mein „Handy" verloren habe. Etwas verwundert sieht er mich an und versucht wohl einfach nur zu verstehen, was meine Aufgeregtheit begründet „Sorry", sage ich ihm, natürlich „mobile not handy - I lost my mobile at Terminal A". Und schon setzt sich sein Trolly mit mir als Passagier in Bewegung und im Schritttempo geht es in den unterirdischen Katakomben des Flughafens zum Terminal A zurück. Zu meiner Erleichterung ist mein „mobile" zurückgelegt worden und ich bekomme es wieder. Ich bin erleichtert, da es für mich eine wichtige Kommunikationsmöglichkeit mit meiner vertrauten Umwelt darstellt. Meine erste Aufregung hat sich somit schnell wieder gelegt.

Als ich am Flughafen Johannesburg ankomme, habe ich gleich mein nächstes Problem; bei der Gepäckkontrolle will mir eine eifrige Mitarbeiterin mein Klebeband und eine Autanflasche abnehmen. Beide Utensilien sind versehentlich durch das schnelle Umpacken ebenfalls ins Handgepäck gerutscht. Ein Klebeband ist für einen Globe-Biker wie ich es bin, eines der wichtigsten Universalwerkzeuge und in Afrika auch nicht mehr so leicht zu bekommen. Ich muss schon mein ganzes Verhandlungsgeschick aufbringen und mache ihr hartnäckig klar, wie wichtig das Klebeband für mich ist. Letztlich biete ich ihr auch noch 2 Kugelschreiber als „Bestechungsgeschenk" mit an, da ich weiß, welches positive Signal ein läppischer Kugelschreiber in Afrika auslösen kann. Wohl von meiner sturen Hartnäckigkeit völlig genervt, macht sie mir deutlich, dass ich mein Klebeband wieder einpacken kann und endlich verschwinden soll. Wieder ein kleiner Erfolg auf meiner beschwerlichen Anreise nach Tansania, und das noch bevor die eigentliche Anstrengung der Tour beginnt. Hier in Johannesburg liegen jetzt weitere 5 Stunden Aufenthalt vor mir. Deshalb suche ich die Business Lounge von British Airways auf und bekomme auch ohne Schwierigkeiten Zugang in die Lounge, schließlich ist diese Verspätung und die damit verbundene Wartezeit nicht meine Schuld. Hier vergeht die Wartezeit fast wie im Fluge. Ich kann in bequemen Ledersesseln sitzen, kostenlos essen und trinken. Duschen sorgen für mein körperliches Wohlergehen und internetfähige PCs machen den Aufenthalt hier noch kurzweiliger. Jedenfalls ist es in der Lounge viel besser, als auf unbequemen Stühlen innerhalb der Warteräume die Zeit totzuschlagen. An die Business Lounge könnte ich mich sehr gut gewöhnen, doch ich ahne schon, dass es wohl das letzte Stückchen Luxus für meine nächsten Wochen sein wird.

Ohne weitere Zwischenfälle komme ich schließlich spät abends in Dar es Salaam an. Wie schon befürchtet, ist mein Fahrrad nicht mitgekommen und irgendwo auf der Strecke geblieben. Ich erfahre, dass es in London liegengeblieben ist und mit viel Glück morgen Vormittag hier ankommen könnte. So stehe ich mit meinen 3 Satteltaschen und meinem Rucksack in der Hand am Flughafen und muss mich um eine Unterkunft kümmern. Ein Flughafenangestellter drückt mir die Adresse eines nahegelegenen Hotels in die Hand. Auf meine Frage, ob ich das Hotel zu Fuß erreichen kann, bekomme ich etwas ungläubig eine Gegenfrage zur Antwort: „Warst du denn jemals schon in Afrika?". Eigentlich schon, denke ich mir, nur nicht in Dar es Salam um diese späte Uhrzeit. Bei Dunkelheit ist es in dieser Gegend viel zu gefährlich als Weißer zum Hotel zu laufen, und so wird mir rasch ein Taxi zur Beförderung herbeigeholt. Besonders vertrauenerweckend wirkt die Gegend auf mich in der Nacht wirklich nicht, denke ich mir als ich, ständig den tiefen Schlaglöchern ausweichend, ins Transit Hotel gefahren werde.

Am nächsten Morgen laufe ich zu Fuß zum Flughafen zurück und komme zunächst an einer Grundschule vorbei. Als Weißer sorge ich für willkommene

Abwechslung bei den Kids als ich meinen Kopf in ein Klassenzimmer reinstecke. Mein erster Kontakt zu den Menschen hier ist sehr herzlich. Am Flughafen angekommen, warte ich nun gespannt auf die Ankunft meines Fahrrads. Als ich dann den Karton am Boden liegen sehe, befürchte ich das Schlimmste für mein Rad. Die Verpackung ist völlig zerfetzt, so dass nur noch wenige Verpackungsreste erkennbar sind. Ich befürchte schon ähnliche Schäden für mein Bike. Nur noch Klebebänder scheinen den Karton, in dem sich ja auch noch eine Satteltasche befinden sollte, zusammenzuhalten. Zum Glück jedoch kommt der Inhalt unbeschadet ans Tageslicht. Sowohl das Fahrrad als auch meine Tasche, die ich ja in aller Eile in München mit verpackt hatte, sind heil geblieben. Somit geht es nun einen Tag später als zunächst geplant auf die Insel Sansibar.

Auf einem Radweg fahre ich Richtung Fähranlegestelle. Nach Kapstadt in Südafrika und Bulawajo in Simbabwe ist Dar es Salam nun die dritte Stadt hier in Afrika, in der ich für Radfahrer einen eigenen Fahrradweg entdecke. Doch riesengroße, metertiefe und ungesicherte Löcher inmitten der Wege bilden hier den Unterschied zu unseren Radwegen in Deutschland und lassen auch diese Fahrt zu einem kleinen Abenteuer werden. Ohne Licht ist dieser Weg in der Nacht eine echte Mutprobe und könnte mit bösen Verletzungen in einem dunklen Loch enden.

Diesmal fahre ich mit der Schnellfähre in ca. 2,5 Stunden nach Stonetown auf Sansibar. Die Insel Sansibar wird mit exotischen Gewürzen, Sklavenhandel, David Livingstone, Freddy Mercury und auch traumhaften Stränden in Verbindung gebracht. Freddy Mercury, der Leadsänger von „Queen" wurde 1946 auf Sansibar geboren und lebte bis 1964 hier.

Die Hauptstadt Stonetown gilt als eines der sichersten Städte auf afrikanischem Boden. Und dass ich mich hier wirklich sicher fühle, kann ich auch auf meinem zweiten Besuch der Insel bestätigen. Auch sonst hat die Stadt, die zum UNESCO Weltkulturerbe gehört, noch viel mehr zu bieten. Mitten in der Stadt befindet sich der Forodhani Park. Leider ist der Park für die nächsten Wochen eine große Baustelle. Der Forodhani Park wird rundum erneuert und so findet der traditionelle abendliche Marktverkauf frischer, gegrillter Meeresfrüchte nicht wie sonst üblich im Park statt, sondern hat notgedrungen in den alten Gassen der Stadt einen Ausweichplatz bekommen. Nach sechs Jahren ist mir die Innenstadt von Stonetown wieder so stark in Erinnerung, als ob ich erst kürzlich hier gewesen wäre. Vor allem die alten Gassen mit den massiven Holztüren und dem schon auf großen Flächen abplatzenden Putz der Mauern machen die Altstadt zu einem Ort mit besonderem Flair. Es fehlt einfach an Geld um die Bauwerke zu renovieren – das sieht man hier an allen Ecken und Enden. Etwas außerhalb der Stadt stehen, zum krassen Widerspruch der alten Innenstadtgemäuer, Plattenbauten als Zeitzeugen der „Aufbauhilfe" Deutschland Ost. Sie werden als „Häuser der Deutschen" bezeichnet und wurden 1966 von der DDR „für das Volk in Sansibar" als Dank dafür errichtet, dass Sansibar 1964, während der kurzen Zeit seiner Unabhängigkeit, als erstes afrikanisches Land die DDR anerkannt hatte. Ich denke aber, sie haben architektonisch zu keiner Zeit der Geschichte hierher gepasst. Man kann sich nur wundern, wie die Stadtplaner diese baulichen Verunstaltungen zugelassen haben. Natürlich waren es andere Zeiten. Denn auch in Deutschland gibt es aus der Zeit der frühen 70er und 80er Jahre viele Bausünden zu entdecken, die für uns heute schwer nachvollziehbar sind. Und im Gegensatz zu unseren Bausünden geben die Gebäude hier den ärmsten Menschen zumindest ein Dach über den Kopf.

Für mich geht es zunächst mit dem Rad an die Ostküste. Ich muss mich wieder an meinen Sattel gewöhnen und möchte auch ein weiteres Stück Sansibar kennenlernen. Zunächst besuche ich auf meinem Weg dorthin den Jozani Park im Inneren der Insel. Hier gibt es die sogenannten Red Colobus Affen. Diese roten Stummelaffen gibt es weltweit nur hier auf der Insel. Die Affen haben sich mittlerweile schon so sehr an die vielen Touristen gewöhnt, dass ich ohne Probleme ganz nah an sie herankomme. Es sind sehr possierliche Tiere, die in mehreren Familiengruppen zusammenleben. Für mich ist es eine willkommene Abwechslung und eine angenehme Pause auf dem Weg an die Ostküste. Ich kann mich noch sehr gut erinnern, als ich aufgrund der vielen Regenfälle bei meinem letzten Besuch der Insel vor sechs Jahren, die Fahrt im Daladala unternommen hatte. Mindestens 30 Minuten sind wir damals vor den Toren Stonetowns umhergefahren und sammelten Menschen und Transportmaterial aus jedem Hinterhof zusammen, bis wir endlich Richtung Jozani Park losfuhren. So bin ich mit meinem eigenen Rad diesmal richtig schnell unterwegs.

Als ich an der Ostküste ankomme, genieße ich erst einmal eine kalte Dusche an einem Daladala-Waschplatz. Dort hält mir ein Sansibari den Wasserschlauch mit kaltem Wasser über den Kopf und ich bekomme dadurch eine angenehme Abkühlung in der Hitze der Mittagssonne. Durch den Besuch des Jozani Parks bin ich in der Mittagszeit immer noch auf dem Rad unterwegs. Die Hitze fordert ihren Tribut. An der Küste ist Ebbe. Zum Schwimmen und Schnorcheln lädt die Beach deshalb nicht ein. Dafür ist die Ostküste ein Paradies für Backpacker und Paare, die gerade die Einsamkeit suchen und hier auch noch finden. Nachdem wenig Touristen in diesem Teil der Insel zurzeit da sind, kann ich mich mit meinem schwedischen Vermieter längere Zeit unterhalten. Er ist wie ich Fußballfan, deshalb geht uns der Gesprächsstoff auch nicht aus. Er schenkt mir zum Abschied ein Trikot von Sansibar. Da Sansibar in Tansania einen halbautonomen Status hat, haben sie auch eine eigene Nationalmannschaft. „Aber wir gewinnen nie ein Spiel", sagt mir mein Vermieter und zwinkert mit den Augen, „trotzdem sind wir stolz auf die Mannschaft". Ich werde das Trikot in Ehren halten. Am nächsten Morgen führt mich mein Weg wieder zurück nach Stonetown. Ich habe es inzwischen längst aufgegeben, mich mit allen Jugendlichen zu messen, die, nachdem ich sie überholt habe, plötzlich ihren sportlichen Ehrgeiz entdecken und sofort zum Gegenangriff blasen. Nach 5 Kilometer sind sie ja meistens schon an ihrem Ziel angekommen, für mich ist diese Strecke nur ein kleiner Teil meiner gesamten Tagestour. Manchmal jedoch packen auch mich mein Ehrgeiz und die Herausforderung es mit ihnen aufzunehmen. Es entsteht dann ein regelrechtes Straßenrennen mit unseren Rädern. Ich, mit meinem (für afrikanische Verhältnisse) High-Tech-Rad und viel Gepäck auf dem Vorder- und Hinterrad verteilt – die Konkurrenz ist meist 20 Jahre jünger, hat ein klappriges Rad, dafür aber eine Rennstrecke von nur wenigen Kilometern vor sich und manchmal sogar noch die nette Freundin auf dem Fahrradrahmen. Wie oft fechte ich dieses Rennen mit den Einheimischen aus – mal gewinne ich, mal verliere ich. Aber letztlich macht es immer Spaß und ich kann einige Kilometer den Windschatten meiner Kontrahenten nutzen. Diese Situationen entstehen beim Radfahren immer wieder. Ganz plötzlich und ohne Ankündigung. Es ist ein gegenseitiges Hochschaukeln durch immer höheres Tempo. Im Gedanken sage ich mir: na Junge, zeig mal was du drauf hast auf dem Rad! Aber das gilt wohl auch für die Gegenseite. Hier auf Sansibar nehme ich die Duelle an, denn hier habe ich meist kürzere Tagesstrecken und weniger Gepäck. Den größten Teil meines Gepäcks lasse ich bei meinen Ausflügen in einem Hotel in Stonetown zurück.

Am nächsten Tag geht es an die Nordküste der Insel nach Nungwi und damit an die Touristenhochburg auf Sansibar. Vor sechs Jahren machte ich Bekanntschaft mit Michael aus München. Er hat sich seit Jahren mit seiner Frau aus Südafrika als Tauchlehrer in Nungwi niedergelassen und hier eine deutsche Tauchschule aufgebaut. Die letzten 10 Kilometer der Straße waren damals in einem derart miserablen Zustand, dass mir die Strecke immer in Erinnerung bleiben wird. Riesige Schlaglöcher, die mir damals jeden Spaß am Radfahren vermiesten, zwangen mich zur Slalomfahrt. Für mich war diese Straße eine der schlechtesten Straßen in Afrika. Doch diesmal kann ich meine Fahrt ganz bequem auf einer neu asphaltierten Straße machen. Ein angenehmes Gefühl, wenn ich an meine schlimmen Befürchtungen denke, diesen Weg noch einmal mit dem Fahrrad bewältigen zu müssen. Michael ist mit seiner Tauchschule noch immer dort und erinnert sich auch noch an den „verrückten" Deutschen, der mit dem Rad durch Afrika fuhr. „Es ist nicht mehr wie vor sechs Jahren", erklärt er mir, „die Zahl der Touristen hat seitdem stetig zugenommen". Natürlich geht die Zeit auch am schönsten Strand von Sansibar nicht spurlos vorüber, und trotzdem wird man hier noch nicht von Touristenmassen erdrückt, wie sie in einigen Plätzen Europas anzutreffen sind. In diesem Teil der Insel machen sich die Gezeiten weit weniger stark bemerkbar als an der Ostküste. Viele hoch gestylte jugendliche Massai sind hier anzutreffen. Sie verdienen sich ihren Unterhalt durch den Verkauf von Schmuck und treten auch sehr gerne als bezahltes Fotomotiv für die vielen Touristen auf.

Auf der Rückreise nach Stonetown komme ich bei Rose und Fritz vorbei. Die beiden Deutschen haben sich die „Hakuna-Matata-Beach-Lodge" aufgebaut (Google Suche unter: hakuna matata beach lodge zanzibar oder unter dem neuen Namen: Chuini Zanzibar Beach Lodge). Als sie vor einigen Jahren das Grundstück kauften, wussten sie noch nichts von den Ruinen, die sich auf ihrem Grundstück befanden. Die kamen erst bei der Rodung ihres gekauften Landstückes zum Vorschein. So haben sie diese alten Gemäuer liebevoll in ihre Anlage integriert. Im Nachhinein betrachtet war es für sie ein absoluter Glücksfall. Eigentlich will ich hier nur frühstücken, aber sie laden mich ein, die Annehmlichkeiten ihrer Anlage noch ein wenig zu nutzen und so verbringe ich den Vormittag an der Poolanlage und nutze die Bibliothek mit deutscher Literatur. Am Ende tausche ich noch meinen einzigen mitgenommenen Krimi mit einem Neuen aus.

Ich will heute noch die Nachtfähre um 22:00 Uhr von Stonetown Richtung Festland nehmen. Als ich eine Stunde vorher ankomme, ist der Kahn bereits überfüllt. Auf allen Gängen und Sitzbänken sind schon Isomatten für die Nacht ausgebreitet. Nur mit Mühe finde ich noch ein leeres Plätzchen. Wenn ich mich umblicke, bin ich der einzige Weiße an Bord der Fähre. Viele Familien mit Kindern nutzen die günstige Nachtfähre, um aufs Festland zu kommen. Um 23:00 Uhr legen wir mit einer Stunde Verspätung dann endlich ab. Angesichts der schwülen Enge, der ständigen Unruhe und Querelen der vielen kleinen Kinder an Bord, finde ich in der Nacht kaum Schlaf. So bin ich ziemlich gerädert, als wir endlich um 6:00 Uhr in Dar es Salam ankommen und ich mein Bike startklar machen möchte. Leider muss ich feststellen, dass einer der Passagiere sich in der Nacht übergeben hat und die Spuren davon auf dem Rahmen meines Fahrrades gut zu sehen sind. So suche ich mir erst einmal am Hafen einen Wasserschlauch, damit ich diese Hinterlassenschaften beseitigen kann. Nachdem ich mir die Müdigkeit aus den Augen gerieben habe, geht es auf die erste Etappe. Eine echte Freude daran, dass es nun endlich losgeht, will bei mir nicht so recht aufkommen. Erst in den letzten Tagen auf Sansibar habe ich mich entschlossen, die Küste entlang nach Bagamoyo zu radeln und damit mindestens einen Tag (oder 100 Kilometer) unbefestigte Wege zusätzlich in Kauf zu nehmen. Aber das Ziel Bagamoyo scheint mir den Umweg wert zu sein. Bagamoyo ist der ehemalige Regierungssitz von Deutsch-Ostafrika. Das 1895 gebaute Regierungsgebäude der Deutschen ist auch heute als Ruine noch ein beeindruckendes Bauwerk. Unweigerlich ist man versucht, sich in die damalige Zeit zurück zu versetzen. An jeder Ecke der Stadt bekomme ich alte deutsche Münzen zum Kauf feilgeboten. Doch richtig fasziniert und gleichzeitig bedrückt, haben mich die senkrecht in den Boden einbetonierten Eisenstangen, an denen die Sklaven damals angekettet waren, während sie auf ihre Verschiffung nach Sansibar gewartet haben. Stählerne Zeitzeugen einer äußerst grausamen Zeit.

Ich radle bis zur Travellers Lodge, die direkt am Strand liegt und auf mich einen sehr gepflegten Eindruck macht. Frank ist Deutscher und Besitzer der Lodge. Er ist ungefähr in meinem Alter. Meine bayerische Flagge am Rad hat sofort seine Aufmerksamkeit auf mich gelenkt. Er erzählt mir, dass er sich 1991 hier niedergelassen hat, nachdem er die Jahre vorher als Weltenbummler durch viele Länder gereist war. Unter travellers-lodge-bagamoyo.com kann man sich ein Bild von seiner Lebensgeschichte machen. „Damals wollte keiner nach Bagamoyo, heute ist die Stadt bei Touristen sehr beliebt". Seit er sich für wenig Geld das Grundstück kaufte, baut er ständig an seiner Travellers Lodge weiter. Auch heute noch sind viele seiner Ideen nicht umgesetzt, wie er mir sagt. „Von Dumont war auch schon eine Reisebuchautorin bei mir", erklärt er mir etwas schmunzelnd mit Blick auf meinen Dumont-Reiseführer, „aber ich glaube, die hatte an diesem Tag etwas getrunken, denn all das was sie anschließend in den Reiseführer schrieb, entsprach überhaupt nicht meinen Antworten auf ihre Fragen". In diesem Jahr hat er sich erstmals einen Geschäftsführer eingestellt und deshalb auch mehr Zeit für seine Hobbies wie zum Beispiel das Rennradfahren. Und das trotz seiner drei Schachteln Zigaretten am Tag, wie er mir nicht ganz ohne Stolz verkündet. „Mein letztes Rennen habe ich gewonnen, weil die Einheimischen immer loslegten wie die Feuerwehr und nach der Hälfte der Strecke sind sie dann ziemlich platt. Als ich in Führung ging, habe ich diese dann auch nicht mehr abgegeben". Am Ende gibt er mir noch einen guten Tipp. Ich solle doch, wie viele Einheimische hier, den schmalen Weg der Bahnlinie entlangfahren, so könnte ich einige Kilometer einsparen und hätte nur ebenes Gelände. „Ich selbst bin diesen Weg noch nie gefahren" gibt er allerdings zu, „aber die Einheimischen sagen, es wäre durchgängig möglich". Die Entscheidung darüber will ich mir bis zum nächsten Tag aufheben, denn damit verbunden ist auch ein großes Risiko, da ich nur wenig Kontakt zu den Menschen hier hätte, falls größere Probleme auf mich zukämen. Ich genieße das hervorragende Essen der Travellers Lodge und den phantastischen Sternenhimmel, der sich mir heute Nacht auftut. Hier in Afrika kann ich diesen großartigen Anblick immer wieder erleben. Abermillionen Sterne funkeln mir entgegen und zeigen mir die Milchstraße in voller Pracht. Am liebsten würde ich den phantastischen Sternenhimmel die ganze Nacht hindurch beobachten.

Als ich am nächsten Morgen bei Sonnenaufgang starte, fängt es zu regnen an; eine halbe Stunde später habe ich auf den sandigen Pisten meinen ersten Platten. Schnell sind mehrere fleißige Helfer mit Werkzeug und einem wassergefüllten Eimer zur Hand. Auf das Werkzeug kann ich getrost verzichten, da ich selbst wesentlich besser ausgerüstet bin. Aber das Wasser macht mir möglich, den Schlauch gleich an Ort und Stelle zu flicken und nicht, wie sonst üblich, einfach durch einen Neuen zu ersetzen. Kurze Zeit später stehe ich am Bahngleis und auch zwangsläufig vor meiner hinausgeschobenen Entscheidung. Ich betrachte kritisch den schmalen und sandigen Pfad entlang der Gleise, entschließe mich aber dennoch diesen Weg einzuschlagen – no risk, no fun. Anfangs muss ich noch ständig vom Rad, um den vielen Mopeds, die mir entgegenkommen oder mich überholen, auszuweichen. Doch der Weg wird immer schmaler, die Menschen auf ihren Rädern oder Mopeds weniger, der Regen heftiger und der Sand tiefer. Bereits nach 40 Kilometer bereue ich deshalb schon meine Entscheidung. Der nasse Sand spritzt mir in die Augen. Doch den gleichen Weg wieder zurück möchte ich nicht mehr fahren. So kämpfe ich mich an diesem Tag bis nach Wapi durch. Wapi ist ein winziges Nest mit nur wenigen Einwohnern und einem verlassenen Geisterbahnhof. Auf meine Frage, wie weit der Sadani Nationalpark noch weg ist, bekomme ich 20 Kilometer genannt. Doch die Entfernungsangaben der Afrikaner sind mit äußerster Vorsicht zu bewerten. Da werden aus den 20 Kilometern schon leicht mal das drei- oder vierfache. In diesem Fall habe ich aber die richtige Information bekommen. Im Sadani Nationalpark finde ich schließlich Unterkunft und Verpflegung. Die 80 Kilometer des Tages waren ein hartes Stück Arbeit und so bin ich froh, noch ein kühles Safari Bier und mein schon übliches Hähnchen mit Chips zu bekommen.

Am Morgen regnet es noch schlimmer als die Tage davor. Auch deshalb entschließe ich mich, den Weg entlang der Bahnlinie aufzugeben und über einen kleinen Umweg zur Hauptstraße zwischen Dar es Salam und Moshi zurückzukehren. Durch den Regen haben sich die Nebenstraßen in schlammige Pisten verwandelt. Der tiefe Sand erschwert das Radfahren ungemein, die Körner spritzen mir auch heute wieder in meine Augen. Unglücklicherweise habe ich meine Sonnenbrille in Bagamojo zerbrochen, so dass ich meine Augen weder gegen den hochspritzenden Sand noch gegen Sonne schützen kann. Die Moskitos haben auf dem Rücken meines nassen T-Shirts wohl ihren Lieblingsplatz entdeckt. Ich schlage ständig wegen der lästigen Tiere nach hinten. Auf Fahrradhandschuhe hatte ich schon vor der Reise verzichtet, auch das sollte sich schließlich als Fehler erweisen. Es fällt mir bei dem Regen und dem Schweiß auf meinen Händen schwer, meine Gripp-Schaltung am Fahrrad zu betätigen, ich rutsche mit den Händen ständig ab und kann die Gänge nur noch mit einem trockenen Teil des T-Shirts am Lenkergriff schalten. Mein Fahrrad ist mittlerweile vor Dreck kaum noch zu erkennen, bergauf steige ich vom Rad und schiebe nach oben. Der nasse Sand klebt zentimeterdick an den Stollenreifen und blockiert den Lauf durch die Lenkergabel. Beim Schieben meines Fahrrades kann ich wenigstens die langen Dornen der am Boden liegenden Akazienäste, denen ich immer wieder ausweichen muss, besser erkennen. Für einige wenige Kilometer finde ich eine Mitfahrgelegenheit auf der Pritsche eines LKWs. Ich bin froh hier ein paar Kilometer überbrücken zu können. Jeder Kilometer zehrt so sehr an meiner Substanz. Warum nur tue ich mir diese Tortur an und warum habe ich diesen Weg eingeschlagen. Ich finde keine Antwort auf meine Fragen. Den Rest der Tagesstrecke fahre ich unter größter Anstrengung wieder mit meinem eigenen Untersatz. Am Ende des Tages bin ich froh, wieder zurück auf der Hauptstraße nach Moshi zu sein.

Bis Moshi will und kann ich mir keinen Abstecher mehr erlauben. Schließlich muss ich pünktlich zum Ende des Monats dort ankommen, da von Moshi meine Tour auf den Kilimanjaro startet. In den Folgetagen komme ich auch mit 80 bis 100 Tageskilometer sehr zügig voran. In Hedaru finde ich ein kleines Guesthouse. Die Besitzer kümmern sich liebevoll um mein Wohlbefinden. Auf dem Speiseplan stehen heute Spagetti und, na ja wie immer, Hühnchen, diesmal als Chicken wings getarnt. Es gibt, wie so oft in Afrika, auch hier keine Alternative. In Hedaru treffe ich Mrimi. Er ist Lehrer im Ort und begeisterter Fußballfan. Wir stellen fest, dass wir auch gleich alt sind, und so können wir gemeinsam über vergangene Fußballzeiten philosophieren. Ich bin überrascht, wie gut er sich nicht nur über den deutschen Fußball auskennt, sondern auch wie gut er über unsere Politiker und die aktuellen politischen Themen in Deutschland informiert ist. Kaum ein Politikername ist ihm unbekannt und erst recht kein Name eines deutschen Fußballspielers. Er erzählt mir über seine Videosammlung aller Europa- und Weltmeisterschaftsspiele und könnte mir fast jedes Spiel bei ihm Zuhause zeigen. Vor allem auch die Spiele der deutschen Nationalmannschaft haben es ihm angetan. „Da Tansania bei großen Meisterschaften ja leider immer durch Abwesenheit glänzt, bin ich halt für Italien und Deutschland" erklärt er mir. Und so kennt er jeden deutschen Spieler, der ab den 70er Jahren für die Nationalmannschaft kickte. Ich bin absolut beeindruckt und kann lediglich noch punkten, weil ihm ein Spieler entfallen ist. „Thomas Häßler" sage ich spontan und kann damit zumindest ein wenig eigene Fachkenntnis nachweisen. Als ich schon längst wieder Zuhause bin, schreibt er mir eine E-Mail mit der Feststellung: „WOW – THE BUNDESLIGA WAS FULL OF SRURPRISE" (Anm.: Wolfsburg wurde in diesem Jahr völlig überraschend hart umkämpfter deutscher

Meister). Er selbst war in jungen Jahren ebenfalls als Fußballer aktiv und schaffte es bis in die zweite tansanische Liga. „But I was not a profi, always an amateur" erzählt er mir. Auch den Kilimanjaro hat er schon viermal bestiegen. Aber nur auf der Marangu Route, der sogenannten Coca-Cola Route, gibt er mir zu verstehen, der leichtesten Aufstiegsroute, auf der auch feste Unterkünfte vorhanden sind. „Alle anderen Touren wären mir zu anstrengend gewesen, außerdem bin ich mittlerweile zu alt dafür". Diesen Satz will ich nun überhaupt nicht hören. Gerade haben wir noch festgestellt, dass wir im gleichen Jahr geboren sind, schon fühl ich mich um Jahre jünger, denn aufgrund meines Alters kann ich mir nun wirklich nicht vorstellen, die Gipfelbesteigung nicht anzugehen.

Wir verabreden uns nochmal zum Abend, um gemeinsam ein paar Kili Biere zu trinken. Er bringt seine Frau und einige Freunde mit. Auch Azaza, eine Bedienung des Lokals, setzt sich zu uns und so haben wir am Abend ein sehr geselliges Zusammensein, zumal auch noch eine Hochzeitsgesellschaft mit vielen ausgelassenen Gästen in unserem Lokal feiert.

Am nächsten Morgen bin ich rechtzeitig zum Sonnenaufgang auf meinem Rad. In Same, ca. 100 Kilometer vor Moshi, bleibe ich spontan stehen und blicke nach oben. Kann das wirklich sein? Sicherheitshalber lasse ich mir von den Einheimischen noch bestätigen was ich gerade sehe. Vor mir zeigt sich der Kilimanjaro in voller Pracht. Fast 7000 Kilometer bin ich von Kapstadt zum Kili geradelt und heute sehe ich ihn vor mir. Was für ein überwältigendes Gefühl. Mit neuer Energie geht es jetzt für mich weiter. Am nächsten Tag bin ich in Moshi, einen Tag früher als geplant. Ich fahre gleich ins Honey Badger Hotel, meinem Ausgangspunkt für den Kilimanjaro. Am gleichen Tag kommt auch Wolfgang aus Neusäß an. Er hatte sich ebenfalls übers Internet bei Mawenzi Reisen für diese Tour angemeldet. Ich wusste schon kurz vor meiner Abreise, dass wir auf der Tour zu zweit sein werden, aber dass mit Wolfgang jemand aus der unmittelbaren Nachbarstadt daran teilnimmt, war dann doch sehr überraschend für uns beide. Der Zufall will es scheinbar so. Wolfgang möchte nach der Besteigung des Kilimanjaro noch die große Migration der Gnus im Serengeti Nationalpark beobachten und hat deshalb diese

Anschluss-Tour gebucht. Vorher will er aber auch noch den Arusha Nationalpark besuchen. Und so beschließe ich spontan ihn auf seinem Ausflug dorthin zu begleiten.

Auch wenn der Nationalpark für mich kein Highlight darstellt, bleibt mir doch der Safariausflug mit einem bewaffneten Ranger in guter Erinnerung.

Am Abend treffen wir dann Valerian, unsere Kontaktperson von Mawenzi Reisen. Er hat zum Glück auch mein Paket mit meiner Bergsteigerausrüstung dabei. Mit Valerian klären wir noch alle Details zur Besteigung des Kilimajaros ab. Er macht uns dabei nochmals deutlich, dass wir auf unserer Zelt-Tour keinen großen Komfort erwarten dürfen. Mit dabei sein werden zwei Bergführer, ein Koch, zwei Träger für Zelte, Kochgeschirr, Essen und Gaskocher und noch ein Träger für Wolfgangs Utensilien. Ich habe mich ja entschlossen, meine benötigte Ausrüstung selbst hinaufzutragen. Er spricht mit uns die Ausrüstungsgegenstände durch und warnt uns schließlich davor, Diamox Tabletten zusammen mit Kopfschmerztabletten zu nehmen. „Diese Kombination verträgt sich nicht" warnt er uns eindringlich davor. Als wir am nächsten Tag vor dem Gate stehen, um über die Lemosho Route den Gipfel in Angriff zu nehmen, bemerke ich, dass ich meine dunkle Sonnenbrille, die ich extra für diese Tour dabeihatte, im Hotel liegen gelassen habe. Eine Fahrt zurück würde uns Stunden kosten, so signalisiere ich den Guides, dass es auch ohne Brille geht. Schlechte Voraussetzungen für den Gipfelerfolg, doch durch meine Vergesslichkeit habe ich mich nur selbst geschadet.

7. Uhuru Peak – auf dem höchsten Punkt Afrikas

Mit Mawenzi Reisen war bereits vereinbart, dass wir mit zwei Bergführern unterwegs sein werden. „Good Luck" unser erster Guide hat bereits schon elf Jahre Bergerfahrung am Kili und ist seit vier Jahren als Guide unterwegs. Auch er hat, wie alle anderen Guides, einmal als Träger angefangen. Mittlerweile kommt er auf zwanzig Besteigungen im Jahr. Wir hoffen, dass sein Name ein gutes Omen für uns sein wird. „Douglas" unser zweiter Guide hat ebenfalls bereits acht Jahre Erfahrungen an diesem Berg sammeln können. Sehr markant sind seine langen Rasta Locken, die er aber die meiste Zeit unter seiner Wollmütze versteckt. Ein Koch und drei Porter, also Träger, komplettieren unser Team. Ich wollte als „Minimalist" mit dem geringsten notwendigen Aufwand den Berg besteigen – jetzt sind wir aber doch ein kleines Team mit sechs weiteren Personen außer uns Gästen.

Am Gate zum Park wird das gesamte Gepäck unserer Gruppe gewogen und anschließend auf die einzelnen Träger verteilt. Dabei wird akribisch darauf geachtet, dass niemand mehr als fünfundzwanzig Kilogramm Lasten nach oben trägt. Ich kann mir nicht vorstellen, dass es eine ähnliche Regelung in Nepal gibt. Wenn ich mich an meine Trekkingtour dort zurückerinnere, wurden die Träger von ihren Lasten schier erdrückt. Es ist aus meiner Sicht eine gute Regelung. Meine Ausrüstung kommt auf ein Gewicht von ca. vierzehn Kilogramm. Ich habe versucht, so viel wie möglich im Hotel zurück zu lassen. Das Weglassen meiner Sonnenbrille war natürlich nicht vorgesehen. Ich verlasse mich bei der Auswahl meiner Kleidung auf das bekannte Zwiebelsystem. Eine Kombination von warmen und regendichten Kleidungsstücken, die ich bei Bedarf übereinander an- und ausziehe, soll mich vor Wind und Wetter schützen. Nach dem gleichen Prinzip gehe ich auch bei der Auswahl meiner Handschuhe vor. Bis auf die von mir schon seit vielen Jahren eingelaufenen Bergstiefel, verzichte ich auf weitere Schuhe.

Mit einem geländegängigen Jeep fahren wir so weit nach oben, wie es uns auf den schlammigen, morastigen Straßen möglich ist. Kurz vor unserem Tour-Start hat es nochmal kräftig geregnet. So sind die Zufahrtswege auch schon sehr bald nicht mehr passierbar. Wir entladen den Jeep, verteilen die Lasten und gehen ab einer Höhe von knapp über 2000 Meter mit unseren beiden Guides sehr langsam unseren Weg nach oben. „Pole pole", das heißt langsam, langsam geben sie uns immer wieder zu verstehen. Beide achten äußerst akribisch darauf, nicht zu schnell unterwegs zu sein und ständig und viel zu trinken. Viel trinken ist die beste Medizin gegen Höhenkrankheit. Neben dieser Vorbeugungsmaßnahme habe ich noch Kopfschmerztabletten und Diamox dabei – die Kombination, vor der uns Valerian gewarnt hatte. Diamox wird immer wieder als Wundermittel gegen die Höhenkrankheit gehandelt, andere Quellen raten von diesem Mittel allerdings ab. Ich habe nicht vor, es einzunehmen. Schon gar nicht zusammen. Ich habe es nur für den absoluten Notfall bei mir.

Als wir am ersten Abend am 2800 Meter hohen Mekwba Camp, das auch big tree Camp genannt wird, ankommen, sind meine Finger angeschwollen. Ich habe die Schwellung meiner Finger schon während des Tages bemerkt und führe es auf den großen Höhenunterschied zurück, den wir an diesem Tag absolviert haben. Auch die nächsten Tage bleiben meine Finger so dick, dass ich sie kaum abbiegen kann. Unsere Mahlzeiten nehmen wir während der Tour in einem kleinen Zelt ein, das unser Team hierfür extra mitschleppt. Bequem ist es nicht, aber bei Regen ist es immer noch besser als im Freien zu stehen oder unser Zelt für die Nacht mit Krümeln zu verschmutzen. Gerade Wolfgang, der mich um eineinhalb Köpfe überragt, leidet noch mehr unter der Zwangslage in dem kleinen Zelt. Wenn es das Wetter irgendwie zulässt, bleiben wir beim Essen deshalb außerhalb des Zeltes. Am nächsten Morgen brechen wir nach dem Frühstück auf und ich verspüre nach kurzer Zeit an beiden Füßen ein Drücken der Schuhe an meinen kleinen Zehen. In den Alpen bin ich schon so viele Touren mit diesen Schuhen gegangen und hatte noch nie Probleme. Jetzt, bei meiner wichtigen Kili Tour, habe ich plötzlich schmerzhafte Druckstellen. Ich kann es nicht glauben. Vielleicht sind meine Füße auch wie meine Hände etwas angeschwollen und benötigen deshalb jetzt mehr Platz in den Schuhen. Ich beiße die Zähne zusammen, was bleibt mir auch anderes übrig, denn eine echte Alternative drängt sich mir nicht auf. Wir sind mit unseren zwei Guides sehr langsam unterwegs. Immer wieder legen wir eine Trinkpause ein und so überholt uns unser Trägerteam noch während der ersten zwei Stunden am Morgen. Sie starten erst, nachdem sie die Zelte und die Ausrüstung abgebaut und die Lasten verteilt haben. Bis wir am späten Nachmittag am nächsten Camp ankommen, sind unsere Zelte schon längst wieder aufgebaut, unser Abendessen ist vorbereit und wir werden mit heißem Tee und einem Zwischensnack empfangen. So wird der Ablauf auch in den nächsten Tagen sein, bis wir wieder im Tal sind. An den ersten zwei Tagen geht es bis auf eine Höhe von 3000 Meter durch Regenwald mit Baumriesen, riesigen Farnen, Moosen und Schmarotzerpflanzen an den Bäumen. Sie geben ihnen ein äußerst bizarres Aussehen. Auch schwarzweiß gestreifte Colobus Affen erspähen wir auf unserem Weg durch den Wald. Anschließend laufen wir durch niedrige Latschenfelder bei stetigem, aber flachen Anstieg nach oben. Das Shira II Camp liegt bereits auf 3850 Meter. Auch wenn wir jeden Tag über sechs Stunden unterwegs sind, versuchen wir am Abend noch einige zusätzliche Höhenmeter weiter aufzusteigen, um anschließend wieder ins Camp zurückzukehren. Durch diese Maßnahme sorgen wir für eine bessere Akklimatisierung unseres Körpers. Wolfgang ist, so wie ich selbst, öfter in den Alpen unterwegs und hat sich dadurch auf seinen Touren eine gute Grundkondition angeeignet. Wir beide könnten jederzeit einen Gang zulegen, wenn Good Luck und Douglas dies zulassen würden. Aber ich denke, sie wissen sehr genau wie unser Geh-Tempo richtig einzuteilen ist.

Auch an diesem Abend bekommen wir wieder heiße Suppe und warmes Essen serviert. Neben Frühstück, unserem Lunchpaket am Mittag und einem Zwischensnack nach Ankunft am Camp, ist es unsere vierte Mahlzeit am Tag. Unser Team bemüht sich wirklich sehr darum, mit bescheidenen Mitteln uns maximalen Service zu bieten. Für die Hygiene steht uns früh und abends eine warme Wasserschale für Gesichts- und Zahnpflege zur Verfügung.

Am dritten Tag geht es über den Lawa Tower (4500 Meter) ins Barranco Camp (3950 Meter). Wie fast jeden Tag starten wir am Morgen bei wolkenlosem Himmel, der sich dann im Laufe des Vormittages immer mehr eintrübt. Kaum holen wir bei unserer Mittagsrast unser Lunchpaket heraus, fängt es plötzlich zu regnen an. Good Luck und auch Wolfgang hatten in weiser Voraussicht einen Regenschirm mitgenommen, ich hatte daran leider nicht gedacht. Die Überlegung einen Schirm mitzunehmen ist mir während meiner gesamten Kilimanjaro Planung überhaupt nie in den Sinn gekommen. Bis ich schnell meine Regenjacke überziehe, bin ich bereits völlig durchnässt. Seit Vormittag stellt sich auch ein leichter Kopfschmerz bei mir ein. Außerdem verspüre ich eine leicht erhöhte Temperatur. Meine Druckstellen an den Zehen schmerzen bei jedem Schritt und so fühle ich mich an diesem Tag „hundeelend". Als wir am Nachmittag kurz vor unserem Camp stehen, interessieren mich auch die einzigartigen Lobelien und Sukkulenten, die auf dieser Höhe wachsen, nur noch beiläufig. Eingehüllt im Nebel, der am Nachmittag aufgezogen ist, geben sie jedoch ein bizarres Bild ab. Ich liege im Zelt und habe alles angezogen, was ich in meinem Rucksack an Kleidung mitgenommen habe. Ich versuche meine Übelkeit und mein Fieber heraus zu schwitzen. Als es mir am Abend immer noch nicht viel besser geht, nehme ich eine Diamox Tablette (die ich eigentlich nur für den absoluten Notfall dabeihabe) und als meine Kopfschmerzen immer stärker werden, nehme ich wenig später noch eine Kopfschmerztablette. Vergessen sind Valerians Worte. Aber mir ist inzwischen so übel, dass ich persönlich meine Chancen auf einen Gipfelerfolg nur noch sehr gering einschätze. Ich muss gegen meinen schlechten Zustand etwas unternehmen. Wolfgang geht es wesentlich besser. Er hat weder Kopfschmerzen noch andere Blessuren, aber seine Leidenszeit sollte an einem anderen Tag noch kommen. Vielleicht liegt meine erhöhte Temperatur auch an der relativ dünnen Iso-Matte, die ich auf der Tour dabeihabe. In der Nacht fühle ich den kalten Boden unter mit. Aus diesem Grund lege ich ab heute eine mit Gold beschichtete Rettungsfolie darunter.

Der Morgen empfängt uns mit strahlendem Sonnenschein und zum Glück sind auch meine erhöhte Temperatur und meine Kopfschmerzen wie weggeblasen. Wie so häufig, hat mein persönliches Hausmittel, die aufkommende Krankheit einfach heraus zu schwitzen, wieder funktioniert. Bei dem tollen Sonnenlicht, nutzen wir nochmals die Chance, die zahllosen exotischen Pflanzen am Barranco Camp mit unseren Kameras einzufangen. Nach dem Frühstück geht es die berühmte Barranco wall, auch Breakfast wall genannt, hinauf. 350 Höhenmeter führt der Weg steil nach oben. Es ist die einzige Passage, bei der wir ein wenig klettern müssen. Auch wenn die Wand für Wolfgang und mich kein besonders schweres Hindernis darstellt, haben wir jedoch für die Träger höchsten Respekt. Mit den Lasten auf dem Kopf in Balance zu bleiben und zur Unterstützung kaum die Hände einzusetzen, erfordert schon sehr viel Geschick und Konzentration. Am Barranco Camp kommen auch die Bergsteiger der Umbwe Route und der Machame Route mit dazu. Deshalb gibt es ab hier auch wesentlich mehr Tour Teilnehmer am Berg. Nicht alle bringen für einen erfolgreichen Gipfelanstieg die richtigen Voraussetzungen mit. Mir fällt ein älteres Ehepaar auf, das sich 30 Minuten vor uns auf den Weg zur Barranco wall macht und die wir in kürzester Zeit eingeholt haben. Aufgestützt auf seinen Stöcken holt der Mann tief Luft, um anschließend wieder wenige Meter bis zur nächsten Pause anzugehen. Wie sie zum Gipfel kommen möchten, ist mir absolut schleierhaft. Wir gehen heute bei leichtem Graupelschauer am Nachmittag bis ins Barafu Camp auf eine Höhe von 4600 Meter. Unseren ursprünglichen Plan, eine weitere Übernachtung im Krater Camp auf 5700 Meter einzulegen, haben wir aufgegeben. „Sieben von zehn Teilnehmern steigen noch in der Nacht wegen Übelkeit ab", erklärt uns Good Luck. „Für eine Übernachtung auf dieser Höhe ist der Körper nach den wenigen Tagen am Berg noch nicht genug akklimatisiert", versucht er uns diesen Plan auszureden. „Außerdem ist die Übernachtung im Zelt eiskalt". Seine im gebrochenen Englisch vorgebrachten Überzeugungsversuche hören sich schon sehr vernünftig an. Und so beschließen wir, uns seiner Erfahrung zu beugen. Neben diesen Gründen wäre auch die logistische Herausforderung ein großes Problem. Ein Großteil des Teams müsste mit Kocher, Essen und Zelt ebenfalls diesen steilen Anstieg zum Krater Camp bewältigen, während sie sich sonst im Barafu Camp tagsüber ausruhen könnten, während wir von hier aus den Gipfelanstieg in Angriff nehmen würden. Wir entschließen uns deshalb für seinen Gipfelplan.

Auch am Barafu Camp steigen wir am Nachmittag zur besseren Akklimatisierung noch einige zusätzliche Höhenmeter nach oben. Mir geht es wieder relativ gut, abgesehen von meinen Druckstellen an den Zehen. Sie schmerzen von Tag zu Tag mehr und mittlerweile sind auch beide Nägel meiner kleinen Zehen blau. Sie werden wohl nach der Tour abgehen. Ich verspüre leichte Kopfschmerzen, aber das ist wohl auf dieser Höhe völlig normal. Good Luck kommt am Abend nochmals in unser Zelt und spricht die Einzelheiten mit uns durch. Um Mitternacht wollen wir, wie auch alle anderen hier, zum Gipfel aufbrechen. Er checkt nochmals unsere Ausrüstung und bringt mir einen weiteren Pullover eines Teamkollegen vorbei. Zwei Paar Handschuhe, zwei Hosen, mehrere Pullis, einen Parker und eine warme Sturmmütze lege ich für den Gipfelanstieg um Mitternacht zurecht.

Wir gehen früh zu Bett, können aber nur wenig Schlaf finden. Zu groß ist die Anspannung auf die Geschehnisse der nächsten Stunden. Nach einem heißen Tee geht es endlich los. Unsere Trinkflaschen sind gefüllt, wir haben unser Restgepäck auf das Nötigste reduziert. Wie an einer Perlenschnur gezogen, reihen sich unsere Stirnlampen in die lange Kette der Gipfelstürmer ein und geben uns in der Dunkelheit für ein paar Meter Sicht. Es ist eiskalt und der kalte, schneidende Wind senkt die gefühlte Temperatur nochmals um einige Grade. Ich bin froh um jedes Stück Stoff an meinem Körper. Besonders meine dicke Sturmmütze möchte ich heute Nacht nicht missen. Langsam gehen wir, Schritt für Schritt nach oben. Es ist ein langer und steiler Weg. Wolfgang, der sich auf der gesamten Tour immer sehr gut gefühlt hat, wirkt heute etwas angeschlagen. Immer wieder klagt er über Magenprobleme und muss deshalb auch öfters die Toilette aufsuchen. Für mich sind diese kleinen Pausen eine willkommene Erholung, zumal die Luft ab 5000 Meter deutlich dünner wird und damit die Anstrengung immer größer. Das ständige An- und Ausziehen hat merklich an Wolfgangs Kräften gezehrt, er macht deshalb einen ziemlich ausgelaugten Eindruck. Auch mir fällt ab einer Höhe von 5500 Meter jetzt jeder Schritt schwerer. Ich muss mich konzentrieren, um nicht das Gleichgewicht zu verlieren. Good Luck und Douglas schauen uns immer wieder an und prüfen unsere Fitness. Dabei geht es auch Douglas an diesem Tag sehr schlecht. Obwohl er sich mehrmals im Jahr auf dieser Höhe befindet, hat er jetzt mit der Atmung große Probleme. Er glaubt ein Lungenödem bekommen zu haben. Endlich sind wir am Stella Point, ca. 200 Höhenmeter unterhalb des Gipfels angekommen. Good Luck versucht Wolfgang zu überreden umzudrehen. Ihm ist sein relativ schlechter Zustand natürlich nicht verborgen geblieben. Doch Wolfgang überzeugt ihn, auch noch die letzten Meter zum Gipfel mitzukommen. So kurz vor seinem Ziel will er natürlich nicht zurück. Auch ich bin an meiner Leistungsgrenze angekommen und will nur noch den Uhuru Peak erreichen. Ich hoffe es geht nach dem Stella Point nicht mehr so steil nach oben. Ursprünglich hatten wir uns als weiteres Ziel noch den Reusch Krater vorgenommen, falls wir uns am Uhuru Peak gut fühlen sollten. Wir fühlen uns nicht gut, jedenfalls nicht im Augenblick und so ist unser zweites Ziel nicht mehr von großer Bedeutung. Außerdem bin ich ohne Sonnenbrille unterwegs und deshalb auch nicht für einen längeren Aufenthalt am gletscherbedeckten Gipfel ausgerüstet. Wir gehen am Rebmann Gletscher vorbei, so kurz vor Sonnenaufgang ein imposanter Eisblock, der sich zu unserer linken zeigt. Glücklicherweise werden meine Hoffnungen erfüllt, es geht ab dem Stella Point nur noch mäßig bergauf und ich bin mir deshalb ab diesem Zeitpunkt hundertprozentig sicher, den Gipfel auch zu erreichen. Pünktlich zum Sonnenaufgang um 6:30 Uhr stehen wir am Uhuru Peak auf 5895 Meter Höhe, auf dem höchsten Punkt des afrikanischen Kontinents (*siehe Bild Auf dem Uhuru Peak am Kilimanjaro*). Wir sind stolz und glücklich, wir umarmen uns und beglückwünschen uns gegenseitig. Ich habe das Gefühl, tausende Glückshormone werden augenblicklich freigesetzt. Dazu kommt das imposante Schauspiel der aufgehenden Sonne, die durch ihre Sonnenstrahlen die Eisblöcke in rötlichem Glanz erscheinen lassen. Nach den obligatorischen Gipfelfotos spiele ich auf meinem Handy die bayerische und die tansanische Nationalhymne ab. Good Luck und Douglas sind darüber so erfreut, dass sie den Text ihrer Nationalhymne mitsingen. „Wir müssen wieder runter", mit diesen Worten von Good Luck werden wir wieder aus unserer Euphorie gerissen. Wir sollten uns seiner Meinung nach nicht zulange auf dieser Höhe aufhalten, dazu sind wir noch nicht genügend lange auf dem Berg unterwegs. Wir steigen über das Krater Camp und den Furtwangler Gletscher wieder ab. Auch dieser Gletscher hat ein imposantes Ausmaß, ist aber, wie alle anderen Gletscher auf dem Kilimanjaro, durch den Schmelzprozess auf dem Rückzug. Senkrecht, wie eine monumentale Wand ragt er aus dem grauen Vulkangestein empor. Es bleibt nur zu hoffen, dass wir dieses Naturspektakel auch in ferner Zukunft noch bewahren können. Nur so richtig glaube ich nicht daran.

Nachdem wir uns entschlossen haben, nicht mehr zum Reusch Krater weiterzugehen, geht es wieder über den Stella Point auf gleichem Weg zurück ins Camp. Erst jetzt bei Tageslicht erkennen wir, wie steil es in den Morgenstunden nach oben ging. Douglas schlägt ein hohes Tempo an, dem ich folge. Good Luck und Wolfgang kommen mit einigem Abstand hinterher. Ich kann natürlich nicht wissen, dass es Douglas mittlerweile so schlecht geht, dass er sich entschließt, noch am gleichen Tag ins Tal in ein Krankenhaus abzusteigen. Ich bin erschöpft am Barafu Camp angekommen und lege mich in unser Zelt. Wolfgang kommt einige Zeit später ebenfalls völlig ausgepumpt und entkräftet ins Zelt. So schwer hatte er es sich nicht vorgestellt, gibt er mir zu verstehen, legt sich auf seine Isomatte und versucht sich wieder zu regenerieren. Am Nachmittag steigen wir über die Mweka Route bis ins nächste Camp (Mweka upper Camp) auf 3800 Meter Höhe ab.

Am nächsten Morgen klingen A-Capella-Gesänge aus allen Ecken des Camps. Am letzten Tag feiern die einzelnen Gruppen die mehr oder weniger erfolgreiche Mission durch musikalische Darbietungen ihrer Führer und Träger. So manche größere Touristengruppe lässt es sich jedoch nicht nehmen, ebenfalls die eine oder andere Darbietung zum Besten zu geben. Uns fällt dabei eine größere Gruppe Träger neben unseren Zelten auf. Ca. 15-20 einheimische Träger singen und tanzen und tragen mit großer Leidenschaft ihre bekannten Kilimanjaro Lieder ihren Kunden vor. Erst später erkennen wir, dass es sich bei ihren Kunden lediglich um zwei Amerikaner handelt, die ein Team mit 16 Trägern und Guides für ihr Vorhaben zusammengestellt hatten.

Sie wollten auf ihrer Zelt Tour auf so wenige Annehmlichkeiten wie möglich verzichten. Auf unserem weiteren Abstieg kommen wir dann nochmals bei einem reichlich gedeckten Tisch mit Tischdecke vorbei. Die zwei Amerikaner haben sich schon mal ein zweites Frühstück vorbereiten lassen auf ihrem Weg nach unten. Hier sehen wir das Gegenteil unserer Bergsteiger-Philosophie, mit so wenig fremder Hilfe wie möglich den Berg zu erklimmen. Ich leihe mir die Turnschuhe von Good Luck aus, sie sind mir um mindestens drei Schuhnummern zu groß. Aber gerade auf diesem langen Weg ins Tal schmerzt jeder meine Zehen im Bergschuh. So halte ich die Schmerzen in einem erträglichen Maß. Neben einem Regenschirm würde ich jedenfalls auch bequeme Turnschuhe in mein nächstes Kili-Berggepäck mit einpacken, stünde ich nochmals vor der Planung dieser Tour.

Und auch eine weitere Erkenntnis habe ich in mein Tagebuch eingetragen. Auch wenn die klettertechnischen Anforderungen am Berg als gering einzustufen sind. Um auf den Gipfel zu kommen, müssen schon enorme körperliche Anstrengungen unternommen werden. Eine Urkunde der Gipfelbesteigung, viele Bilder und tolle Eindrücke von diesem eindrucksvollen Erlebnis werden uns hoffentlich noch lange im Gedächtnis bleiben, nur die Erinnerungen an die täglichen Strapazen, um bis ganz hinauf zu gelangen, werden zum Glück allmählich verblassen. Im Hotel angekommen, gönnen wir uns erstmals nach einer Woche eine heiße Dusche und anschließend stoßen wir mit einem kühlen Kilimanjaro Bier auf unseren Erfolg an, auch weil wir inzwischen erfahren haben, dass es Douglas wieder wesentlich besser geht.

Peters Fahrt auf den Signal Hill

Victoriafälle von oben

Rafting auf dem Sambesi River

Camping zwischen Baobab Bäumen

Fahrt mit den Daladalas

Auf dem Uhuru-Peak am Kilimanjaro

Der Staub klebt auf meiner Haut

Unfall in Kenia

Eine Schulklasse begrüßt mich

Massai auf meinem Fahrrad

Rutschpartie für LKWs

Tuk Tuks in Äthiopien

Kaffeezeremonie in Äthiopien

Zeltaufbau im Hamer Dorf

Mursi Frauen in Äthiopien

Guillaume kommt mir entgegen

Erta Ale mit Lavasee

Spurrillen im Teer

Tizezew mit ihrer Familie

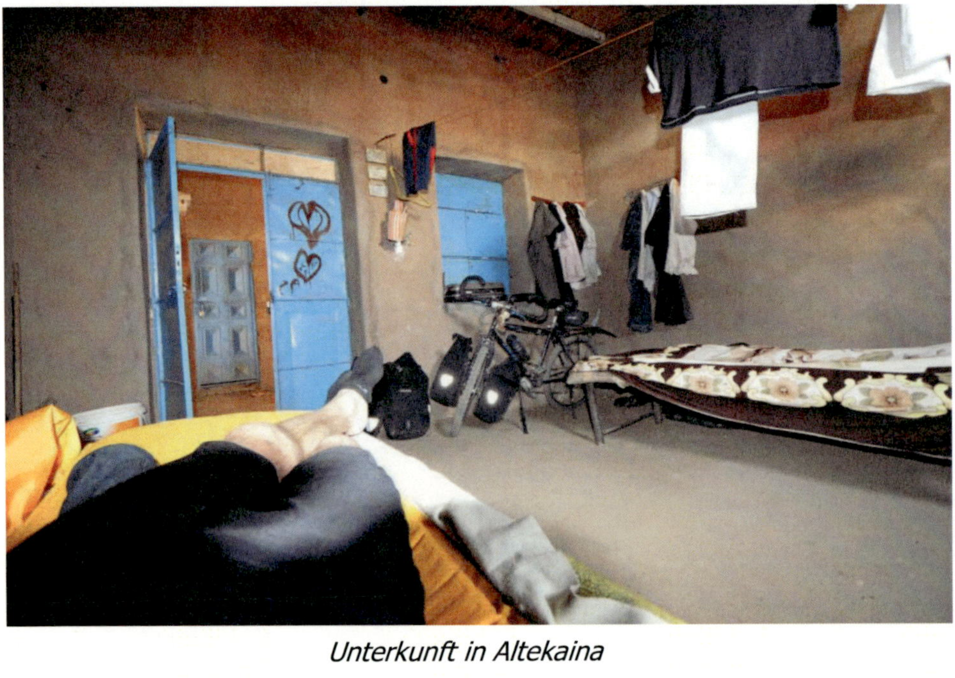

Unterkunft in Altekaina

Café mit Food and Drinks

Zeltaufbau bei Starkwind

Junger Sudanese vor einem prachtvollen Eingangstor

Al-Hakim-Moschee in Kairo

Überall Plastikmüll

8. Kenia – Massai Land

Ich bleibe noch eine Nacht im Honey Badger Hotel. Schon vor unserer Kilimanjaro Besteigung erfahre ich von der Hotelführung, dass sie ein sehr interessantes Projekt hier betreuen. Mama Lucy, die Chefin des Hotels und ihr Mann sind Initiatoren und Mentoren dieses Projektes mit dem Namen „Second Chance Education Center", dass sie 2004 gegründet haben. Junge Menschen bekommen hier eine zweite Chance für ihre Schulbildung. Unterstützt wird dieses Projekt von Helfende Hände für Kinder e.V., ein eingetragener und gemeinnütziger Verein aus Deutschland. Es sind insbesondere Waisenkinder, die hier Unterkunft, Essen und die Möglichkeit einer Schulbildung bekommen. Viele Kinder gehen hier in Afrika trotz offizieller Schulpflicht nicht zur Schule, weil die Umstände in der Familie es nicht zulassen. Häufig werden sie bereits in jungen Jahren für die Erziehung der jüngeren Geschwister eingesetzt oder tragen zum Unterhalt der Familie bei. Sie machen Minijobs oder betteln auf der Straße. Manchmal liegt es aber auch nur daran, dass der Schulweg für die Kinder zu weit ist und öffentliche Verkehrsmittel vor Ort nicht zur Verfügung stehen.

Diesen Kindern versucht Mama Lucy mit diesem Projekt zu helfen. So kommen junge Erwachsene aus allen Teilen des Landes hier her, um ihre Schulausbildung nachzuholen. Es ist ein wichtiges und positives Signal, denn nur durch Bildung lassen sich viele Probleme afrikanischer Länder lösen, aber es ist sicher auch nur der berühmte Tropfen auf dem heißen Stein.

Ich werde darum gebeten die Klassenzimmer zu besichtigen und spreche mit den Schülern und Lehrern, die sich mir gegenüber sehr aufgeschlossen zeigen. Sobald ich das Klassenzimmer betrete, erheben sich die Schüler von ihren Stühlen und stehen stramm neben ihrem Tisch. Ein wenig fühle ich mich an die erste Klasse meiner Schulzeit erinnert. Zum Glück fragt mich niemand, ob ich die Rechenaufgabe, die an der Tafel steht, auch selbst lösen könnte. Aber für die Schülerinnen und Schüler ist mein Besuch zumindest eine willkommene Abwechslung zum Schulalltag.

Einige Klassenzimmer, verschiedene Aufenthaltsräume und eine Sammelunterkunft stehen für dieses Projekt bereits zur Verfügung. Aber es fehlt noch an weiteren Klassenzimmern, einer Küche für die Verpflegung, an Unterrichtsmaterial und an Lehrerinnen und Lehrer. Viele von den Kindern übernachten in den Sammelunterkünften im Nebengebäude. Doch Mama Lucy meint, sie könnte noch wesentlich mehr Schüler in diesem Projekt aufnehmen, wenn die begrenzten Räumlichkeiten es zulassen würden. Platz für neue Gebäude ist da, es fehlt jedoch an den finanziellen Möglichkeiten zur baulichen Erweiterung. Momentan ist die Küche in Planung. Der Bau dieser Erweiterung soll schon sehr bald beginnen. Ich verspreche ihr, Projektgelder zu sammeln, sobald ich wieder zurück in Deutschland bin. Unter der Internetadresse www.secondchanceeducation.org sind das Projekt und die aktuellen Fortschritte dargestellt.

Ich muss nach einem Tag Erholung meine weitere Reise planen. Zunächst gebe ich auf der Post in Moshi mein Paket mit der Bergsteigerausrüstung für die Rücksendung nach Deutschland auf. Auch diese Sendung kostet mich 50 Euro Portogebühr. Wenn ich die Kosten für beide Postsendungen zusammenrechne, hätte ich mir sicherlich auch hier in Moshi die notwendige Ausrüstung leihen können. Aber dann wäre mir das mit Briefmarken rekordverdächtig frankierte Paket zurück nach Deutschland entgangen. Als ich nämlich 2 Wochen später nach Hause komme, ist das Paket bereits angekommen und ich zähle sagenhaften 120 Briefmarken darauf. Vor lauter Briefmarken ist das Packpapier nicht mehr zu erkennen.

Hier in Moshi werde ich immer wieder gefragt, ob ich mein Fahrrad verkaufen möchte. Auch wenn das Modell aus meiner Sicht schon in die Jahre gekommen ist, ist es für die Menschen hier ein echter „eye catcher“. Aber natürlich steht der Verkauf für mich absolut außer Frage. Und so vertröste ich alle Interessierte und mache ihnen klar, dass sie sich mein Rad wohl niemals leisten könnten.

Ich habe noch weitere zwei Tage in meiner Terminplanung als Reserve, bevor ich meine Tour rund um den Kilimanjaro bis nach Nairobi fortsetze. Deshalb begleite ich Wolfgang noch einen Tag auf seiner Safari in den Raushat Nationalpark. Im Raushat Nationalpark befindet sich auch der Mt. Meru. Er ist mit 4556 Meter Höhe ein idealer Berg für die Vorbereitung und Akklimatisierung, um anschließend auf den Kilimanjaro zu steigen. Teilnehmer, die vorher den Mt. Meru bestiegen haben, gehen jedenfalls mit einer erheblich größeren Erfolgschance auf die Kili-Tour. Wir richten unser Augenmerk aber hauptsächlich auf die Beobachtung von Tieren. Auch wenn die Möglichkeit hier wilde Tiere zur treffen nicht besonders gut sind, genieße ich die Vielzahl der Flamingos und die herrlichen Seen im Nationalpark.

Nach der erfolgreichen Besteigung des höchsten Berges in Afrika, richte ich mein Augenmerk der letzten beiden Wochen wieder auf meine Radtour. Ich habe mir schon zuhause vom Internet eine Mountainbike Tour um den Kilimanjaro ausgedruckt. Allerdings wird bei der Beschreibung auf

„...große Höhenunterschiede, die unter großer Anstrengung auf schlecht ausgebauten Straßen zu bewältigen sind"

hingewiesen. Ich habe ja auch noch vier Satteltaschen und einen Rucksack bei mir. Das macht die Sache sicher nicht einfacher. Deshalb will ich spontan an der Grenze zu Kenia entscheiden, ob ich am dritten Tag schon frühzeitig in Kibouni nach Kenia einreise oder noch weiter bis Namanga auf der tansanischen Seite auf dieser Mountainbike Tour bleibe. Wenn ich jedoch schon in Kibouni nach Kenia einreise, sollte ich bereits hier in Moshi Kenia Schillinge eintauschen. Ich bin mir nämlich nicht sicher, wann ich nach der Grenze wieder eine Bank finde. Und noch eine weitere Überlegung bereitet mir Kopfzerbrechen. Fahre ich frühzeitig nach Kenia ein, kann ich nur durch den Amboseli Nationalpark nach Nairobi weiterreisen. Die Durchfahrt mit dem Rad ist aber sicherlich verboten und auch das Risiko außerhalb des Amboseli Nationalpark mit gefährlichen Tieren zusammen zu stoßen, kann ich nicht beurteilen. Jedenfalls schätzen die Einheimischen, mit denen ich spreche, die Lage eher als gefährlich ein und raten mir, schon frühzeitig eine Mitfahrgelegenheit auf einer LKW Ladefläche zu suchen. Doch auch auf der tansanischen Seite ist die Möglichkeit wilden Tieren zu begegnen nicht vollständig auszuschließen. Wie immer werde ich also spontan und nach meiner persönlichen Einschätzung vor Ort und aus dem Bauch heraus entscheiden, wie die Reise weitergehen soll. So fahre ich am ersten Tag bis nach Marangu und schlage am Campingplatz des gleichnamigen Hotels mein Zelt auf. Auch wenn der erste Tag noch auf Teerstraßen verläuft, geht der Weg stetig und steil nach oben. Hier in Marangu ist auch der Ausgangsort für die meistgelaufene Route auf den Kilimanjaro - die Marangu Route oder auch etwas abfällig Coca-Cola Route genannt. Sie wird als die einfachste Tour bezeichnet, weil sie die einzige Tour mit festen Unterkünften ist. Hier im Marangu Hotel begegnen mir viele Touristen mit dem Ziel, in den nächsten Tagen ebenfalls auf dem Uhuru Peak zu stehen. Ich verspüre eine gewisse Genugtuung, habe ich doch schon alle Strapazen hinter mir gebracht. Ich könnte ihnen sagen, was sie erwartet, könnte ihnen sagen, wie schwer die letzten Meter sind, aber ich denke sie müssen diese Erfahrung wohl selbst machen. Am nächsten Tag beginnt die echte Mountainbike Strecke mit unbefestigten Straßen, vielen Schlaglöchern, mit waschbrettartigen Querrillen und sehr viel Staub, so dass ich mir die Hand vor die Augen halten muss bei jedem vorbeidonnernden LKW. Es ist eine echte Tortur. Dazu kommen noch unzählige Baustellen auf der Strecke, die das Fortkommen noch viel beschwerlicher machen. Vor allem die vielen Querrillen, von denen ich mit meinem ungefederten Bike fast jede einzelne spüre und der Staub der extrem trockenen Straßen machen mir und meiner Psyche schwer zu schaffen. Es sind die Tage, in denen sich meine Meinung festigt, dass solche Touren nur zu zwanzig Prozent von den physischen Voraussetzungen abhängen, aber zu achtzig Prozent Kopfsache sind. Es wäre so einfach, mein Fahrrad in die Ecke zu stellen und die ganze weitere Fahrt nach Mitfahrgelegenheiten zu suchen – wenn ich mich dazu entschließen würde. Sicher, es geht, aber dafür habe ich nicht die Reise wochenlang geplant, bin schon fast 7000 Kilometer durch den Kontinent geradelt, um hier und jetzt zu kapitulieren. Nein, mein Ego treibt mich Kilometer für Kilometer voran. Und am Ende des Tages stehen, wie an so vielen anderen Tagen, weitere 70 oder 80 Kilometer auf meinem Tacho. Wieder ein weiterer kleiner Erfolg. Wieder ein Stück abgeknabbert von meinem weiten Weg zum Mittelmeer. Eine Strecke mit vielen kurzen aber interessanten Begegnungen mit den Menschen hier und mit vielen Pausen, um den Flüssigkeitsverlust wieder auszugleichen oder einfach nur um wieder Kraft zu tanken. Eine Strecke mit unzähligen Spurwechseln, um den scheinbar Abermillionen Querrillen auszuweichen, um so meine Bandscheibe ein wenig zu entlasten und mein Fahrrad und die Satteltaschen etwas zu schonen. Eine Strecke, auf der ich tausendmal mein Vorhaben verfluche und alle LKW-Fahrer zum Teufel wünsche. Eine Strecke, an deren Ende der Sand zwischen meinen Zähnen knirscht und eine dicke Staubschicht auf meiner Haut klebt (*siehe Bild Der Staub klebt auf meiner Haut*). Mir aber doch die Freude im Gesicht steht, weil ich es wieder mal geschafft habe. Ich bin mir angesichts der vielen Baustellen spätestens jetzt sicher, so früh wie möglich nach Kenia einzureisen. Aber noch steht mir ein weiteres gefährliches Ereignis bevor.

Kurz vor Kenia fahre ich links neben der Straße in einer staubigen Spurrille leicht bergan, um dem rauen Teerbelag einer neu zu asphaltierender Straße auszuweichen. Die Sonne steht jetzt zur Mittagszeit fast senkrecht und so ziehe ich mir meine Schildmütze weit ins Gesicht hinein, um auf diese Weise möglichst viel Schatten zu bekommen. Plötzlich und völlig unerwartet kommt mir ein junger Afrikaner in voller Fahrt auf seinem Rad entgegen. Ich sehe ihn erst viel zu spät, um noch rechtzeitig reagieren zu können. Auch meine Vollbremsung bleibt wirkungslos, da er in hohem Tempo den Berg hinabfährt. Es folgt das Unausweichliche. Wir stoßen nicht nur mit den Rädern, sondern auch mit unseren Köpfen frontal zusammen und bleiben beide am Straßenrand liegen (*siehe Bild Unfall in Kenia*). Ich verspüre eine leichte Kopfwunde und mein rechter Arm schmerzt. Noch bevor ich mich wieder gefasst habe und reagieren kann, springt der junge Mann auf und rennt wie wild einige hundert Meter von der Unfallstelle davon. Mittlerweile hat sich eine kleine Menschenmenge gebildet von den Autofahrern, die angehalten haben und den Passanten, die gerade zufällig des Weges sind. Mein Fahrrad scheint einigermaßen heil geblieben zu sein, abgesehen von einer verbogenen und gebrochenen Halterung für meine Satteltaschen. Doch dieser

Schaden lässt sich durch ein Stück Draht relativ leicht beheben. Mein Unfallgegner beobachtet das Geschehen jetzt aus sicherer Entfernung. Sein Fahrrad liegt immer noch am Straßenrand neben meinem. Meine erste Wut auf ihn ist riesengroß, denn die Schuld liegt eindeutig bei ihm, da er auf der falschen Straßenseite fuhr. Und jetzt kann ich ihm nicht mal meine Meinung dazu sagen. Doch sehr schnell überwiegt bei mir auch die Erkenntnis, ungeheures Glück gehabt zu haben. Was wäre wohl passiert, wenn ich mit gebrochenen Knochen oder einer Gehirnerschütterung auf ärztliche Hilfe angewiesen wäre. Hier in einem kleinen afrikanischen Dorf möchte ich es mir gar nicht erst ausmalen. Ich hatte noch mal Glück im Unglück. Meine Kopfverletzung erweist sich nur als kleine Platzwunde und der Arm hat wohl auch nur eine Prellung abbekommen. Nach einer halben Stunde nehme ich die Weiterfahrt wieder auf und kümmere mich nicht mehr um meinen Unfallgegner. Der befindet sich immer noch in sicherer Entfernung vor mir und bewegt sich erst wieder, als ich den Ort des Unfallgeschehens verlasse. Ich komme an diesem Tag noch bis nach Kibouni und nehme mir erst mal eine Dusche, um die dicke Staubschicht auf meiner Haut wieder abzuwaschen. Am nächsten Morgen reise ich nach Kenia ein und bekomme an der Grenze für 20 Dollar ein Transit Visum, gültig für die nächsten sieben Tage. Den Tipp ein Transit Visum zu beantragen und damit nur halb so viel zu bezahlen, bekam ich in Moshi und er funktioniert für mich auch, weil ich nur noch sechs weitere Tage in Kenia vor meinem Rückflug zur Verfügung habe. Ich bin jetzt in Kenia angekommen und habe hier laufend Begegnungen mit Stammesmitgliedern der Massai, ein Volk das in dieser Gegend lebt. Solange ich noch Menschen auf der Straße begegne, sehe ich auch keinen Grund, wegen der Begegnung wilder Tiere meine Fortbewegungsart zu wechseln. Nur die nicht mehr enden wollenden Querrillen auf den Staubstraßen könnten mich vielleicht dazu bewegen. Noch aber will ich nicht daran denken und erfreue mich der vielen Begegnungen mit Zebras und Giraffen auf freier Wildbahn. Als ich eine kleine Pause am Straßenrand einlege, stürmen mir plötzlich alle Schulkinder einer Schulklasse entgegen und umzingeln mein Fahrrad. Alle Mädchen und Jungs in Schuluniform stehen um mich herum, fassen mich schüchtern an oder staunen mit großen Augen über mein Erscheinen (*siehe Bild*

Eine Schulklasse begrüßt mich). Kurz darauf höre ich einen lauten Schrei, der wohl eindeutig von ihrer resoluten Lehrerin kommt und schon läuft auf ihr Kommando die gesamte Klasse wieder zurück zur Schule. Auch wenn die Neugier auf den komischen fremden Weißen auf einem Fahrrad groß war, der Respekt vor ihrer Lehrerin war wohl noch größer.

Am Gate des Amboseli Nationalparks bekomme ich mit meinem Bike, wie ich schon erwartet habe, Einfahrverbot. Ich beziehe zunächst meine Unterkunft vor den Toren des Nationalparks in einer Zeltanlage gleich neben den Dörfern der Massai. So kann ich mit vielen Massai unmittelbar in Kontakt treten. Dabei hilft mir auch mein Fahrrad in besonderer Weise. Alle wollen damit eine kleine Runde drehen (*siehe Bild Massai auf meinem Fahrrad*). Einer nach dem anderen schickt sich an, mein Fahrrad in Beschlag zu nehmen. Ich begleite sie auf ihrer Probefahrt, indem ich im Gegenzug eines ihrer Räder ausleihe. Anschließend zeigen sie mir ihr Dorf, ihr Vieh und natürlich ihre Familien. In den Gesichtern der Kinder spiegelt sich Neugier wider, doch auf ihren Gesichtern tummeln sich tausende Fliegen, die scheinbar ihre ständigen und lästigen Begleiter sind. Teilweise schauen sie kaum noch aus ihren Augen, so sehr werden sie von den Fliegen malträtiert.

Mich faszinieren ihre selbst gebastelten Schuhe aus alten Autoreifen – Michelin, Dunlop, Pirelli und Goodyear heißen deshalb ihre angesagtesten Markenschuhe, die sicher nicht von der Stange zu bekommen sind. Woher ich komme und wohin ich reise, möchten sie alle wissen. Mit meiner Reise ernte ich hier allergrößten Respekt, denn keiner von ihnen kann sich wirklich vorstellen, von Dar es Salaam bis nach Nairobi zu radeln. Selbst die letzten 400 Kilometer nach Nairobi scheinen für sie mit dem Rad unvorstellbar zu sein. Deshalb bekomme ich meist nur ein fragendes Lächeln, wenn ich mein Ziel bekannt gebe. Ich freunde mich ein wenig mit einem noch sehr jungen Massai namens Boy an. Er zeigt mir voller Stolz seine Ziegen und Rinder und entschuldigt sich schon fast dafür, nur „eine einzige Frau zu besitzen", die er mit seinem Viehbestand ernähren kann. Aber das wird sich noch ändern, wie er mir glaubhaft versichert. Alle Massai Männer besitzen in der Regel mehrere Frauen, zeigt doch die Anzahl der Frauen als Statussymbol der Massai

Männer auch ihren Wohlstand auf. „I want to invite you to my home“, sagt er mir. Ich bedanke mich herzlich für seine Einladung und begleite ihn in seine Hütte. Dort hat Boy’s Mutter in der Zwischenzeit einen heißen Tee gebraut. Wegen den hygienischen Verhältnisse bin ich immer sehr vorsichtig bei der Nutzung von fremdem Geschirr oder Wasser aus der Leitung oder aus irgendwelcher unbekannten Quelle. Doch ich will seine Gastfreundschaft nicht enttäuschen, zumal das Wasser zur Teezubereitung abgekocht wurde. So sitze ich in einer kleinen dunklen Lehmhütte, fast ohne Tageslicht und schlürfe meinen viel zu süßen Tee. Große Fenster werden in diesen Häusern vermieden, um der Moskitoplage Herr zu werden. In meiner Phantasie male ich mir aus, wie es wohl ist, hier im Dorf zu leben. Ohne Strom, ohne fließendes Wasser und mit der eigenen Familie auf engstem Raum in einer dieser dunklen Lehmhütten. Ich kann es mir nicht vorstellen und würde es auch nicht erfahren wollen. Mir kommt das Buch über „die weiße Massai“ in den Sinn. Eine hübsche Schweizerin hat sich entschieden einen Masaai Krieger zu heiraten und ihr Leben in einem Massai Dorf zu verbringen. Ich bekomme größten Respekt vor der Entscheidung dieser weißen Frau, freiwillig in diesem Kulturkreis der Masaai leben zu wollen.

Von Boy bekomme ich noch ein wenig Kettenöl für meine Fahrradkette. Dafür gebe ich ihm etwas von meinem Flickzeug ab. Drei Tage verbringe ich hier bei den Massai, dann geht meine Reise weiter.

Zunächst muss ich durch den Amboseli Nationalpark. Ich kann einen Park-Ranger engagieren, um mein Bike auf dem Dach seines Ranch Rovers durch den Park zu transportieren. Hier sehe ich zum ersten Mal auch Löwen, nachdem ich auf allen meinen Afrikareisen zuvor erfolglos nach ihnen Ausschau gehalten habe. „Du hast echt Glück“ sagt mir der Ranger, „Löwen bekommt man hier nur sehr selten zu Gesicht“. Dass ich auf meinen früheren Reisen schon viele Male kein Glück hatte, erzähl ich ihm nicht. „Auf Wiedersehen“ steht in deutscher Sprache über dem Gate, als ich den Park wieder verlasse.

Ich sollte auf der restlichen Strecke bis nach Nairobi problemlos vorankommen. Doch mittlerweile sind alle Satteltaschen dermaßen beansprucht, dass sie mir ständig in die Speichen ragen. Mit viel Klebeband versuche ich die deformierten Teile wieder „in Form" zu bringen. Sämtliche Schrauben ziehe ich täglich nach, nachdem sich auch meine Halterung für das Vorderlicht verabschiedet hatte, zu Boden fiel und dabei zu Bruch ging. Eine Schraube hatte sich einfach durch die vielen Erschütterungen gelöst.

Fünfzig Kilometer vor Nairobi plane ich meine letzte Übernachtung auf dem Zeltplatz einer Straußenfarm ein.

„Jetzt habe ich nur noch Teerstraßen und es sollte die restlichen Kilometer nichts mehr passieren",

trage ich in mein Tagebuch ein. Ich freue mich zu früh. Auch wenn ich den letzten Tag am Swimmingpool der Farm relaxen kann, gesellen sich in der Nacht Millionen von Ameisen zu mir. Ab Mitternacht komme ich kaum noch zum Schlafen, bin ich doch ständig mit der Entsorgung dieser Krabbeltiere beschäftigt. So trete ich völlig gerädert und von der Nacht gezeichnet meine letzten Kilometer auf Kenias Straßen an. Zum Glück befindet sich der Flughafen etwas außerhalb und direkt auf meiner Anfahrt nach Nairobi. Mit diesen vielen Baustellen und den unzähligen Kilometern auf nicht geteerten, staubigen Ausweichstraßen hatte ich jedoch nicht mehr gerechnet. Mein letzter Tag in Kenia wird gleichzeitig der Tag, an dem ich so viel Staub wie noch nie zuvor in Afrika schlucken muss. Ich verfluche jeden einzelnen LKW-Fahrer und nur mein Wissen bald anzukommen, lassen mich weiterradeln. Endlich am Flughafen angekommen, muss ich mich erstmal umziehen, wasche noch mal meine Haare unter einem Wasserhahn und versuche so gut es geht, den Staub auch aus meinem Gesicht zu waschen.

„So nehmen wir das Fahrrad aber nicht mit" versichert mir eine Mitarbeiterin von British Airways und macht mir unmissverständlich klar, dass ich mein Bike ohne Verpackung nicht einchecken kann. So suche ich am Ende meiner Reise nach einer Lösung, wie ich die strengen Vorgaben von British Airways erfüllen kann. Zum Glück gibt es am Flughafen einen Anbieter für Transportverpackung, der mir das Fahrrad mit Klarsichtfolie auf einer Wrapmaschine transportklar macht. Doch auch diese Lösung findet keinen Gefallen bei den Verantwortlichen. So bleibt mir nur, mehrere Pappkartons zu zerschneiden und mit sehr viel Klebeband der Fahrradform anzupassen. Denn eines habe ich auf meinen vielen Afrika Touren gelernt: Irgendwie findet sich für jedes Problem auch immer eine passende Lösung.

Zurück in Deutschland habe ich mich natürlich noch an mein Versprechen erinnert, welches ich Mama Lucy für ihr Projekt Second Chance gegeben habe. So habe ich mich entschlossen die Einnahmen aus zwei Vorträgen meiner Reisen in Augsburg diesem Projekt zukommen zu lassen.

Dann allerdings kam das Erdbeben in Haiti am 12. Januar 2010 dazwischen. Für Haiti war dieses Ereignis eine riesige Katastrophe. Bei dem Erdbeben der Stärke 7,0 kamen fast 230.000 Menschen ums Leben. Es hinterließ tausende zerstörte Häuser, Schulen, Krankenhäuser und sonstige Einrichtungen. So habe ich mich kurzfristig entschlossen die Hälfte der Einnahmen auch für die Hilfe dieser Menschen zu spenden.

Am Ende konnte ich mithilfe der Eintritts- und Spendengelder jeweils ca. 500 Euro als kleine Unterstützung an „Ärzte ohne Grenzen" für die Haiti Hilfe und „Second Chance Education Center" überweisen. Über den Verein „Helfende Hände für Kinder e.V." in Rheinau wickelte ich die Überweisung nach Tansania ab. Es dauerte nicht lange, bis ich eine E-Mail von Mama Lucy mit folgender Antwort erhalten habe:

„Hallo to you Bwana Bike!

Thank you! THANK YOU VERY MUCH FOR YOUR HELP BWANA BIKE!! You are a gentleman and we can only say the usually THANK YOU AND WISHES YOU COULD SEE INSIDE OUR HEARTS TO SEE HOW FULL IT IS WITH GRATITUDE! ASANTE SANA! MAY THE LORD CONTINUE TO BLESS YOU!

Kindly note that the money will immediately be used to build a nice and modern kitchen shade for cooking school food. Our kitchen is now the sleeping place for the orphans (Waisenkinder).

We must start building before the heavy rains. We shall name the kitchen after your name Bwana Bike. Thank you so much for your love and continued support!

We shall send you pictures once it is ready. This is a very wonderful morning. Thank you again.

With much love and respect to you and all the kind donors who heard our cry through you,

Mama Lucy"

Im November 2010 bekam ich dann ein Bild mit der fertiggestellten neuen Küche. Es war der schönste Abschluss meiner Reise, den ich mir vorstellen konnte.

9. Auf dem Highway from hell nach Addis Abeba

Ich hatte mich 2014 dazu entschlossen an meiner langen Reise durch den Kontinent wieder ein Stück weiterzumachen. Ich möchte auf meiner nächsten Tour bis nach Addis Abeba radeln.

Nach Angaben von Wikipedia ist Addis Abeba auf ca. 2500 Meter die dritthöchstgelegene Hauptstadt der Welt. Doch wegen der Höhe und den damit verbundenen Anstiegen machte ich mir keine allzu großen Sorgen. Vor allem um die Sicherheit im Norden Kenias drehten sich meine Gedanken. Im Internet wurde die Strecke von Isiolo nach Moyale an der Grenze Äthiopiens nicht nur als die schlimmste Teilstrecke bei einer Afrikadurchquerung beschreiben, sie galt eben auch lange Zeit für Reisende als äußerst gefährliche Region. Nach aktuellen Berichten, die ich ebenfalls im Internet fand, zeichnete sich hier jedoch schon seit Jahren eine Entspannung ab. Raubüberfälle gab es zu diesem Zeitpunkt keine mehr und auch die Konvoi-Pflicht für PKWs war mittlerweile hinfällig geworden. Laut aktuellen Berichten der UN war die Gegend zur damaligen Zeit als ruhig eingestuft und konnte nach Durchsicht vieler Berichte sicher und problemlos alleine befahren werden. Jedenfalls mit dem PKW, denn für Fahrradfahrer galt der UN Sicherheitsbericht sicherlich nicht. Das alles klang ziemlich gut für mich und war eine wichtige Voraussetzung für die Fortsetzung meine Tour durch Afrika.

Auch 15 Jahre nach meinem Besuch Simbabwes verfolgte ich weiterhin die politische Entwicklung dieses Landes mit ihrem Korrupten Präsidenten Mugabe sowohl in den Zeitungen als auch im Internet. In der deutschen Presse war natürlich über afrikanische Staaten nur sehr wenig zu lesen. Meist konzentrierten sich die Berichte auf Kriegsgebiete oder zumindest Krisenregionen, die überall auf der Welt mit unterschiedlicher Intensität geführt wurden und leider wohl auch weiterhin werden. Krisenregionen gab es auch 2014 genug; der ständig schwelende Israel Konflikt im Gaza Streifen war neu entflammt. Die islamradikale Hamas und Israel bombardierten sich gegenseitig. Im Irak kämpften Krieger der militanten IS-Organisation für einen islamischen Staat und töteten alle Anhänger des christlichen Glaubens und in der Ukraine kämpften prorussische Separatisten mit Unterstützung des russischen Präsidenten Putin für die Spaltung der Ukraine. Da sind Korruption, Unterdrückung und Ausbeutung der Bevölkerung eines Landes, wie sie in Simbabwe seit vielen Jahren praktiziert wurde, den Medien keine Nachrichten wert. Zumal es sich damals auch um einen Dauerzustand handelte und politische Berichte eben von der Aktualität leben. Doch spätestens vor und nach Wahlen steht auch eine Nation wie Simbabwe für kurze Zeit im Licht der Öffentlichkeit. 2013 war wieder ein neuer Wahltermin für die Präsidentschaftswahlen angesetzt. Vier Kandidaten traten an, um die inzwischen 33-jährige Dauerherrschaft Präsident Robert Mugabes zu beenden. Ernsthafte Chancen hatten aber nur zwei: der bereits 89jährige Mugabe selbst und sein Erzfeind, Premierminister Morgan Tsvangirai. Beide waren schon über lange Jahre erbitterte Kontrahenten, auch wenn sie seit 2009 in einer nationalen Einheitsregierung zusammenarbeiten mussten. Zu deren Bildung hatte die Afrikanische Union auch wegen den blutigen Ausschreitungen nach der Wahl von 2008 gedrängt. Tsvangirai versuchte bereits zum dritten Mal, Mugabe bei Präsidentschaftswahlen zu schlagen. 2008 hatte er Mugabe sogar im ersten Wahlgang besiegt, jedoch nicht die absolute Mehrheit der Stimmen auf sich vereinen können. Zur Stichwahl war Tsvangirai allerdings nach den Gewaltausbrüchen nicht mehr angetreten, um die Gewalt nicht weiter anzuheizen. Oppositionsmitglieder wurden verhaftet und drangsaliert, er selbst flüchtete vorübergehend in die niederländische Botschaft.

Im Jahr 2013 schaffte es Mugabe wieder, die absolute Mehrheit der Stimmen zu ergattern (was für eine Überraschung). Allerdings glaubten fast zwei Drittel der Bürger, dass Wähler mit Gewalt und Einschüchterung beeinflusst wurden und die Wahllisten einer ordentlichen Prüfung nicht standhielten. Auch so kann die Fassade einer Demokratie aufrechterhalten werden. Solange Mugabe noch lebte und geistig in der Lage war, das Amt auszuüben, würde sich auch zukünftig in diesem Land nichts ändern. Doch jedes politische Amt hat irgendwann auch ein Verfallsdatum. Es bleibt also zum damaligen Zeitpunkt nur die Hoffnung, dass die nächste politische Führung für die Menschen im Land da sind und nicht für ihr eigenes Ego.

Im Frühjahr 2014 begann ich mit meinen Vorbereitungen auf die so denke ich, wohl bisher schwierigste Etappe meiner bisherigen Tour durch den Kontinent.

Die Möglichkeit sich ausreichend über die bevorstehende Reise zu informieren, war mittlerweile natürlich unvergleichbar besser geworden, als sie noch bei meinen ersten Reisen war. Über Google Maps ließ sich die gesamte Strecke schon sehr gut beurteilen und auch sonst gab es im Internet genügend weitere Quellen, die zahlreich darüber Auskunft gaben, was mich erwartete. Eine Teilstrecke machte mir dabei besonders Kopfzerbrechen: „The road from Hell"-die Straße der Hölle. Die Strecke verläuft von Isolo über Marsabit nach Moyale an die Grenze Äthiopiens. Wegen des schlechten Streckenzustandes wurde sie von vielen Afrikafahrern im Internet als das schlimmste Teilstück auf ihrer kompletten Afrikadurchquerung beschrieben. Sie ist ein Teil der Trans-East-African-Highway, die eine der wichtigsten Nord-Süd-Verbindungen in Ostafrika darstellt. Es gab einige Filme in YouTube darüber zu sehen, die ich mir natürlich alle ansah. Die Tatsache, dass es sich um einen „Highway" handelte, wäre mir bei Betrachtung der Bilder jedoch im Traum nicht eingefallen. Einer von vielen Artikeln beschrieb die Strecke wie folgt:

"I had heard this was the worst "road" on Earth but I actually now believe it was created by satan and he clearly hates bicycles. Mostly rutted dirt track covered with stones, I just endured the worst 4 days of my trip and haven't enjoyed a single moment of Kenya so far".

Frei übersetzt, lautet die Nachricht:

„Ich hatte gehört, dass es die schlimmste Straße auf Erden sei, nun glaube ich aber, dass sie vom Teufel selbst gebaut wurde. Und er hasst ganz sicher die Radfahrer. Der meist holprige Feldweg ist mit Steinen nur so übersäht und ich ertrage meine schlimmsten 4 Tage dieser Reise. Ich habe noch nicht einen einzigen Moment bisher in Kenia genossen".

Ich meldete mich in einem Internetforum für Biker an, um mehr über meine Strecke zu erfahren. Hier tummelten sich alle Arten von Fahrradfahrern, vom Wochenendbiker bis zum Halbprofi. Ich war überrascht, wie viele Beiträge übers Biken in Afrika bereits eingestellt waren. Andreas, den ich anschrieb, hatte dieselbe Tour für sich selbst auch schon geplant, hatte sich dann aber doch noch umentschieden. Er schickte mir aber wichtige und sehr hilfreiche Internetadressen für meine weitere Vorbereitung.

Für mich bedeuteten die zu erwartenden miserablen Streckenabschnitte, dass ich mir sehr gut überlegen musste, wie ich mein Gepäck auf das Allernötigste reduzieren kann. Aber vor allem musste ich mir die Frage beantworten, ob mein 20 Jahre altes, nicht gefedertes Bike für diese Strapazen überhaupt noch geeignet ist. Neben den sonstigen Vorbereitungen hatte ich deshalb mit Hilfe von Hubert mein Fahrrad auf den neuesten technischen Stand gebracht. Ich benötigte vorne eine neue Federgabel, wenn möglich auch eine Federung meines Sattels. Für das Vorderrad benötigte ich kleinere und tiefer gelegene Gepäcktaschen als ich sie bisher hatte. Damit verlor ich etwas Stauraum, gewann aber wesentlich mehr Stabilität bei meiner Fahrt über die „Road from hell". Für die langen geteerten Strecken, wollte ich mir einseitige Klickpedale zulegen und für mehr Komfort auf den langen Tagesetappen sollten ergonomisch geformte Lenkergriffe beitragen. Alles in allem sollte es mit diesen Verbesserungen möglich sein, mit meinem alten aber zuverlässigen Vehikel die Strecken zu überstehen.

Zur besseren Reisedokumentation hatte ich mir eine kleine, sehr leistungsfähige Helmkamera gekauft. Die ActionPro machte ich mittels einer sehr stabilen Halterung an meinem Lenker fest.

Sowohl das Visum für Kenia, als auch für Äthiopien beantragte ich vor Reisebeginn, da nach Auskunft des äthiopischen Konsulates eine Ausstellung am Grenzübergang von Kenia nach Äthiopien auf die Landwege nicht möglich war.

Spätestens am 1. Dezember musste ich in Addis Abeba angekommen sein. Dort plante ich anschließend noch eine zweiwöchige Tour mit einer Reisegruppe in die Danakil-Senke im nördlichen Afar-Gebiet. Die etwa zehnköpfige Reisegruppe reiste direkt aus Frankfurt an und ich hatte mit Chris dem Organisator der Tour telefonisch vereinbart, ihn am Vorabend vor Beginn der Rundreise zu treffen. Vor unserem Reiseziel, der nordöstlichen Ecke Äthiopiens im Grenzgebiet zu Eritrea wurde allerdings vom Auswärtigem Amt nach wie vor abgeraten, nachdem 2012 zwei deutsche Staatsangehörige bei einer Entführung getötet wurden. Dies hatte wohl auch dazu beigetragen, dass 2013 diese Tour von den meisten Veranstaltern gestrichen wurde und ich meine Reise, die ursprünglich schon 2013 geplant war, nochmals um ein Jahr verschoben habe. Erst 2014, also ein Jahr später, schien die Sicherheitslage wieder etwas besser zu sein, so dass eine Durchführung wohl möglich war. Zu unserem Schutz hatten wir neben den einheimischen Führern aber auch bewaffnete Begleiter mit dabei.

Und noch eine letzte Gefahr musste ich bei meinen Planungen im Auge behalten. Das Ebola Virus war in diesem Jahr wieder ausgebrochen und hatte Ausmaße angenommen, wie sie bisher in dieser Form noch nie vorgekommen waren. Krisenregionen waren die westlichen Länder Afrikas Guinea, Liberia, Nigeria und Sierra Leone, aber es wurde bereits eindringlich davor gewarnt, dass über den Luftweg Länder mit einem hohen Anteil an internationalem Luftverkehr, wie zum Beispiel Kenia sehr stark gefährdet waren. Wenn erst die Krankheit in einem Land ausbricht, ist es äußerst schwierig, der weiteren Ausbreitung Einheit zu gebieten. Zumal es bisher keinen Impfstoff und keine Medikamente zur Bekämpfung des Virus gab.

In aller Früh und noch bei Dunkelheit stehe ich mit meinem Gepäck in der Hand im Flughafengebäude in Nairobi. Das Sperrgepäck dauert auch hier etwas länger als das übrige Gepäck der Reisenden. Ich habe keine Eile, da ich vor Sonnenaufgang ohnehin nicht aufbrechen möchte. Nach längerem Warten schiebt ein Mitarbeiter des Flughafens mein Fahrrad durch die Tür. Ich bin etwas überrascht, da ich es in einem sicheren Radkarton wähnte. Aber ohne Zweifel handelt es sich um mein Fahrrad. Mir wird erklärt, dass durch den Regen der Karton völlig aufgeweicht wurde und sich dadurch die Verpackung allmählich aufgelöst hat. Auf den ersten Blick scheint auch noch alles dran zu sein, auf den zweiten Blick stelle ich fest, dass mir mein Glücksbringer Simba, mein kleines Löwen Maskottchen wohl geklaut wurde. Vielleicht hat ein Flughafenmitarbeiter darin auch nur ein nettes Mitbringsel für seine Tochter oder seinen Sohn gesehen. Wie auch immer, von diesen kleinen Problemchen lasse ich mich nicht weiter aufhalten und beginne damit mein Fahrrad startklar zu machen. Vielleicht nehme ich auf meiner nächsten Reise viele kleine Löwen-Anhänger mit, nachdem sie hier in Afrika so begehrt sind.

Kaum bin ich noch trüben Tageslicht losgefahren, stecke ich scheinbar schon mitten im Berufsverkehr. Auf drei Spuren staut sich der Verkehr und bewegt sich im stop-and-go Modus nur sehr langsam voran. Ein ohrenbetäubendes Hupkonzert begleitet mich, als ich zwischen den PKWs und den langen Sattelschleppern hindurch manövriere und dabei nur eine Hand breit von den Bordwänden der LKWs eingerahmt werde. Ein wenig Mut muss ich bei meinen waghalsigen Überholvorgängen schon aufbringen und auch die Hoffnung, dass ich nicht einfach zwischen Brummis eingequetscht werde. Immer wieder habe ich ein beklemmendes Gefühl, wenn sich die Lastwagen im Schritttempo einander nähern und mir immer weniger Platz dazwischen lassen. „Hey!" schreie ich deshalb immer wieder lautstark, wenn ich das Gefühl habe, die Fahrer haben mich auf dem Rad in ihren Rückspiegeln nicht gesehen. Auf Afrikas Straßen darf dich dein Mut wirklich nie verlassen.

Am Beginn des Staus angekommen sehe ich auch den Grund des morgendlichen Verkehrschaos. Ein LKW hat sich auf den Kopf gelegt und blockiert mit seinem umgefallenen Hänger fast die gesamte Straßenbreite. Ich hoffe, dass es kein böses Omen darstellt, wenn ich schon in der ersten Stunde in Kenia einen kapitalen Verkehrsunfall mitbekomme. Es sollte auch nicht der einzige auf dem Dach liegende LKW auf den Straßen bleiben, an dem ich vorbeikomme. Sogar an solche Unfälle kann man sich gewöhnen.

Trotz meiner morgendlichen Verzögerung komme ich zügig aus Nairobi heraus und fahre am ersten Tag schon über 140 Kilometer bis nach Embu. Der städtische Charakter der Millionenstadt Nairobi mit großen Werbeflächen, Geschäften und breiten Straßen geht hier in Afrika schnell verloren. Dafür holt mich die ländliche Struktur ein, mit den typischen kleinen vergitterten Straßenläden, die den afrikanischen Kontinent so prägen. Für den Tagesbedarf an Flüssigkeit und etwas Nahrung zwischendurch, reichen diese Verkaufsstände jedoch völlig aus. Als ich am nächsten Morgen im Hotel aufwache, habe ich verschlafen. Ich wollte eigentlich schon eine Stunde früher mit meinem Fahrrad unterwegs sein, so muss ich meinen verspäteten Start durch die Fahrt in der Mittagshitze büßen. Ich radle an den Ausläufern des Mt. Kenya entlang. Der Mt. Kenya ist mit fast 5200 Meter Höhe der zweithöchste Berg des Kontinents. Gilt aber als wesentlich schwieriger zu bezwingen, als der Mt. Kilimanjaro. In dieser bergigen Landschaft geht´s natürlich ständig rauf und wieder runter. Auf den abschüssigen Straßen, auf denen ich mich auf dem Rad natürlich ganz klein mache, um möglichst viel Tempo aufzunehmen, kommen plötzlich und unverhofft Straßenschwellen, die eigentlich gegen die PKW Raser eingebaut sind. Für Pedaltreter wie ich es bin, stellen sie gefährliche Abflugschanzen dar. Als ich nach dem ersten Sprung zum Glück ohne Sturz wieder lande, reduziere ich gezwungenermaßen mein Tempo bergab und damit natürlich auch den Spaßfaktor, der normaler weise damit einhergeht. Aber egal, Sicherheit kommt zuerst. Kurz vor Meru überquere ich dann die symbolisch wichtige Äquatorlinie des Kontinents. Ein großes gelbes Schild weist mich darauf hin. Von nun an bin ich also auf meiner Afrika Tour nur noch auf der nördlichen Halbkugel unterwegs. Ob und was sich dadurch ändert, habe ich mir noch gar nicht überlegt.

Ich denke überhaupt nichts, aber für einen psychologischen Extrakick schon am zweiten Tag ist diese Überquerung trotzdem gut.

Der nächste Tag führt mich nach Arches Post. Auf dem Weg dorthin erlebe ich, wie hilfsbereit die Menschen in Kenia sind. Als mir meine Sonnencreme aus der Tasche fällt, weil ich sie nur in eine Seitentasche eingesteckt hatte, höre ich von hinten plötzlich ein lautes Hupen. Als ich stehenbleibe, hält auch das hupende Taxi neben mir und übergibt mir freudig mein verloren gegangenes Utensil. Völlig überrascht nehme ich die Creme wieder an mich und bedanke mich mehrmals bei ihm. Dieser hilfsbereite Taxifahrer hat mich schon beeindruckt. Ich habe den Verlust überhaupt noch nicht bemerkt, bin aber sehr froh meinen Sonnenschutz wieder zurück zu bekommen. Denn in Tansania hatte ich bei meiner letzten Tour keine so guten Erinnerungen an eine in Afrika gekauften Sonnencreme. Ich denke, dass viele davon nur mit Placebo-Inhalten versehen sind und deshalb keinerlei Wirkung entfalten. Dies hat mir auch ein Freund bestätigt, der sich auf seiner Kilimandscharo Tour auf einen in Afrika gekauften Sun-Blocker verlassen hat. Er erzählte mir, dass er seine Gipfeltour wegen den Hautverbrennungen fast hätte abbrechen müssen, die er durch die intensive Sonneneinstrahlung und dem wirkungslosen Sonnenschutz erlitten hatte.

Bis nach Laisamis steht heute eine relativ flache Etappe bei leichtem Rückenwind an. Glänzende Voraussetzungen für meinen letzten Tag auf Teerbelag und vor dem gefürchteten Teilstück, der Road from hell, auf dem East African Highway. Dunkle Wolken ziehen auf und sind vielleicht schon drohende Vorboten der körperlichen und mentalen Herausforderung meiner nächsten Tage. Kurz vor Merille kommt mir Sina aus Hamburg entgegen. Sie ist ebenfalls auf ihrem Fahrrad unterwegs. Voller Freude hört sie von mir, dass auf dem weiteren Weg zur Hauptstadt Nairobi keine unbefestigten Straßen mehr auf sie warten. Der auffrischende Gegenwind macht ihr dabei anscheinend überhaupt nichts aus. Das klingt nach Erleichterung bei ihr, signalisiert mir jedoch, was mich die nächsten Tage erwartet. Doch wie auf Knopfdruck fängt es jetzt zu regnen an und die bedrohlich dunklen Wolken lassen ihre Tropfen genau hier auf dem kleinen Stückchen Erde ab, auf dem wir voller Freude eines der seltenen Zusammentreffen deutscher Radfahrer auf afrikanischem Kontinent feiern. Leider können wir auch keinen Unterstand auf der freien Strecke finden. Und so unterhalten wir uns leider viel zu kurz über die Strecken, die uns erwarten und unsere Ziele, die wir erreichen wollen. So ein Pech. Ich bin jedoch sehr beeindruckt, als mir Sina, die ich vielleicht auf knapp 30 Jahre schätze, erzählt, dass sie von Hamburg gestartet war und bis nach Kapstadt durchfahren möchte. Die Frau ist ziemlich taff, denke ich mir und zolle ihr höchsten Respekt bei ihrem Vorhaben ab. Als ich später wieder zurück in Deutschland bin, erfahre ich über ihren Facebook Account, dass sie Monate nach unserem Zusammentreffen wohlauf auch ihr gestecktes Ziel Kapstadt erreicht hat.

Merille ist nicht nur das Dorf auf meiner Strecke, an dem der Teerbelag endet, es beeindruckt mich vor allem wegen der Menschen. Viele Massai in ihren bunten Tüchern geben mit den vielen Geschäften im Ort und dem regen Treiben ein interessantes Bild ab. Ich fülle meine Trinkwasservorräte wieder auf und bereite mich auf die restliche Tagesstrecke bis nach Laisamis vor. Der Straßenneubau von Merille bis nach Moyale wird auch co-finanziert mit europäischen Steuergeldern. Darauf weist eine übergroße Bautafel hin, die direkt am Straßenrad steht. Etwas ungläubig stehe ich vor der Tafel mit der europäischen Fahne und lese, dass der Trans-East-African-Highway in den nächsten Jahren komplett neu ausgebaut wird. Hätte ich diese Strecke noch vor einigen Jahren befahren, wären mir 500 Kilometer auf Sand-, Lehm- und Waschbrett-Straßen garantiert. So jedoch, komme ich immer wieder in den Genuss, längere Passagen auf nagelneuem Asphalt und teilweise auch ohne Verkehr befahren zu können.

Doch zunächst komme ich mir bis Laisamis wie ein Gummiball vor, der ständig vom Boden hochspringt, um gleich wieder darauf aufzukommen. Die Sattelfederung hat sich für mich schon nach wenigen Kilometern ausbezahlt. Einmal tauche ich auf der Sandpiste mit meinem Vorderrad so tief in den Sand ein, dass ich immer langsamer werde und plötzlich umfalle, weil ich nicht mehr rechtzeitig an die Klick-Pedale denke und ich meine Beine nicht mehr rechtzeitig lösen kann. Man muss sich daran einfach gewöhnen. Aber ich falle in tiefen, weichen Sand und soweit ich es beurteilen kann, hat auch niemand meinen Fauxpas gesehen.

Meine Unterkunft, die ich in Laisamis gefunden habe, ist absperrbar, viel mehr Luxus kann ich nicht erwarten. Wurst. Hauptsache ich habe ein Dach über dem Kopf. „Vor zwei Tagen hat in diesem Zimmer eine junge Frau aus Deutschland übernachtet. Sie war auch mit dem Fahrrad unterwegs, wie du", werde ich aufgeklärt. Das kann natürlich nur Sina aus Hamburg gewesen sein, denke ich mir und muss ein wenig dabei schmunzeln. Ich packe also meine Isomatte, meinen Schlafsack und das Moskitonetz aus und mache mein Zimmer erstmal ein wenig bewohnbar, bevor ich am Abend noch eine Gruppe junger Afrikaner treffe, mit denen ich noch mit ein paar Runden Bier den Tag ausklingen lasse.

In der Nacht regnet es „Katzen und Hunde" wie die Engländer sagen würden. Aber nicht wegen den Haustieren wird mir der nächste Tag wohl lange im Gedächtnis bleiben, der Regen macht aus der Höllenstraße eine teilweise unpassierbare Schlammpiste, auf der ich mit den LKWs um die Wette rutsche (*siehe Bild Rutschpartie für LKWs*). An manchen Passagen kann ich mein Fahrrad nur schultern und zu Fuß weiterlaufen. Aber auch das ist noch besser, als die Lage der vielen Lastwagen, die sich mit ihren Zwillingsreifen tief in den Morast eingegraben haben und nur mit Pickel und Schaufel und dem Einsatz der mithelfenden Bevölkerung wieder aus ihrer misslichen Lage befreit werden können.

„Lieber Gott, lass diesen Tag den Schlimmsten meiner Reise bleiben", schreibe ich heute Abend in mein Tagebuch. Da bin ich nach 98 schwierigen Kilometern glücklich in Marsabit angekommen und werde dort einen Tag Pause einlegen.

Mit Ärger und Bedauern stelle ich hier fest, dass meine mitgebrachte Action-Kamera leider nicht mehr funktioniert. Sie schaltet nach wenigen Sekunden immer wieder automatisch ab. Es ist für mich deshalb sehr ärgerlich, weil ich mit dieser Kamera unauffällig Aufnahmen meiner Umgebung machen konnte. Eigentlich ist sie für die Dokumentation meiner Reise unverzichtbar.

Ich entschließe mich deshalb über meinen Bruder in Deutschland eine neue Action-Kamera zu kaufen und bitte ihn, sie an Chris, den Organisator meiner Folgetour durch das Afar Gebiet zu schicken. Am 1. Dezember treffe ich ihn in Addis Abeba und hoffe, dass ich ab diesen Zeitpunkt auch auf die neue Kamera zurückgreifen kann.

Waren auf der ersten Teilstrecke türkische Straßenarbeiter fleißig am Straßenbau beteiligt, so ändert sich die Hautfarbe der Arbeiter ab Marsabit. Auf den nächsten Teilstrecken treffe ich ausschließlich einheimische Afrikaner, die zum Teil mit Pickel und Schaufel, aber auch mit modernen Baumaschinen den Straßenbau vorantreiben. Doch das Management ist hier fest in chinesischer Hand. Und so habe ich es entweder der besseren Arbeitsmoral oder, was wahrscheinlicher ist, dem besseren Management zu verdanken, dass ich ab Marsabit bis zur Grenze Äthiopiens über längere Teilstücke frischen Teerbelag unter meinen Rädern habe. Spätestens in zwei Jahren wird wohl nichts mehr übrigbleiben, von dem gefürchtetsten Teilstück der East African Highway, der Straße der Hölle.

Dafür muss ich die nächsten drei Tage meinen Komfort doch erheblich reduzieren. Es gibt einfaches Essen, wie z.B. Reis mit Bohnen, einfache Unterkünfte ohne Dusche und ohne fließendes Wasser, durchgelegene Matratzen und teilweise auch keinen Strom. An WLAN ist hier natürlich auch nicht zu denken. Jeden Morgen begrüßt mich der Muezzin und regelmäßig kommen mir Kamel-Karawanen entgegen. Und auch ohne extrem schwierige Straßenverhältnisse kann jeder Tag eine große Herausforderung darstellen. In mein Tagebuch schreibe ich über die letzten 5 Kilometer vor der Grenze:

„Nur noch fünf Kilometer, aber es geht steil bergauf in dieser extremen Hitze zur Mittagszeit. Es wird noch steiler und ich komme nur noch auf ein Tempo von gerade mal sechs Kilometer in der Stunde. Das heißt fasst noch eine Stunde auf dem Rad bei dieser Hitze. Ich brauche dringend Schatten, denn ich habe das Gefühl schon einen Hitzschlag zu haben. Noch drei Kilometer, ich bleibe stehen. Die LKW und Busse donnern ohne Rücksicht an mir

vorbei und stauben mich ein. Auf meiner Haut hat sich schon eine Staubschicht gebildet. Ich scheine einen jämmerlichen Eindruck auf die Menschen zu machen. Jeder von ihnen frägt mich mitleidig „How are you?". Habe ich bisher mit „good, thanks" geantwortet sage ich jetzt nur noch „i am ok". Noch zwei Kilometer, Trinkpause. Mein Wasser geht zuneige, aber vielleicht finde ich hier ja schon ein Geschäft, eine Bar oder noch besser einen Biergarten, nichts davon zu sehen. Mein Tacho lügt nicht, er will mich noch 1,5 Kilometer quälen und es wird noch steiler. Noch 800 Meter. Ich bleibe stehen; mein Wasser ist aufgebraucht. Ein kleiner Junge steht neben mir und frägt mich, ob ich Durst habe. Ich sage ja, gebe ihm etwas Geld und er holt mir irgendwoher Wasser. Ich schenke ihm das Wechselgeld und fahre wieder steil bergauf.

Nach meinem Tacho sind es noch 400 Meter. Sehe ich links eine Bar? Nein, leider nicht, ich glaube es sieht eher nach einem Friseursalon aus. Der kleine Junge steht schon wieder neben mir und frägt mich wie 's mir geht. Ich sage ihm: besser.

Jetzt wäre ich eigentlich am Ziel, doch weit und breit ist nichts anderes zu sehen, als der vor mir liegende Berg. Ich frage einen jungen Afrikaner: Is here a bar with cold drinks nearby? Er sagt mir ja, gleich hier um die Ecke... so einfach kann der Himmel auf Erden sein."

Nach einer ausgiebigen Erfrischungspause entschließe ich mich, noch am gleichen Tag innerhalb der geteilten Stadt Moyale die Grenze nach Äthiopien zu überschreiten. Hier an der Grenze wird auf das Ebola Virus hin kontrolliert. Doch wenn ich mich noch in Deutschland an die Berichte der Presse über das tödliche Ebola Virus erinnere, dann sind diese Maßnahmen an der Grenze nur mit viel Humor zu bewerten. Drei Jugendliche sitzen vor dem Grenzbaum auf ihren Plastikstühlen. Einer von ihnen trägt einen Mundschutz, Einweghandschuhe und einen weißen Medizinmantel. Das soll ihm wohl eine gewisse Autorität verleihen. Seine beiden Assistenten sind wohl gegen das Virus resistent und verzichten deshalb auf alle Schutzmaßnahmen. Der

„Medizinmann" hält mir etwas an die Stirn. „Temperature" sagte er mir, kontrolliert meinen Pass und lässt mich anschließend über die Grenze. Zum Glück bin ich trotz des steilen Anstiegs vor der Grenze noch „cool" genug geblieben. So stehe ich nach wenigen Metern mitten in der Stadt Moyale plötzlich auf äthiopischer Seite. Die gleiche Stadt, ein anderes Land und ein völlig anderes Stadtbild prägen meine ersten Eindrücke. 8000 Kilometer bin ich in Afrika auf der linken Seite gefahren, hier in Äthiopien wechsle ich zum ersten Mal offiziell auf die rechte Straßenseite. Denn Äthiopien hat Rechtsverkehr. Eine Stadt mit Rechts- und gleichzeitig Linksverkehr, wo anders in der Welt gibt es diese Besonderheit sonst noch? Und das äthiopische Moyale begrüßt mich außerdem mit kleinen blauen Tuk Tuks (*siehe Bild Tuk Tuks in Äthiopien*), die wie fröhlich bunte und mobile Farbkleckse im tristen Alltag dieser afrikanischen Stadt wirken.

Ab Moyale freue ich mich wieder für die nächsten 2 Tage auf geteerte Straßen. Doch riesige Schlaglöcher und Straßenbauarbeiten zwingen mich immer wieder die Hauptstraße zu verlassen und auf provisorischen Pisten auszuweichen. Am Nachmittag bin ich an meinem Tagesziel in Mega angekommen. Dort wechsle ich auf der Bank 200 Dollar in die äthiopische Landeswährung Birr um. Ich werde von fünf netten Bankangestellten gleichzeitig bedient. Jeder einzelne von ihnen zählt per Hand meine 200 Dollar nochmals nach – sicher ist je bekanntlich sicher, bevor mich dann einer der freundlichen Herren nach dem aktuellen Wechselkurs fragt. „Change rate???", wie soll ich denn den Wechselkurs kennen? Wie so häufig ist wieder einmal Stromausfall in diesem Teil des Landes und so sind alle Bildschirme schwarz. So bleibt nur der Internetzugang über das Smartphone zur Ermittlung des aktuellen Kurses. Exakt 4000 Birr bekomme ich schließlich von den überaus freundlichen Bankangestellten genannt und auch ausbezahlt. Bei so einer glatten Summe scheint mir etwas Trinkgeld in den Wechselkurs gleich mit eingerechnet zu sein. Aber Wurst. Ich belasse es bei einem freundlichen Gruß und wünsche ihnen noch einen schönen Nachmittag, der bei ihnen ohne Strom wohl sehr gemütlich ausfallen wird.

Zu essen bekomme ich heute Spaghetti mit leckerer Tomatensoße aber dafür sind die Nudeln eiskalt. Bei den heißen Temperaturen kann ich leicht und gerne darüber hinwegsehen. Gestern hatte ich auch schon Spaghetti mit extra scharfer Soße. Hier in Äthiopien sind Pasta Gerichte nach der italienischen Kolonialzeit überall zu bekommen. Und so fülle ich meine Kohlenhydratspeicher regelmäßig mit Nudelgerichten wieder auf. Auch der Kaffee gehört zu den Nationalgerichten und wird auf der Straße in einer aufwendigen Zeremonie zubereitet (*siehe Bild Kaffeezeremonie in Äthiopien*). Ein Sechstel der Bevölkerung arbeitet im Kaffeesektor. Kaffeehandel ist somit auch ein zentraler Bestandteil der Wirtschaft. Kaffee aus der Kaffeemaschine gibt es hier allerdings nicht oder nur selten. Die Bohnen werden zuerst gewaschen und auf einer Metallschale auf einem Ofen mit Kohle geröstet. Anschließend werde sie mit einem Mörser zu Kaffeemehl zerstoßen und in einem Tonkrug, der Jebena, mit heißem Wasser aufgebrüht. Wichtig ist dabei allerdings immer genügend Zeit für die Kaffeezermonie mitzubringen, denn es ist ein fester Bestandteil des sozialen und kulturellen Lebens hier in Äthiopien.

Natürlich komme ich in den nächsten Tagen auch in den Genuss ihres Nationalgerichtes „Injera". Ein großes weiches Fladenbrot aus Sauerteig, gewonnen von Teffmehl. Es ist das Grundnahrungsmittel der äthiopischen Küche. Injera ersetzt dabei auch das Besteck, denn gegessen wird aus einem gemeinsamen großen Teller mit den Fingern der rechten Hand. Ein Stück abgerissenen Fladenbrot wird dabei in scharfe Soße eingetaucht oder zusammen mit rohem Fleisch, Gewürzen und Gemüse verzehrt. Meinen Geschmack trifft das Gericht nicht, was allerdings besonders am Geschmack des Sauerteigs liegt.

Ich übernachte in Yabelo, wo ich ein Zimmer mit Dusche und WLAN und ein Cafe mit leckere Mango- und Avocado-Säften finde. Nur unter der Dusche springe ich jedem Tropfen hinterher und WLAN funktioniert ohne Strom leider auch nicht. Am Nachmittag werde ich dann Zeuge eines Ehestreites, der hier auf offener Straße ausgetragen wird. Eine ältere Dame mit Stock in der Hand verfolgt wild gestikulierend ihren Ehemann und wird von den vielen bereits stehen gebliebenen Menschen auf der Straße bejubelt und angestachelt. Unterhaltung und Abwechslung für ein ganzes Dorf. Ein Dorf ist in Afrika halt auch eine große Gemeinschaft. Ich gönne mir lieber ein frisches Bier in der Bar, die sich auf der gegenüberliegenden Seite meiner Unterkunft befindet. Hier treffe ich drei afrikanische Arbeiter, die im gleichen Lokal ihr Feierabendbier trinken. Sie arbeiten alle gemeinsam an einem Straßenbauprojekt etwa 20 Kilometer von hier entfernt. Sie kommen öfter hierher. Und so versichern sie mir, auch noch am Abend hier zu sein. So gehe ich zur späteren Stunde nochmals dorthin und treffe sie natürlich nochmals wie versprochen an. Der Abend in Gesellschaft in einem netten Lokal ist doch dem allein sein in meiner tristen Unterkunft vorzuziehen. Ich setze mich gleich an ihren Tisch und wir kommen schnell ins Gespräch. Sie bestehen darauf, mich heute Abend einzuladen. Es gibt leckes gegrilltes Fleisch mit verschiedenen Dip Soßen und ein besonderes Bier dazu. Schon beim ersten Schluck bemerke ich, wie gehaltvoll dieses Gebräu ist. „Half wine, half beer" erklären sie mir, eine besonders hochprozentige Spezialmischung. Und so herrscht sehr bald eine ausgelassene Stimmung an unserem Tisch. Als wir uns spät am Abend verabschieden, kann allerdings einer von uns nicht mehr aufrecht stehen. Es ist ihr Fahrer, erklären sie mir, den sie gemeinsam auf beiden Seiten stützend zum Auto bringen. „Er hatte schon schlimmere Abende" meinen sie auf mein ungläubiges Staunen hin, als sie sich wieder auf den Rückweg zu ihrem Camp machen. Ich muss zum Glück nur über die Straße torkeln und bin froh, bald in meinem Bett zu liegen. Diese Biermischung muss ich Zuhause auch mal ausprobieren.

Am nächsten Tag nehme ich den Abzweig Richtung Konso. Diese Strecke auf Schotter wird ein weiterer Belastungstest von mir, meinem Fahrrad und meinem Gepäck. Immer wieder geht es steil nach oben. Dazu ständig die lästigen Fliegen in meinem Gesicht, die ich gar nicht so schnell vertreiben kann, dass sie mich im nächsten Moment schon wieder ärgern. Sie machen mir heute auf der ganzen Strecke zu schaffen. Die Kinder feuern mich an. Besonders auf den steilen Wegen laufen sie neben mir her und freuen sich über die kleine Abwechslung in ihrem tristen Alltag. Wenn es ihnen zu langsam geht, schieben sie mich ein wenig an. Ich bin nach gut 100 Tageskilometern froh in Konso zu sein.

Am Abend treffe ich Yuka, eine 21jährige Japanerin. Sie ist alleine hier in Afrika unterwegs und ist froh mit mir jemanden für eine Abendunterhaltung gefunden zu haben. Ihren Eltern hat sie nichts über ihre jetzige Afrikareise erzählt, denn sie hatten es ihr verboten dorthin zu reisen, da sie es für zu gefährlich hielten. Da sie in Japan in einer anderen Stadt, weit weg von ihren Eltern lebt, schreibt sie ihnen regelmäßig E-Mails, aber kein Wort steht darin, wo sie sich jetzt gerade aufhält. Von Deutschland kennt sie nur das Oktoberfest, erzählt sie mir mit leuchtenden Augen. Bisher war sie allerdings nur auf einer japanischen Oktoberfest-Kopie. „Aber das Fest ist wohl mit dem deutschen nicht vergleichbar", ist sie überzeugt. Dort möchte sie unbedingt mal hin. Ob das wohl ihre Eltern wissen? „Hast du denn keine Angst alleine hier in Afrika?" möchte ich wissen. „Nein, überhaupt nicht. Ich finde das total spannend", erklärt sie mir voller Vorfreude auf den morgigen Tag, an dem sie mit einem Guide einige Dörfer der Umgebung besuchen möchte. Als ich mich verabschiede, gebe ich ihr noch meine E-Mail-Adresse, falls sie sich für ein Oktoberfestbesuch entschließen sollte.

Als ich am Morgen los radle, habe ich eine leichte Magenverstimmung, die wohl vom Abendessen des Vortages herrührt. Heute geht es nach Arber Minch. Als ich an einem kleinen Laden Getränkevorräte nachkaufe und zum Fahrrad zurückkomme, kann ich es nicht mehr sehen. Es ist eingekreist von Kindern und Jugendlichen des Dorfes, die alle einen Blick darauf werfen möchten. So ergeht es mir den nächsten Tagen immer wieder an den Getränkestopps auf meinem weiteren Weg nach Addis. Von Arber Minch aus organisiere ich mir einen PKW mit Fahrer, der mich ins Omo Tal bringt. Dort leben viele ethnische Gruppen der äthiopischen Bevölkerung und es ist ein Schwerpunkt vieler Touristiktouren aus aller Welt. Im Nachhinein wäre es wohl geschickter gewesen von Konso aus, diese Tour zu organisieren, denn die Fahrt geht von Arber Minch zunächst den langen Weg zurück nach Konso und weiter nach Key Afer. Aber egal. Ich hatte eine Entscheidung getroffen, zu der ich jetzt stehen muss. Ändern kann ich es sowieso nicht mehr. Key

Afer ist unser Ausgangspunkt für die weiteren Besuche einzelner Stämme und dem bunten Treiben auf den Märkten dieser Gegend. Auf dem Weg dorthin stelle ich mir vor, wie ich die Strecke über mehrere hundert Kilometer auf meinem Bike gemacht hätte. Endlos lange Staubpisten, bergiges Gelände und nur vereinzelte kleine Ansiedlungen um meine Vorräte wieder aufzufüllen. Meine Entscheidung diese Tour mit dem Auto zu machen und somit viel Zeit und Energie zu sparen, war wohl dir richtige.

Es gibt hier im Omo Tal über ein Dutzend unterschiedlicher Stämme. Und so besuchen wir die Ari, die Banna und auch die Hamer. Hier muss wohl die Wiege der Menschheit sein. Das Leben und die Tradition, die ich in den Dörfern und auf den Märkten miterleben darf, nähren jedenfalls den Glauben daran. Diese Menschen leben noch so ursprünglich, wie ich es mir als westlich geprägter Mensch kaum vorstellen kann. Ich übernachte in einem Hamer Dorf. Als ich mein futuristisch anmutendes Zelt vor einem der Rundhütten aufbaue, helfen mir mein Gastgeber und seine Kinder dabei (*siehe Bild Zeltaufbau im Hamer Dorf*). Für einen kleinen Obolus bin ich bei ihnen willkommener Gast für einen Tag. Mein Guide Esho, der mir diese intensive Erfahrung ermöglicht, schläft in der Hütte, auf dem Boden zwischen meinem Gastgeber und seiner Frau. Völlig gerädert steht er früh morgens neben mir und klagt über die Kälte und die krabbelnden Tiere, die sich nachts über seinen Körper bewegt haben. „Ich habe kein Auge zugetan, sogar in mein Ohr sind sie hineingekrochen", fasst er seine schreckliche Nacht zusammen. Ob die Viecher vom Boden oder den Klamotten seiner Mitschläfer gekommen sind, lässt sich wohl nicht mehr genau feststellen. Aber auch meine Nacht war sehr aufregend. Abends konnte ich kaum einschlafen, wegen dem fantastischen Sternenmeer, das sich am Himmelszelt über mir aufgetan hat. Früh morgens um Vier kräht mir ein Hahn, der dicht neben meinem Kopf steht, direkt ins Ohr. Ich glaube, der hat sich absichtlich gleich neben mein Zelt positioniert. Und spätestens, als mit den ersten Sonnenstrahlen alle Kinder um mein Zelt herumtanzen und anfangen mit einem Fußball zu spielen, ist es sowieso höchste Zeit aufzustehen. Es gibt heißen Kaffee. Auch wenn der Kaffee und die traditionelle Zeremonie des Zubereitens zur äthiopischen

Kultur gehören und alles rund um das Thema Kaffee in Äthiopien weit über die Grenzen bekannt ist, diese Menschen können sich hier nur die Schalen der Kaffeekirschen leisten. Sie werden in heißem Wasser als wärmender Tee zubereitet und etwas gesüßt. Selbst in unseren Breiten wird mittlerer weile dieser „Kaffee für arme Leute" als Trendgetränk Cascare konsumiert. Er ist sehr bekömmlich und schmeckt mir zum Frühstück ausgezeichnet.

Auch die nächsten beiden Tage im Omo Tal, bewege ich mich zwischen den Einheimischen und kann an ihrem Alltag teilnehmen. Besonders die Mursi Frauen mit ihren riesigen Lippentellern in ihrer Unterlippe sind zum Touristenmagnet geworden (*siehe Bild Mursi Frauen in Äthiopien*). Ich frage mich, ob diese Zur-Schau-Stellung des Mursi Volkes noch gut ist für den regen Tourismus in dieser Region. Beim Besuch der Märkte, wie sie in Key Afer abgehalten werden, bietet sich schon viel mehr die Chance diese Menschen in ihrer authentischen Art kennenzulernen.

Esho, mein ortskundiger Begleiter, kann mir viel über das Leben der Menschen hier erzählen. Aber wir können uns auch über alle Fußballligen in Europa unterhalten. Er kennt sich ganz hervorragend aus. Auch in der Bundesliga. Werden doch alle Spiele am Sonntag zusammenfassend gezeigt. So kennt er auch die Bundesligamannschaft des FC Augsburg. Doch seine Begeisterung konzentriert sich eher auf die Premier Ligue in England.

Nach 3 Tagen verlasse ich mit vielen interessanten Endrücken das Tal wieder. Bleibt zu hoffen, dass der Touristenstrom die ursprüngliche Lebensweise dieser Naturvölker nicht zu viel Schaden zufügt.

Zurück in Arba Minch lege ich einen zusätzlichen Pausentag ein. Ich hatte mein Fahrrad schon vor dem Ausflug in einem Hotel deponiert. Da ich alleine unterwegs bin, lädt mich die Besitzerin des Hotels nach dem Abendessen auf ein Bier ein. Als ich bei ihr vorbeischaue, ist die Party mit zwei Freundinnen von ihr schon in Gange. Der süßliche Geruch der Wasserpfeife steigt mir gleich in die Nase. Und so sitze ich bald mitten unter ihnen, rauche mit ihnen die Wasserpfeife und trinke ein Bier nach dem anderen. So verbringe ich mit ihnen zusammen den ersten und auch den nächsten Abend bis weit nach

Mitternacht. An dem freien Tag besuche ich mit meinen neuen Freundinnen die Messe einer orthodoxen Kirche und stelle fest, dass diese Feier kein Vergleich zu den fröhlichen und musikalischen Darbietungen der Kirchenfeiern im südlichen Afrika, speziell in Sambia, ist.

Am nächsten Tag verlasse ich Arba Minch schon in den frühen Morgenstunden. Noch einen weiteren Tag mit Bier und Wasserpfeife wollte ich mir nicht mehr antun. Ich muss schließlich bei klarem Verstand bleiben. Mein Routenplaner App auf meinem Handy zeigt mir eine willkommene Abkürzung der Hauptstrecke auf einer kleinen unbefestigten Straße an. Es ist wirklich fantastisch wie detailliert die Straßenkarten auf der App sind. Nach ca. 20 Kilometer stehe ich mit meinem Rad jedoch vor der Abbruchkante dieser Straße. Ein kleiner Fluss läuft vor mir vorbei und teilt den Weg. Es lässt sich leicht erahnen, dass dieser Wasserlauf bisher nicht vorhanden war und nach einer Sturmflut die Straße einfach fortgespült hat. Doch für mich heißt das entweder durch den hüfttiefen Fluss zu waten und klatschnass meine Fahrt fortzusetzen oder die 20 Kilometer wieder zurück zu radeln und den ursprünglich gedachten Weg zu nehmen. Ich entschließe mich fürs umdrehen. Denn wer weiß, ob mir vielleicht noch mehr solcher Überraschungen auf dieser Straße drohen.

So hat sich also meine vermeintliche Abkürzung als Bumerang erwiesen. Nachdem ich mich entschlossen habe wieder zurück zu fahren, steht auch mein Tagesziel auf der Kippe. Schließlich bedeutet das für heute 40 Kilometer mehr auf dem Rad. Aber es läuft gut an diesem Tag, auch wenn immer wieder einige Schotterpisten mein Vorankommen erschweren. Am Ende des Tages stehen aber doch 140 Kilometer auf meinem Tacho, so dass ich meine Extratour am frühen Morgen kompensieren konnte.

An jedem Berg und jeder Stelle an der ich mein Getränkevorrat nachfülle, bin ich von einer Kinderschar umgeben. So ausgeprägt habe ich das noch nie vorher in Afrika erlebt. Teilweise stellen sie sogar ein Verkehrshindernis dar und die Autofahrer müssen hupen, um auf sich aufmerksam zu machen. Hinderlich und auch lästig wird es, wenn sie sich an den langen Anstiegen an meinem Gepäckträger festhalten oder ständig nach Geld betteln.

Auch die Zeitangaben der Menschen scheinen hier nahe dem Äquator eine Besonderheit zu kennen. Da hier das ganze Jahr über die Sonne kurz nach 6 Uhr morgens aufgeht und es auch schnell hell wird, beginnt die erste Stunde des Tages auch um diese Zeit. Es hat eine Weile gedauert, bis ich endlich dahintergekommen bin, dass ich bei jeder Zeitangabe, die mir genannt wird, diese sechs Stunden dazu zählen muss, um die richtige Uhrzeit zu errechnen, denn 1 Uhr Äquatorzeit bedeutet 7 Uhr morgens in unserer Zeitrechnung.

Auf der Strecke nach Alaba spüre ich erstmals wieder einen kräftigen Gegenwind. Aber so kurz vor meinem Ziel lasse ich mich davon nicht irritieren. Auch nicht von den vielen Stromausfällen, die ich täglich hier erlebe. Ich sitze in einem netten Cafe bei „white forest cake", also frei übersetzt: Weißwälder Kirschtorte und empfange über WLAN das aktuelle FCA Spiel gegen den 1.FC Köln. Jedenfalls bis zur 71 Minute. Dann ereilt uns wieder ein Stromausfall und ich gehe beim Stand von 0-0 in mein Hotel zurück. Als ich am nächsten Tag erfahre, dass nur eine Minute später der Siegtreffer für meinen FCA gefallen ist, ärgere ich mich kurz, aber freue mich natürlich zugleich über die positive Wendung des Spieles.

Es geht nach Hawassa, ein schönes kleines Idyll mit einem großen Hotel. Gebaut von einem der größten Laufidole, die Äthiopien jemals hatte. Haile Gebrselassi. Er hat seine vielen gewonnenen Dollars hier in diesem Hotel gut angelegt. Sicher nicht ganz verkehrt, angesichts der Lage an einem wunderschön gelegenen See. Mein erster Weg hier führt mich auch gleich in sein Hotel das Haile Resort. Ich trinke hier ein kühles Bier und hoffe ihn hier anzutreffen. Leider habe ich Pech. Er scheint wohl gerade eine Trainingsrunde zu drehen. Vielleicht hätte er mir auch ein paar Trainingstipps geben können. Aber um ehrlich zu sein, habe ich auch nicht erwartet ihn wirklich hier zu sehen.

Ich hoffe hier auf Wetterbesserung, da es die ganze letzte Nacht durchgeregnet hat. Und ich hoffe auch darauf, dass mich ein Stromausfall nicht wieder um meinen Frühstückskaffee bringt. Leider erfüllt sich diese Hoffnung auch hier in Hawassa nicht. Also wird's nichts mit dem Kaffee.

Der Ort selbst ist nicht nur ein schöner Fleck auf unserem Planeten, hier finden sich auch viele Touristen ein und neben leckerem Kuchen (hier gibt`s natürlich auch den black forrest cake, also die echte Schwarzwälder Kirschtorte) gibt es auch noch den passenden Cappuccino dazu. Bier gibt es aus Original Weizengläsern, auch wenn der Geschmack wenig mit dem bayerischen Gebräu gemein hat.

Um 18:00 Uhr, wenn die letzten Sonnenstrahlen am Horizont verschwinden, wird es schlagartig dunkel. Und eine knappe Stunde später dröhnen die Generatoren aus den Hinterhöfen der Häuser. Doch trotz der Lichter, die mittels der Generatoren betrieben werden, ist es stockdunkel im Ort. Ohne GPS und Licht am Lenker meines Fahrrades würde ich wohl nicht mehr in mein Hotel zurückfinden.

Auf meinem Weg nach Addis kommt mir am nächsten Morgen ein weißer Radfahrer entgegen. Schon von weitem kann ich ihn erkennen. Natürlich bleiben wir stehen und tauschen unsere Erfahrungen aus. Guillaume begrüßt mich mit einem freundlichen „Peace" Zeichen (*siehe Bild Guillaume kommt mir entgegen*). Er kommt aus Frankreich und ist von seinem Aussehen und seiner Lebensweise noch ein Überbleibsel der Flower-Power-Zeit aus den Siebzigern, wäre nicht erkennbar, dass er hierfür viel zu jung ist. Sein Fahrrad und vor allem seine Packstrategie sehen so ganz anders aus als die meine. Gibt es bei ihm überhaupt eine Strategie? Sein Zelt, Isomatte und sein Schlafsack sind quer über den Gepäckträger zusammen geknäult und mit einem Strick befestigt. Entweder er war beim Aufbruch in großer Eile oder er verzichtet grundsätzlich auf eine systematische Packweise. Seine seitlich angeschweißten Koffer ähneln jedoch eher Motorradkoffern als den üblichen Packtaschen für Fahrräder. Als ich ihn darauf anspreche, erklärt er mir, dass er vor über zwei Jahren ursprünglich auch wirklich mit seinem Motorrad auf diese Weltreise gestartet war. Da ihm aber irgendwann sein Geld knapp wurde, hat er kurzerhand sein Motorrad in Madagaskar verkauft und sich dieses Fahrrad zugelegt. Die Seitentaschen sind noch das letzte Stück Erinnerung an sein früheres Gefährt. Die hat es sich in einem der vielen afrikanischen Dorfwerkstätten einfach an den Rahmen seines Fahrrads anschweißen lassen. Mittlerweile sind bei ihm auch die durch den Verkauf des Motorrads erzielten finanziellen Reserven aufgebraucht. Deshalb reist und übernachtet er bei minimalen Kosten meist in Privatunterkünften oder im Zelt. Nachdem wir uns noch über den weiteren Streckenverlauf auf beiden Seiten ausgetauscht haben, verabschieden wir uns und es geht für uns beide wieder auf Strecke. Auf dem Weg denke ich noch eine Weile über diese Begegnung mit ihm nach. Ich bin mir sicher, so ungeplant und unorganisiert könnte ich nicht reisen. Aber gerade das macht diese Reise so wertvoll. Jeder Mensch tickt eben ganz anders. Das wird mir tagtäglich vor Augen geführt.

Für mich sind es nur noch 150 Kilometer bis nach Addis Abeba. Am Nachmittag komme ich nach Ziway und checke in einem der angebotenen Hotels ein. Als ich an der Rezeption nach Wifi frage, bekomme ich die Antwort, dass nur 50 Meter weiter ein Hotel mir Wifi Anschluss existiert. Er gibt mir mein bereits bezahltes Übernachtungsgeld zurück und empfiehlt mir doch gleich dort einzuchecken. Ich nehme das Geld wieder entgegen und überlege mir, ob mir das in Europa auch passiert wäre. Ich glaube wohl kaum. Vielleicht hatte er aber auch nur keine Lust oder keine Zeit sich um mich als Gast zu kümmern und hat mir deshalb gleich ein anderes Hotel empfohlen.

Am nächsten Morgen bläst mir der Wind ins Gesicht. So muss ich wohl die nächsten 60 bis 70 Kilometer bis Mojo kräftig in die Pedale treten. Erst dort biege ich um 90 Grad in Richtung Addis ab und hoffe dann wieder auf Seiten- oder Rückenwind. Am Koka See fahre ich an einem wunderschönen Ressort vorbei und überlege mir die Nacht hier direkt am Ufer des Sees zu verbringen. Aber irgendwie drängt es mich jetzt immer mehr an mein Endziel zu kommen. Ich beschließe also nach kurzem Trinkstopp wieder weiterzufahren und komme an diesem Tag noch nach Debre Zeyit. Auch deswegen, weil der Wind ab Mojo wirklich wieder von der Seite kommt. Dort in Debre Zeyit am Hora Lake gibt es dem ersten Anschein nach nur teure Übernachtungsmöglichkeiten in Resorts, die ab 100 Dollar zu mieten sind. Deshalb frage ich in einem der nobel anmutenden Resorts an der Rezeption nach einem Zeltplatz. Den gibt es hier nirgendwo, aber mir wird angeboten, auf einer kleinen Grünfläche innerhalb des Resorts mein Zelt aufzuschlagen. Doch dieser mögliche

Übernachtungsplatz liegt direkt vor der Terrasse des Restaurants. Da käme ich mir in meinem Zelt ja wie ein exotisches Tier im Zoo vor, dass von allen Seiten begafft wird. Ich beschließe deshalb lieber weiter zu suchen. Und wie es sich für einen richtigen sparsamen Schwaben gehört, habe ich noch ein Chalet für 12 Euro bekommen. Ich bin der einzige Gast und bekomme zum Abendessen einen Fisch serviert, der den teuren Restaurants dieser Gegend sicher in nichts nachsteht. So nehme ich noch zwei kühle Biere als Schlummertrunk mit und lege mich in dieser warmen und sternenklaren Nacht in meine Liegematte und schlafe mit freiem Blick auf die funkelnden Sterne über mir tief und fest ein.

Am nächsten Tag fahre ich nach über 1900 Kilometer und rund 100 Stunden auf dem Sattel meines Rades nach Addis Abeba hinein. Dort führt mich mein erster Weg dank GPS direkt ins Beergarden Inn. Hier hat sich ein Passauer Brauer niedergelassen und braut vor Ort leckeres helles und dunkles Bier, das von einheimischen schwarzen Schönheiten im Dirndl serviert wird. Dazu gibt es eine Auswahl leckerer Köstlichkeiten, so dass kein Wunsch offenbleibt. Das Lokal ist nicht nur an diesem Tag gut besucht, auch an den anderen Tagen, an denen ich vorbeischaue, ist es im Lokal und im Bierzelt, dass gleich daneben aufgebaut ist, voll bist auf den letzten Platz. Bayerische Gemütlichkeit mit frisch gebrautem Bier scheint auch in Afrika ein Erfolgsrezept zu sein.

Nach dieser willkommenen Abwechslung, bereite ich mich für meine fast zweiwöchige Tour mit Vulkan Expedition International in das Afar Gebiet vor.

Ich schaue mich aber zunächst noch in der Hauptstadt um. Auch wenn vieles teurer ist als noch auf dem Land, ist die Auswahl der angebotenen Waren doch sehr viel größer. Kleine Verkaufsmalls mit Läden, Cafe`s und Restaurants sind überall in der Stadt verteilt. Luxusartikel wie Wein sind jedoch vergleichsweise sehr viel teurer als bei uns in Deutschland. Trotz der relativ guten Infrastruktur fällt regelmäßig der Strom aus. Dann strömen die Verkäufer mit ihren vorbereiteten Taschenlampen aus und begleiten jeden einzelnen Kunden beim Erledigen des restlichen Einkaufs oder aber auch gleich wieder hinaus aus dem Laden.

Hier in Addis Abeba sind auch viele dieser abenteuerlich anmutenden Gerüste an den Neubauten oder bei Renovierungsarbeiten zu sehen. Die verwendeten Holzstangen werden zusammengebunden und bilden am Ende ein Konstrukt, das mit den deutschen Arbeitsschutzregeln wohl wenig konform wäre. Auch wenn die Gerüste hier in Äthiopien sehr gefährlich aussehen, sie scheinen gut zu halten. Frauen mischen den Mörtel an oder schleppen schwere Sand- und Zementsäcke an die vorgesehenen Plätze. Die Männer turnen akrobatisch an den Stangen der Gerüste in schwindelerregender Höhe.

Nachdem ich mich mit neuer Kleidung etwas eingedeckt habe, kehre ich in mein Hotel zurück. Auch hier ist es abends im Zimmer stockfinster. Selbst der hoteleigene Generator hat heute seinen Dienst versagt, so dass ich mich selbst nur mit Taschenlampe im Hotel und in meinem Zimmer bewegen kann.

Ich verspüre jetzt schon eine große Vorfreude, die nächsten Tage mein Fahrrad in Addis Abeba abzugeben und mit einer Gruppe von Vulkanexperten, die ich hier in Addis Abeba treffen werde, das nördliche Afargebiet zu erkunden.

10. Das Tor zur Hölle

Schon in den frühen Morgenstunden holt mich Chris von meinem Hotelzimmer ab. Chris ist der Expeditionsleiter unserer Reisegruppe und gleichzeitig auch Firmenchef von VEI (Vulkan Expedition International), einem der wenigen deutschen Anbieter für Vulkantouren hier.

Wir sind eine Gruppe von 13 Teilnehmern, 4 Fahrer und Köche aufgeteilt auf 4 Geländefahrzeuge. Dazu kommen natürlich noch Chris und seine Frau Anita.

Unser Ziel ist das Afar Gebiet. Es umfasst den nordöstlichen Teil Äthiopiens und grenzt in weiten Teilen an Eritrea. In diesem Teil befindet sich auch die Danakil Senke, eine Depression, die bis zu 125 Meter unter dem Meeresspiegel liegt. Und genau in dieser sehr heißen Gegend gibt es zahlreiche Vulkane, die durch drei noch aktive Grabenbrüche entstanden sind.

Da es schon häufiger zu Übergriffen und sogar zu Geiselnahmen von Touristengruppen durch angrenzende Stämme aus Eritrea gekommen ist, ist die Einreise nur mit militärischem oder polizeilichem Schutz erlaubt. So hat sich für mich nie die Frage gestellt, ob dieses Gebiet auch mit dem Fahrrad bereist werden kann. Abgesehen von der unerträglichen Hitze, wäre es einfach zu gefährlich. Nach der Abspaltung Eritreas von Äthiopien 1993 begann fünf Jahre später ein erbitterter Krieg zwischen den Staaten. Und auch wenn zum Zeitpunkt meiner Reise Waffenstillstand herrscht, waren die Feindseligkeiten beider Länder für uns schon sehr spürbar.

Schnell wird bei einer Vorstellungsrunde der Gruppe klar, dass fast alle schon Vulkanreisen hinter sich hatten und teilweise ausgesprochene Experten auf diesem Gebiet geworden sind. Viele von ihnen kennen sich untereinander bereits aus früheren Reisen mit VEI. Ein absoluter Fachmann ist natürlich Chris, der mich mit seinem Fachwissen immer wieder in Erstaunen versetzt. Und mit Raffael, einem Schweizer, haben wir auch einen absoluten

Fotoexperten in unseren Reihen. Von ihm kann ich in den nächsten Tagen viel von Langzeitbelichtungen bei Nacht, Darstellung verschiedener Perspektiven, Blendeneinstellungen und Verschlusszeiten lernen.

Von Addis Abeba fliegen wir zuerst nach Makele. Als wir dort landen, tobt ein heftiges Gewitter über der Stadt und über dem Flughafen. Blitz und Donner sind fast zeitgleich wahrzunehmen. Mein Zimmer im schönsten Hotel auf dieser Reise teile ich in der ersten Nacht mit Bob. Bob kommt aus England. Er lebt aber schon seit über 30 Jahren in Bremen. Er ist in dieser Zeit auch ein begeisterter Fußballfan von Werder Bremen geworden. Da Werder zum Zeitpunkt der Reise aber stark abstiegsgefährdet ist, ziehe ich ihn in den nächsten Tagen und Wochen immer wieder damit auf.

Am ersten Tag fahren wir mit unseren Geländefahrzeugen von Mekele mit einer Meereshöhe von 2000 Meter, weit hinunter in das Dallol Gebiet und kommen dort 80 Meter unterhalb des Meeresspiegels an. Wir fahren durch gigantische schöne Landschaften und interessante Städte. Schon am ersten Tag kann ich mich kaum zurückhalten beim Fotografieren. Im Innenraum unseres Fahrzeuges klicken permanent die Verschlüsse unserer Kameras. Wir sind einfach fasziniert von diesem Teil des Landes. Auf der Fahrt in die Senke wird es mit jedem gefahrenen Kilometer nach unten spürbar wärmer. In Berhale ist unsere Mittagspause eingeplant. Hier verbringen wir über 2 Stunden bis Chris und seine Helfer die Genehmigung zur Weiterfahrt bekommt und wir mit Begleitschutz unsere Fahrt fortsetzen dürfen. Nach langer Fahrt sind wir abends in Amadela. Dort schlagen wir unser Nachtquartier auf. Mir reicht meine Isomatte, denn bei dieser lauen Nacht möchte ich mir dieses Sternenzelt nicht entgehen lassen.

Am nächsten Morgen geht es nach dem Frühstück zu dem Ort mit der heißesten Durchschnittstemperatur auf unserer Erde. In die Vulkanlandschaft Dallol. Hier sprudelt Säure direkt aus dem Boden und bildet Seen und Tümpel. Es ist eine Farblandschaft, die unwirklich erscheint. Wir fühlen uns, als ob wir auf einem anderen Planeten wären. Bei über 40 Grad wandern wir durch diese Landschaft und sind völlig fasziniert von der Vielzahl an Farben und Formen. Unser Weg führt uns an einer alten Mine vorbei, die hier bis in den 1940er Jahren noch in Betrieb war. Die Mine wurde von einer italienischen Gesellschaft für den Kaliumabbau betrieben. Heute stehen nur noch rostige Überbleibsel der einstigen Mine und einige Autowracks herum, die den Ort wie eine Geisterstadt auf uns wirken lässt. Chris achtet sehr darauf, dass wir auch immer auf den vorgegebenen Wegen bleiben. Denn durch die dünne Mineralkruste kann man abseits der Wege leicht durchbrechen und würde dann in die Säurepools einsinken. Das Wort Dallol bedeutet bei den Afar nicht umsonst: Ort ohne Wiederkehr.

Wir fahren ein Stück weiter durch eine endlose wirkende Salzwüste. Hier werden mühselig mit Hilfe einfacher Handwerkzeuge Salzplatten aus dem Boden geklopft. Die Platten werden anschließend bei größter Hitze inmitten der Salzlandschaft, die keinen schattenspendenden Baum kennt, zu handlichen Formen weiter verarbeitet und auf dem Rücken der Kamele geht es in langen Karawanen in den nächsten zwei Tagen bis nach Berahile, dem Umschlagplatz für Salz. Ein Tag voller interessanter Eindrücke. Und keiner von uns beschwert sich über das lauwarme Cola am Abend in der Dorfbar. Dafür sind uns die Bilder der schwer schuftenden Menschen, die sich für einen Hungerlohn in der Hitze des Tages beim Salzabbau abrackern noch zu sehr in Erinnerung.

Am darauffolgenden Tag befinden wir uns meist in unseren Fahrzeugen. Wir sind den ganzen Tag unterwegs und schlagen abends unsere Zelte am Afrera See auf. Eine Abkühlung bringt das Bad im sehr salzigen und heißen See allerdings nicht. Aber es tut gut die Staubschicht von der Haut zu waschen, auch wenn wir sie anschließend mit eine Salzschicht, die sich beim Trocknen der Haut bildet, auf unserer Haut eintauschen. Ich baue meine Hängematte zwischen zwei Bäumen auf und genieße die lauwarme Luft der Nacht unter freiem Himmel. Nach dieser unwirklich wirkenden Welt an diesem Tag, sind wir beim Frühstück am nächsten Morgen in der Wirklichkeit zurück. Angela Merkel ist in einer Ansprache am Bildschirm des Fernsehers im Restaurant zu sehen. Harte Politik, die für die Menschen im Afar Gebiet wohl eher befremdlich klingt. Nach unserem Frühstück geht es auf schwierigen Off-Road Pisten zum Base Camp des Vulkans Erta Ale. Beim Erta Ale handelt es sich um einen basaltischen Schildvulkan. Die Besonderheit ist bei diesem Vulkan, dass der immer offene Lavasee in seiner Caldera permanent köchelt. Unter der dünnen Lavahaut tobt ein brodelndes Inferno. Bei Einheimischen wird der Erta Ale auch „Tor zur Hölle" genannt. Frei übersetzt heißt er rauchender Berg (siehe Bild Erta Ale mit Lavasee).

Wir steigen in der Nacht um 2 Uhr die ca. 700 Höhenmeter in drei Stunden zum Kraterrand hinauf. Kamele mit Proviant, unseren Zelten, den Liegematten und unserem Gepäck marschieren uns voraus und so können wir unsere Zelte, nahe am Vulkankrater, noch vor Tagesanbruch in den frühen Morgenstunden aufbauen. Wir bleiben zwei Nächte hier am Kraterrand. Tagsüber ist es hier extrem heiß, so dass jeder vorhandene Schatten genutzt wird uns vor der aggressiven Sonne zu schützen. Eigentlich liegen wir nur den ganzen heißen Tag zwischen den kühleren Stunden frühmorgens und spätabends im Schatten herum und unterbrechen unsere Lethargie nur bei vielen Trinkpausen und bei den Mahlzeiten. Falls wir uns doch gelegentlich dazu entschließen die nähere Umgebung zu erkunden, steht sofort unser Begleitschutz zur Stelle. Zwei Militärs mit Kalaschnikows begleiten uns auf Schritt und Tritt. Da bin ich schon froh, meinen menschlichen Bedürfnissen nachkommen zu dürfen, ohne dass ständig jemand mit einer Knarre neben mir steht.

Unsere Zelte haben wir mit Steinen beschwert, da der andauernde starke Wind sie sonst einfach wegblasen würde. Durch die scharfkantigen Lavasteine sind die Innenzelte nach den drei Tagen jedoch stark beschädigt worden. Die Steinkanten haben durch den Wind faustgroße Löcher in die Netze geschnitten.

Doch wir werden für unsere Strapazen auch entschädigt. In den kühleren Abend- und Nachtzeiten stehen wir mit unseren Gasmasken am Kraterrand und staunen über die brodelnde Lavamasse im Vulkan. Für mich als Neuling unter den Experten ist es ein atemberaubender Anblick.

Nachdem sich genügend Druck aufbaut, schießen immer wieder heiße Lavaströme empor. Wir sind absolut fasziniert von diesem Schauspiel. Stundenlang beobachten wir das Treiben und können gar nicht genug davon bekommen. Auch in der Nacht bildet die heiße, hochkochende Lava mit dem Sternenmeer ein ausgesprochen attraktives Fotomotiv. Wir dürfen uns nicht zu nahe am Kraterrand aufhalten. Immer wieder brechen große Felsbrocken an der Kante ab und stürzen ins Lava-Meer. Die Gefahr mit der Kante abzubrechen und in die Lava zu stürzen, macht uns natürlich vorsichtig. Aber der Gedanke daran kommt automatisch mit dem Betrachten des Schauspiels.

Unsere Afar Helfer kümmern sich umsichtig um uns. Mit einfachen Mitteln zaubern sie immer wieder köstliche Gerichte. Vielleicht lag es an unserem Hunger, aber ich habe noch nie solchen Appetit auf Pasta, Suppen, Gemüse und leckeren Pfannkuchen verspürt wie auf dieser Reise.

Als wir am dritten Tag am späten Nachmittag wieder absteigen, sind wir alle ziemlich schlapp und gerädert. Ich habe das Gefühl, dass die Hitze des Tages und natürlich auch die Hitze am Rande des Vulkans mehr schlauchen, als so mancher Tag auf dem Rad. Nach drei Stunden Abstieg schlafen wir wieder tief und fest unter freiem Himmel.

Unsere letzte Station auf dieser Tour machen wir im Awash National Park. Da wir erst sehr spät in der Dunkelheit ankommen, gelangen wir nur mit Chris Überredungskunst noch in den Nationalpark hinein. Nachdem wir unser Nachtquartier bezogen haben, sind wir allerdings erstaunt, als alle Servicekräfte, die ihren Dienst für diesen Tag schon beendet hatten, für uns wieder zurückkommen und das Restaurant wieder geöffnet wird.

Meine planmäßige Rückkehr aus Äthiopien nach Deutschland ist für samstagvormittags vorgesehen. An diesem Samstag spielt der FC Augsburg zuhause das bayerische Duell gegen den FC Bayern München. Als ich allerdings bei der Zwischenlandung in Istanbul meinen Anschlussflieger nach München verpasse, scheinen damit auch die rechtzeitige Rückkehr und damit mein Besuch des Spiels nicht mehr möglich zu sein. Aber mein Bruder, der mich vom Flughafen in München abholt, drückt kräftig auf das Gaspedal und setzt mich anschließend direkt an der WWK Arena ab. Seit zehn Minuten läuft das Spiel bereits. Ich nehme also nach fünf Wochen Afrikatour meinen Sitzplatz ein ohne mein Gepäck zuhause auszuladen und höre beim Gang durch die Reihe nur die knurrenden Worte: „Bei diesem Spiel sollte man schon pünktlich sein". Wenn die wüssten, woher ich komme.

11. In den Bergen Äthiopiens

Für 2017 plante ich meine sechste Tour durch den afrikanischen Kontinent. Im Januar ging es mit der British Airways, die mir mein Fahrrad wieder kostenlos transportiert hat, bis nach Addis Abeba. Den Termin hatte ich nach Rückfrage der deutschen Botschaft im Sudan festgelegt.

„Durch den Sudan mit dem Fahrrad ist wegen der großen Hitze sicher keine gute Idee, aber wenn, dann sollten Sie den kältesten Monat im Januar planen",

hatten sie meine Anfrage nach der besten Reisezeit beantwortet. Ende 2016 gab es jedoch schon eine Reisewarnung des Auswärtigen Amtes für Äthiopien. Mitte Juli 2016 entzündete sich ein neuer Unruheherd in der Region Amhara und hier besonders in den Städten Gondar und Bahir Dar, die bei Touristen sehr beliebt sind und auch in meiner Streckenplanung eine wichtige Rolle spielten. Bei einigen Demonstrationen kam es zu Ausschreitungen mit Toten und Verletzten. Damals wurde auf der Internetseite des Auswärtigen Amtes vor Reisen nach Bahir Dar und das Umland dringend abgeraten.

An dieser Region führte für mich aber kein Weg vorbei. Bahir Dar liegt direkt am Tanasee. Dort entspringt der Blaue Nil und schlängelt sich ca. 1700 Kilometer durch Äthiopien und anschließend durch den Sudan, bevor er sich in Khartum mit dem Weißen Nil verbindet und gemeinsam zum Mittelmeer strömt. Das möchte ich mir natürlich nicht entgehen lassen. Auch wenn mir die überaus vorsichtigen Reisehinweise auf den Seiten des Auswärtigen Amtes bereits hinlänglich bekannt sind.

Ein wenig nervös wurde ich, als ich an Weihnachten immer noch kein Visum für den Sudan ausgestellt bekommen habe. Ein Touristenvisum wird erst vier Wochen vor Einreisebeginn ausgestellt und ist anschließend nur ein Monat gültig. Da ich aber schon zwei Wochen durch Äthiopien reisen werde, blieb lediglich ein Zeitfenster von zwei weiteren Wochen, um meinen Visumantrag samt Reisepass an die sudanesische Botschaft nach Berlin zu schicken und zu hoffen, dass es rechtzeitig ausgestellt werden würde. Zwischen den Feiertagen hatte die Botschaft dort geöffnet. Und so rief ich täglich die im Internet genannte Nummer an, um den Bearbeitungsstand meines Antrages zu erfahren. Leider gelang es mir nicht, einen Ansprechpartner ans Telefon zu bekommen. Für das Telefon fühlte sich am anderen Ende einfach niemand zuständig. Ich versuchte es so lange, bis ich dann doch noch ein „Ja, hallo" aus dem Hörer wahrnahm. Ich gab kurz meine Personalie durch und erklärte die Dringlichkeit meines Anliegens. Doch statt einer raschen Auskunft, bekam ich nur eine andere Telefonnummer genannt. Die Dame am anderen Ende der Leitung schien über meinen Anruf sehr verwundert zu sein. Vielleicht ist sie als Reinigungskraft nur gerade zufällig am Telefon vorbeigekommen und hatte abgehoben, dachte ich mir und schmunzelte bei dem Gedanken ein wenig in mich hinein. Ich verglich also nochmals die angegebene offizielle Telefonnummer auf der Internetseite mit meiner gewählten Nummer. Keine Zweifel ich hatte richtig gewählt. Dann wählte ich die Durchwahl der neuen Nummer. Da hatte ich mehr Glück. „Keine Panik" wurde mir auf Deutsch versichert, „Sie bekommen Ihr Visum in den nächsten Tagen". Na also, geht doch.

In der Augsburger Allgemeinen erschien eine Woche vor meinem Abflug ein Bericht über die Tour d Afrique. Bernd Beigl aus Augsburg war einer unter den 27 Radfahrern, die versuchten 11.500 Kilometer von Kairo nach Kapstadt in einer Tour durchzuradeln. Es ist das längste Radrennen der Welt. Die Truppe kommt mir also auf meinem Weg entgegen, dachte ich mir. Die Tour d Afrique findet jährlich statt. Dabei versuchen die Radfahrer aus vielen Ländern Europas diese Strecke, der ich schon einen so großen Teil meines Reiselebens gewidmet habe, von Nord nach Süd zu durchradeln. Natürlich ist es leichter, wenn alles bereits organisiert ist und auch genügend Begleitfahrzeuge zur Verfügung stehen. Man kann sein Gepäck einfach abgeben und ist damit auch sehr viel leichter unterwegs. Lediglich der Flüssigkeitsbedarf für den Tag muss dann noch auf jeder Etappe mitgenommen werden. Dennoch ist es eine herausragende Leistung, denn über 10.000 Kilometer unter schwierigsten Bedingungen lassen sich nicht so leicht bewältigen. Die Wenigsten erreichen wohl deshalb auch das Ziel in Kapstadt. Zu groß sind die Strapazen, die Hitze und die vielen Berge. Über Facebook schrieb ich Bernd an, den ich auch schon von der Augsburger Laufszene her kannte, und erfahre, dass wir uns leider um einen einzigen Tag in Khartum verpassen sollten. Aber sowohl mein Tag der Rückreise ist fest terminiert, als auch die Tagesetappen seiner Tour. Doch Bernd wird auf seinen ersten Etappen leider reichlich unerfreuliche Erfahrungen sammeln müssen. Das erfahre ich allerdings erst, als ich meine sechste Tour schon wieder hinter mich gebracht hatte und wir zusammen an einem lauen Sommerabend bei einem gemeinsamen Bier in einem Augsburger Biergarten zusammensitzen. Auf seiner dritten Tagesetappe nach Hurghada fuhr er einem anderen Teammitglied ins Hinterrad und stürzte. Dabei verletzte er sich so sehr, dass er mit dem Flugzeug wieder die Heimreise antreten musste und eine Kiefer OP über sich ergehen ließ. „Die Schuld sehe ich nicht bei mir", sagte er mir, „mein Vordermann bremste so plötzlich und unerwartet, dass ich nicht mehr reagieren konnte". Natürlich fährt man in der Gruppe im Windschatten und versucht den Abstand zum Vordermann so gering als möglich zu halten. Aber es ist schon großes Pech, wenn einem dieses Missgeschick bereits am dritten Tag passiert. Er hatte sich jedoch als großer Kämpfer erwiesen und war nach seiner Operation zurück nach Khartum geflogen, um von dort seine Tour fortzusetzen, die er dann auch in Kapstadt erfolgreich zu Ende gebracht hat.

Dann stand also mein Fahrrad zur Abfahrt wieder einmal bereit. Wie immer, durch meinen Freund Hubert bestens vorbereitet. Zur Sicherheit hatte er mir ein neues Tretlager eingebaut und die Felge am Vorderrad ausgetauscht. Mittlerweile sind wohl bis auf den Rahmen so ziemlich alle Teile vom ursprünglichen Fahrrad ersetzt worden. Trotzdem stecke ich bei jeder Kurbelumdrehung meines über 20 Jahre alten Fahrrads viel mehr Energie hinein, als es bei einem modernen, neuen und leichtgängigem Tourenrad der Fall wäre. Aber auch das gehört zu meiner Philosophie. Als Einheit mit meinem Rad bin ich 1997 gestartet, als Einheit möchte ich auch mein Ziel erreichen.

Fünf Tage vor meiner Abreise am 9. Januar 2017 bekam ich dann mein Visum per Post zugeschickt. Meinem Start stand somit nichts mehr im Wege.

Am Flughafen in München angekommen, muss ich feststellen, dass mein Fahrrad als bulky luggage, also als Sperrgepäck zu „bulky" und damit zu groß ist, um durch den Scanner geschoben zu werden. Dazu habe ich mit meinen Satteltaschen die 30 Kilogramm Freigepäck leicht überschritten. Nun geht also das Packen wieder von vorne los. Der Fahrradkarton wird auf ein kleineres Maß zugeschnitten und einige Gegenstände aus den Satteltaschen finden sich im Handgepäck wieder. Entspanntes einchecken sieht anders aus. Und kaum bin ich in Addis Abeba angekommen, gehen die Formalitäten weiter. Einen Visumantrag für Äthiopien kann ich am Flughafen stellen, sehe mich dadurch aber als einer der letzten an der langen Schlange der Passkontrolle wieder. Am Gepäcklaufband angekommen, sehe ich schon meine Satteltaschen einsam und verlassen ihre Runden drehen. Mein Fahrrad wird wohl schon vom Flughafenpersonal hereingeschoben und zur Seite gestellt worden sein, denke ich mir hoffnungsvoll. Doch nichts davon ist zu sehen. Auch nachdem ich alle Ecken des überschaubaren Flughafens durchsucht habe, ein großer Karton mit meinem Fahrrad steht hier nirgendwo. Wieder fülle ich ein Formular für ein fehlendes Gepäckstück aus. „Zu 95 % wird dein Fahrrad übermorgen mit dem nächsten Flieger mitkommen" wird mir freudig versichert. Also erst übermorgen! Das heißt zwei nicht eingeplante Übernachtungen hier in Addis Abeba. Und wenn sich die 5 % Restrisiko doch bewahrheiten, dann? Ja daran möchte ich nicht einmal denken. Denn dann wäre meine komplette Reiseplanung auf einmal über den Haufen geworfen und ich müsste unfreiwillig improvisieren.

Statt den ersten Kilometern während der kühlen Morgenstunden auf dem Rad, verbringe ich die Zeit hier im Warteraum des Flughafens, liege einsam auf einer harten Bank und warte, bis ich in einem naheliegenden Hotel einchecken kann.

Zum Glück kenne ich noch das Molla Guest House, nur ein paar Fußminuten vom Flughafen entfernt und natürlich das German Beer Garden Inn. Dort muss ich wohl meinen Frust mit frisch gebrautem Bier die nächsten zwei Tage herunterspülen. Wenn ich`s mir so recht überlege, verläuft der Start zwar anders als geplant, aber trotzdem nicht gerade unangenehm.

Nachdem ich am nächsten Morgen ausgeschlafen und gut gestärkt zum Flughafen gehe und mich über den Stand zur Auffindung meines fehlenden Gepäckstückes erkundige, wird mir freudig mitgeteilt, dass ich mein Fahrrad gleich mitnehmen kann. Es wurde versehentlich von den Flughafenmitarbeitern beim Entladen als Frachtgut eingestuft und in eine andere Halle weiter transportiert. Wie ärgerlich. Wegen diesem dummen Missgeschick verliere ich zwei Tage. Am liebsten würde ich gleich losfahren. Aber jetzt in der Mittagszeit zu starten spricht gegen jede Vernunft und macht deshalb keinen Sinn.

So bereite ich alles für meinen frühen Start am nächsten Morgen vor. Selbst den Weg heraus aus Addis Abeba, der mich 14 Kilometer nur bergauf führt, fahre ich zur Probe einmal ab, um am nächsten Tag ohne Navi schnellstmöglich aus der Stadt zu finden.

Am nächsten Morgen klingelt sehr früh mein Wecker. Ich habe gestern noch alles hergerichtet und trete daher schon sehr früh in die Pedale. Aber ich fühle mich am ersten Tag meiner Tour nicht so recht fit. Ja, natürlich habe ich wieder Gegenwind. Es geht auch ständig rauf und runter. Und nach nur 50 Kilometer habe ich meinen ersten Platten zu flicken. Aber trotzdem komme ich nicht so recht ins Rollen. Dabei sind die Straßenverhältnisse optimal. In dieser Höhe sind auch die Tagestemperaturen angenehm frisch, zumal in den kühleren Morgenstunden. Nur einmal hat ein kleiner Junge einen Stein nach mir geworfen und mich am Rücken getroffen. Zum Glück war es nicht mein Kopf denke ich mir und hoffe, dass ich es nicht bereue auch dieses Mal wieder ohne Helm zu fahren. Doch eigentlich wäre der Helm zum

Schutz gegen einen Sturz gedacht. An fliegende Steine von hinten habe ich dabei noch keine Überlegung verschwendet. Den höchsten Punkt meiner Reise mit 2800 m habe ich bereits am Vormittag hinter mich gebracht und quartiere mich nach acht Stunden und 111 Kilometer auf dem Fahrrad in der Ethio-German-Lodge kurz vor Fiche ein. Ich bin der einzige Gast an diesem Tag und so komme ich mit Annette, der deutschen Besitzerin ins Gespräch, während sie mich durch die Anlage führt und mir die Sehenswürdigkeiten rund um ihr Anliegen zeigt. Sie kommt vom Bodensee und hat einen Äthiopier geheiratet, mit dem sie vor zehn Jahren diese Lodge eröffnet hat. Seit vier Jahren allerdings ist sie Witwe und kämpft nun alleine als Frau gegen die Bürokratiehürden des Landes und auch der Gemeinde. „Als Frau musste ich mir den Respekt hier erst verdienen", sagt sie mir. Mittlerweile hat sie mehrere Servicekräfte angestellt. „Männer werden in diesem Land viel leichter respektiert", das merkt sie auch heute noch, wenn sie ihren Mitarbeitern die Arbeit anweist.

Nur ein paar gemeinsame Gehminuten entfernt stehen wir an einer steinernen Brücke über einer Schlucht. Die Brücke wurde ohne Zement erbaut und trägt sich selbst durch ihre Bauweise. Ein Fotograf hat sich diesen Hintergrund für sein gerade stattfindendes Fotoshooting mit ein paar Schönheiten des Landes ausgesucht. Während wir ihm bei der Arbeit zusehen, erklärt mir Annette, dass hier ein beliebter Treffpunkt der Jugend des Ortes sei. Weswegen die Polizei auch ständig präsent sein muss. Am Abend erzählt sie mir bei einem kühlen Bier auf der Terrasse noch von so vielen kleinen und großen Problemen, die sie hier zu bewältigen hat. Der Ausblick über den Canyon ist dabei wirklich überwältigend. Eine taffe Frau, denke ich mir. Sie hat es hier sicherlich nicht leicht. Bleibt zu hoffen, dass sie die Lodge noch lange erhält und viele Gäste diesen Ausblick genießen dürfen.

Um 6:30 Uhr sitze ich schon wieder auf meinem Sattel und quäle mich wieder einmal einen langen Anstieg hoch. Die Straßen werden jetzt schlechter und große Schlaglöcher zwingen mich auch auf den Abfahrten vorsichtig zu fahren. Die Hitze der Sonne hat auf dem Asphalt zu erheblichen Verwerfungen geführt, die hier wohl niemals ausgebessert werden. Die Spurrillen sind zum Teil bis zu zwanzig Zentimeter tief, so dass höhere Geschwindigkeiten zu einem Balanceakt auf dem Rad werden (*siehe Bild Spurrillen im Teer*). Nach Gohatision fällt mein Blick 1800 Meter in den Canyon des Blauen Nils hinab. Großartig. Wie ein kleiner Wurm schlängelt sich der Fluss idyllisch durch das Tal. Allerhöchste Konzentration erfordert jedoch die Abfahrt dort hinab. Spurrillen, Schlaglöcher und LKW`s bremsen meine schnelle Abfahrt immer wieder aus. Dadurch kommt nur bedingt richtiger Spaß auf. Kurz nach Mittag bin ich unten am Flussufer angekommen. Zwei Brücken überspannen den Blauen Nil. Jedoch ist nur eine für den Verkehr freigegeben. Die ältere Brücke ist wohl noch ein Relikt aus vergangenen Tagen. Hier lässt sich an einer Raststation mit kühlen Getränken sehr gut eine Pause einlegen. Doch außer einer Polizeistation ist hier nichts. Kein Hotel, kein Zeltplatz, kein Guesthouse. Nur die erbarmungslose Hitze und kaum Schatten. Soll ich noch einen Teil der 1500 Höhenmeter für morgen hochstrampeln? Oder hier mein Zelt aufschlagen und den Nachmittag überbrücken? Da ich bereits zwei Tage in Addis Abeba verloren habe, beschließe ich am gleichen Tag noch möglichst viele Höhenmeter zu erklimmen. Bis Dejen sind es gut 20 Kilometer auf den unendlich vielen und steilen Serpentinen in der glühenden Hitze des Nachmittages. Ich habe bereits auf meinen früheren Reisen berichtet, dass man Entscheidungen nicht durch falschen Ehrgeiz treffen sollte. Doch ich habe es auch jetzt wieder gemacht. Und auch diesmal werde ich dafür mit einem langen quälenden und kräftezehrenden Nachmittag büßen müssen. Ich radle los und bereits nach 10 Kilometer bin ich fix und fertig. Es ist heiß, es ist steil, es gibt weder Schatten noch Ruhepausen. Nur vorbei donnernde Fahrzeuge und mittleidig schauende Fahrer. Ein LKW-Fahrer überholt, bleibt stehen und frägt mich, ob ich auf der Ladefläche bis Dejen mitfahren möchte. Er hat mir den Abend gerettet. Dankend nehme ich an, wuchte mein Fahrrad auf die Ladefläche und erfreue mich über jeden Höhenmeter, den ich mir für morgen ersparen kann. Wie ein Gummiball hüpfe ich mit meinem Fahrrad auf der harten Ladefläche auf und ab. Doch all die Schläge tausche ich gerne mit den Qualen, die ich sonst hätte, ein.

Am nächsten Tag fahre ich auf optimalen Straßen bis nach Debre Markos, einer kleinen Stadt mit ca. 60.000 Einwohnern. Hier gönne ich mir für 15 Euro ein Zimmer im besten Hotel der Stadt und eine Pizza zum Abendessen. Auch am dritten Tag werde ich das Gefühl nicht los, dass ich vor wenigen Jahren noch die Reisen mit weniger körperlichem Aufwand bewältigen konnte. Sollten meine 55 Jahre sich schon so sehr bemerkbar machen? Doch alle Überlegungen helfen mir nicht weiter. Ich habe noch einen weiten Weg vor mir.

Als ich am nächsten Tag wieder um 6:30 Uhr los fahre, komme ich an einigen Kindern vorbei, die sich um diese frühe Uhrzeit schon auf dem Bolzplatz austoben. So war es damals in meiner Jugend auch, denke ich mir beim Vorbeifahren. Bevor uns der Bus zur Schule abgeholt hat, wurde noch auf der Straße gebolzt. Jede freie Minute haben wir hierfür geopfert. Heute spielen viele Kinder lieber virtuelle Spiele auf ihren Gameboys oder Handys und überbrücken so die Zeit.

Unvergesslich sind auch die Momente, wenn eine Kinderschar mich entdeckt und mir minutenlang hinterherspringt. Mich an den steilen Bergen anschieben, mir den Weg versperren oder sie mir hinterherschreien. „You", „Where are you go?", „money" oder „Ferenchi" sind dabei ihre Standardsprüche. Ferenchi heißt so viel wie „Fremder" und ich kann es schon nicht mehr hören, so oft habe ich es bereits zu hören bekommen. Ferenchi, Ferenchi, immer wieder Ferenchi. Ich stelle mir vor, wie es wohl wäre, wenn in Deutschland Kinder und Jugendliche bei unseren Migranten ständig „Fremder" rufen würden. Es würde wohl die Gesellschaft noch stärker polarisieren, als es ohnehin schon der Fall ist.

Die nächsten Tage habe ich genügend Zeit für meine Film- und Fotoaufnahmen. Diese Aufnahmestopps kosten mich auf meiner täglichen Tour allerdings immer sehr viel Zeit. Ich muss nach einer geeigneten Stelle suchen, meine Kameraausrüstung und mein Stativ auspacken, die richtigen Einstellungen vornehmen und mit Zeitauslöser den Moment mit mir auf dem Bild festhalten. Wenn die Bildaufnahme oder die Filmsequenz nicht zu meiner Zufriedenheit ausfällen, und das ist sehr häufig der Fall, dann wird alles wiederholt. Danach alles wieder einpacken und mich mit der Menschentraube unterhalten, die sich in der Zwischenzeit um das Stativ herum gebildet hat. Dann geht`s wieder weiter. Da vergeht reichlich Zeit, um ein einziges Bild oder eine einzige Filmsequenz festzuhalten. Und immer wieder fordern mich Jugendliche auch auf dieser Reise zu einem Duell auf dem Fahrrad heraus. Immer wieder gehe ich darauf ein. Eine wenig Abwechslung auf dem Rad kann ja schließlich nie schaden. Doch auch hier enden die Duelle nach wenigen Kilometern im nächsten Dorf oder an der nächsten Straßenkreuzung. Dann trete ich wieder alleine in die Pedale, schaue auf meinen Tacho und freue mich, wieder ein paar Kilometer hinter mich gebracht zu haben.

Nach 600 Kilometer schmerzt meine Schulter, an meinem Oberschenkel und im Gesicht habe ich einen Sonnenbrand und meine beiden Ringfinger sind vom Aufstützen auf dem Lenker schon taub geworden. Auch meinen Hintern spüre ich gewaltig, als ich in Bahir Dar am Tanasee ankomme. Zu essen gibt es in Äthiopien für mich fast immer Spaghetti und dazu ein kühles Bier. Die Spaghetti sind sehr scharf gewürzt, aber immer sehr lecker. Doch heute gönne ich mir ein tolles Hotel und zartes Lammfleisch zum Abendessen.

Der Tanasee ist nicht nur Äthiopiens größter See, sondern auch die Quelle des Blauen Nils. Da der Nil von hier nach Süden einen weiten Bogen macht, bis er in nordwestlicher Richtung die sudanesische Grenze überschreitet, werde ich ihn erst wieder kurz vor meinem Ziel in Khartum zu sehen bekommen.

Ich möchte mir die Nil Wasserfälle ca. 30 Kilometer von Bahir Dar ansehen und fahre am nächsten Tag in aller Früh die Staubstraße entlang, die dorthin führt. Die erweist sich aber nicht gerade als ein großes Vergnügen. Die vielen herausstehenden Steine setzen mir und meinem Fahrrad erheblich zu und ich werde bei jedem Fahrzeug, das mir begegnet, mit Staub eingenebelt. Damit ich auch länger etwas davon habe, wird die Staubschicht mit dem Schweiß auf meiner Haut immer dicker. Doch ich wasche mir am Ende des

Tages den Dreck vom Körper ab. Die Menschen hier in den Dörfern, die ich durchfahre, sind jeden Tag mit dem Staub konfrontiert. Rücksicht nimmt hier jedenfalls kein Autofahrer und reduziert seine Geschwindigkeit beim Passieren der Menschen. Da darf es nicht verwundern, wenn die durchschnittliche Lebenserwartung in Äthiopien gerade mal bei etwa 65 Jahren liegt. Und das ist auf dem afrikanischen Kontinent noch eine relativ hohe Lebenserwartung.

Der Wasserfall bei Tissisat ist sogar bei Niedrigwasser ein echtes Highlight. Wie spektakulär wäre er erst, wenn ich bei Hochwasser hier wäre. Die Fahrt hierher hat sich jedenfalls gelohnt. Mittlerweile ist es am frühen Nachmittag extrem heiß geworden. Deshalb entschließe ich mich mit dem Bus und dem Fahrrad auf dem Dach zurückzufahren. Ich muss ja nicht jede zusätzliche Qual in der heißen Sonne auf mich nehmen, denn ein Masochist bin ich auch als Afrikaradler noch nicht geworden. Doch ich sitze über eine Stunde im Bus, bis sich unser Busfahrer endlich entschließt loszufahren und im Stop-and-Go-Modus zurück nach Bahir Dar zu tingeln.

Am nächsten Tag bin ich auf einer meiner längsten Tagesstrecken bis nach Gondar unterwegs. Natürlich hätte ich noch einen Tag länger für diese Strecke einplanen können, aber ich wollte an diesem 19. Januar hier sein, weil am 19. oder 20. Januar jeden Jahres das höchste christlich-orthodoxe Timkat-Fest in Gondar und Umgebung stattfindet. Die alte Kaiserstadt Gondar befindet sich in dieser Zeit für drei Tage im Ausnahmezustand. Es handelt sich bei diesem Fest um eine Art Tauferneuerung.

Am Abend treffe ich auf Monday und seinen Kumpel. Der heißt nicht Freitag wie bei Robinson Crusoe, aber so recht kann ich mir seinen Namen nicht einprägen. Ich werde ihn einfach Freitag nennen. Unaufgefordert zeigt er mir seinen Ausweis. „Tourist Police" steht drauf. Aber ich bin mir nicht ganz sicher, ob der Ausweis einer Echtheitsprüfung standhalten würde. Beeindruckt bin ich jedenfalls nicht. Ich lasse mich trotzdem auf ihre Begleitung ein, denn sie wollen mir das Nachtleben hier in Gondar zeigen. Dabei gibt mir Monday schon zu Beginn der Tour einen wichtigen Ratschlag mit auf den Weg: „Enjoy Ethiopia, in Sudan there is no women, no beer, no dance and no fun". Das hört sich für meine Weiterreise sehr spartanisch an. Deshalb stürze ich mich mit den beiden in das äthiopische Nachtleben und lasse mich überraschen, wieviel ich hier abbekomme von Frauen, Bier, Tanz und Spaß.

So tingeln wir von einer Bar in die nächste. Trinken reichlich Bier und tanzen auf äthiopische Musik mit einem speziellen und ausgeprägten Hüftschwung. Den bekomme ich als Ausländer und Weißer wohl nicht so recht hin. Da hilft es auch nicht, dass sie mir den Schwung zum wiederholten Male zeigen. Ich kann ihnen mit meiner Darbietung nur ein Lachen abgewinnen. Dann lieber noch eine Runde Bier. Aber auch diese Runde darf ich nicht spendieren. „We want you to enjoy Ethiopie" erklärt mir Monday auf meine Einladungsversuche und wehrt sie permanent ab. „Wir holen dich morgen um 5:30 Uhr zum Fest ab" erklärt mir Friday. „Wann? um 5:30 Uhr? Aber jetzt ist es bereits 1:00 Uhr nachts und wir sind noch lange nicht im Bett." Vielleicht meint Friday auch die äthiopische Zeit, die ja um 6:00 Uhr mit der Stundenzählung neu beginnt. Das wäre dann 11:30 Uhr rechne ich mir bereits aus und frage ihn welche Zeit er denn meint. „No, not Äthiopia time" sagte er mir und gibt mir zu verstehen, dass die beiden durchaus die frühen Morgenstunden damit meinen. Naja, so wie es aussieht werde ich wohl wenig Schlaf in dieser Nacht bekommen. Monday frägt mich: „Which girl do you like here? You can have every girl you like". Ich schaue ihn etwas verwundert an. Es ist mir natürlich auch schon aufgefallen, dass die jungen hübschen Mädchen alle um mich herumtanzen. Die werden wohl kaum auf ältere weiße Männer stehen. „Every girl is nice", sage ich ihm und versuche ihn gar nicht erst auf dumme Gedanken zu bringen. Jerry, eine hübsche Äthiopierin, deren Alter ich auf etwa 20 Jahre schätze, rückt keinen Meter mehr von mir ab und begleitet uns auch auf unsere weiteren Barbesuche. Um 2:30 Uhr verabschiede ich mich dann von meinen neuen Freunden, um in meinem Hotel noch ein paar Stunden Schlaf zu finden. Jerry macht mir daraufhin ein unmissverständliches Angebot die Nacht mit mir zu verbringen. Und auch meine beiden Begleiter sehen mich erwartungsfroh an und hoffen auf eine schöne Vermittlungsgebühr, die für sie herausspringt. „Sorry", sage ich, „maybe another day. I must go to bed now". Bis zum Hotel begleiten mich meine äthiopischen Nachtschwärmer noch. Dann nimmt mich Monday zur

Seite. „Kannst du mir 600 Birr (umgerechnet etwa 20 Euro) geben, für das Bier den ganzen Abend?". Von wegen „We want you to enjoy Ethiopia....". Ich gebe ihm die Hälfte davon, schließlich soll er merken, dass er nicht alles mit uns Touristen machen kann. Am Ende bin ich aber froh, dass er meinen Kompromiss akzeptiert, denn auch die Hilfe der Touristenpolizei hätte ich in diesem Moment wohl kaum zählen können. So geht eine aufregende lange Nacht für mich zu ende.

Doch sie endet schon wieder nach einem kurzen Schlaf. Denn um 6:00 Uhr morgens bin ich bereits wieder auf den Beinen, auch wenn mich keiner meiner nächtlichen Begleiter wie angekündigt abholt. Doch es sind bereits hunderte Menschen in der Dunkelheit unterwegs. Ihr Weg führt sie alle zum Fasilidas Bad. Auch ich schließe mich der treibenden Menschenmenge an. Als wir am Bad angekommen sind, springen die ersten Äthiopier ins Wasser. Zuerst nur einzelne, doch schon nach kurzer Zeit ist das Bad mit Menschen überfüllt. Mit brennenden Kerzen und Gebetbüchern stehen die Gläubigen um das Bad herum und sprechen ihre Gebete. Das Licht tausender Kerzen in der Dunkelheit verzaubert diesen Ort auf eine besondere Weise. Nachdem es hell geworden ist, lasse ich mich weiter durch die Straßen der Stadt treiben. Überall singen und tanzen die Menschen. Das Fest wirkt laut, schrill und irgendwie chaotisch auf mich. Aber auch absolut friedlich. Prozessionen ziehen durch die Stadt und bahnen sich ihren Weg durch die gläubige weiß gekleidete Menschenmenge. Die Warnung des Auswärtigen Amtes, dass es in dieser Gegend zu Ausschreitungen kommen könnte, erscheint mir im Moment völlig unbegründet.

Gondar ist mit knapp 350 Tausend Einwohnern die zweitgrößte Stadt Äthiopiens. Neben einer sehr alten Festungsanlage (UNESCO Weltkulturerbe), die besichtigt werden kann, starten hier auch viele Touren in die Berge des Simien Nationalparks. Deswegen finden sich auch einige Touristen hier ein, die meist von Guides begleitet werden und somit nicht nur wegen ihrer weißen Haut leicht zu erkennen sind. Ich nutze die Zeit am Nachmittag um mein Reisegepäck wieder auf Vordermann zu bringen. Neben Socken, die vereinzelt der Dauerwäsche zum Opfer gefallen sind, kaufe ich mir auch eine neue

Sonnenbrille. Meine alte ist zu Bruch gegangen und ich hatte sie nur notdürftig repariert.

Am Abend treffe ich in einem der Biergärten der Stadt auf Tizezew und ihre Freundinnen. Ja, es gibt für dieses Fest eigene Bereiche in der Stadt, die zu Biergärten umfunktioniert wurden. Nicht unter Kastanienbäumen, wie wir sie aus Bayern kennen. Dafür mit äthiopischer Musik, Tanz (mit dem besonderen Hüftschwung) und jeder Menge lustiger und fröhlicher Menschen. Auch Tizezew und ihre Freundinnen haben an meinen Tanzversuchen ihren Spaß. Sie will mich morgen vom Hotel abholen und lädt mich zu ihr nach Hause ein.

Eigentlich möchte ich am nächsten Tag schon aufbrechen, entschließe mich aber kurzfristig doch noch einen Tag in Gondar dranzuhängen. Aber das liegt nicht nur an Tizezew's Einladung. Ich will so spät als möglich in den Sudan einreisen. Das hat mehrere Gründe: Geld zu wechseln ist im Sudan schwierig, denn Automaten zum Abheben sind keine vorhanden und Banken ebenso wenig. Mit Glück lassen sich in größeren Städten Wechselstuben finden. Kartenzahlung ist für Ausländer völlig unmöglich. Deshalb muss ich an der Grenze so viel Bargeld wechseln, dass es mir bis zur Ausreise aus dem Sudan reicht. Je weniger Tage ich im Sudan bin, desto weniger Bargeld muss ich mitführen. Zweitens habe ich mit Tizezew ein Date vereinbart und drittens, und dieser Grund wiegt fast am schwersten, gibt es ab der Grenze wohl nur noch Ziegenmilch statt Bier. Und letztlich ist das Timkat Fest auch noch voll im Gange.

Nachträglich betrachtet war es sicher eine gute Entscheidung. Am nächsten Tag sehe ich zur Mittagszeit hunderte Jugendliche Fans in rot-weiß gestreiften Fußballtrikots und Fahnen in Richtung Fußballstadion pilgern. Aber nicht der FC Bayern, sondern die heimische Mannschaft, sie heißt Fasil (nicht Gondar) und spielt in der zweiten äthiopischen Liga, trägt heute ein Heimspiel gegen wen auch immer aus. Ich kaufe mir spontan ein Trikot der Heimmannschaft und mache mich ebenfalls auf ins Stadion. Statt bei -10 Grad im Heimspiel des FCA stehe ich bei +30 Grad hier im Stadion von Gondar. Ich habe mir für zwei Euro eine VIP Karte gekauft, die mir einen Schattenplatz unter dem Tribünendach sichert. Für 80 Cent gäbe es das normale Ticket in der prallen Sonne. Das Stadion macht einen äußerst baufälligen Eindruck, aber es wird hoffentlich zumindest das heutige Spiel überleben. Ich stehe mitten unter den in rot und weiß gekleideten Fans und überlege mir, was ich wohl mit dem Trikot Zuhause machen werde. Ich kann es wohl nur einem Bayern Fan schenken. Bis zum Spielbeginn bin ich ein begehrtes Fotoobjekt der einheimischen Fans. Viele von ihnen wollen sich mit dem eigenartigen neuen weißen Fan ihrer Mannschaft ablichten lassen. Als das Spiel beginnt, bin ich überrascht, wie flott und ansehnlich es ist. Es hat aus meiner Sicht durchaus das Niveau eines Bayernliga-Spiels oder vielleicht auch einer Regionalliga. Leider fallen in der ersten Halbzeit trotz guter Stimmung der Fans keine Tore und so bin ich bei einem torlosen Remis zur Halbzeit wieder in mein Hotel zurück. Ich will der aufgepeitschten Menge am Ende des Spiels aus dem Weg gehen. Wie es ausging kann ich bis heute leider nicht sagen.

Am Abend holen mich Tizezew und ihre beste Freundin wie verabredet ab. Wir fahren zu ihr nach Hause, wo ihre Mutter bereits auf mich wartet. Das Haus besteht aus einem einzigen Zimmer mit Lehmboden. Darin befindet sich ein Bett, einige abgenutzte Polstersessel mit einem Tisch, eine Kochstelle, ein Kühlschrank und einem kleinen Fernseher. Im Fernseher mit kleinem und krisseligen Bild geben Sängerinnen und Sänger äthiopische Volkslieder wieder. An den Wänden hängen alte große Heiligenbilder mit verzierten Goldrahmen. Und ein Familienbild mit Tizezew, ihren Schwestern, Neffen und Eltern, die schon seit einigen Jahren geschieden sind, wie ich auf Nachfrage erfahre. Sie wohnt mit ihrer Mutter und ihrer Schwester alleine in diesem Haus (*siehe Bild Tizezew mit ihrer Familie*). Auf meine Frage wo denn ihr Bett sei, erklärt sie mir: „Wir schlafen alle drei in diesem Bett". Ihre Mutter ist sehr freundlich und serviert mir äthiopisches Essen und etwas zu trinken. Leider kann ich mich mit keinem Wort bei ihr bedanken, denn sie spricht kein Wort Englisch. Tizezew übersetzt deshalb so gut es eben geht. Ich bemühe mich ihrer Gastfreundschaft gerecht zu werden und nehme einige Happen des Essens zu mir. Auch beim gewöhnungsbedürftigen Tee nehme ich noch ein zweites Glas, bevor mir Tizezew übersetzt: „Meine Mutter frägt, ob du noch ein Bier möchtest?". Liebend gerne. Sie hat mir wohl angesehen, dass ich dem Geschmack des Tees nicht zugänglich war. Und so wird es noch ein netter gemeinsamer Abend, bevor ich rechtzeitig unter meine Bettdecke schlüpfe. Während ich in meinem bequemen Bett liege, denke ich noch über diese nette Einladung von Tizezew nach. Sie gehört sicher zur besseren Gesellschaftsschicht in Äthiopien, aber die Vorstellung, dass eine junge Frau jede Nacht mit ihrer Mutter und ihrer Schwester in einem Bett verbringt, wirkt doch sehr befremdlich auf mich. Dann schlafe ich ein, denn morgen erwartet mich eine lange Etappe bis an die Grenze des Sudans.

170 Kilometer stehen am Ende des Tages auf meinem Tacho. Es ist die längste Etappe, die ich bisher in Afrika geradelt bin. Dazu kommt ein 20 Kilometer langer Anstieg zu Beginn der Strecke. Nur in der Mittagshitze habe ich ein kleines Leistungstief. In meiner Phantasie stelle ich mir eine kühle und frische Maß Radler oder Ruß vor. Und dieser Gedanke geht mir dann am Nachmittag einfach nicht mehr aus dem Kopf. Statt Radler gibt's dann im nächsten Dorf ein kühles Cola. Die Einheimischen, die sich mittlerweile um mich scharen, sehen mir bei jedem Schluck zu und mit ihren Handys machen sie Fotos von mir. Irgendwie ein komisches Gefühl. Ich bin nach diesen 170 Kilometern hier in Maganan doch ziemlich ausgelaugt. Sollte es hier in Äthiopien das Klischee eines typischen weißen Touristen geben, habe ich beim Anblick von mir wohl sämtliche Vorstellungen bei ihnen widerlegt. Und dann ist der angekündigte Moment für mich gekommen. Am Abend gibt es das letzte kühle Dashen Bier vor dem alkoholfreien Sudan. Und es gibt Salat. Keine Spaghetti. Dafür heißen Salat. Scharfen Salat. Sogar sehr scharfen Salat. Mir kommen bei jeder Gabel die Tränen. Beim letzten Abendessen in Äthiopien bekomme ich nochmals zu spüren, wie scharf die landestypische Küche hier sein kann.

Dann geht's ins Bett. Schließlich bin ich nach dieser langen Strecke hundemüde und möchte morgen früh fit sein für den bevorstehenden

Grenzübergang. Ich packe meine luftgefüllte Isomatte aus und lege sie auf die Matratze, damit ich in der Nacht nicht jede einzelne Feder auf meinem Rücken spüre.

12. Die Hitze des Sudans

70 Dollar habe ich an der Grenze für die Registrierung bezahlen müssen. Trotz bereits vorhandenem Visum. Halsabschneider.

Schon 10 Kilometer vor der Grenze werde ich ständig von Money Changern angesprochen, die mir für meine restlichen Birr zu „allerbesten" Wechselkursen sudanesische Pfund versprechen. Leider habe ich es versäumt, den aktuellen Wechselkurs nachzulesen, als ich noch eine Internetverbindung hatte. Ich habe mich nicht darauf eingelassen und hoffe, an der Grenze noch eine Bank oder eine offizielle Wechselstube zu finden. Als mir ein Äthiopier in dem bürokratischen Grenzübergangsformalismus jedoch seine Hilfe anbietet und mich von einem Büro zum anderen begleitet, habe ich als Gegenmaßnahme für seine Hilfe doch die restlichen Birr, die ich noch hatte, bei ihm gewechselt. Dass ich hierbei ein Minusgeschäft gemacht habe, war zu erwarten und wird von mir als Ausgabe für die Nutzung seiner Dienstleistung in meinem Reisebudget verbucht.

Wie an jeder Grenze ist der Wunsch hier am Grenzübergang in Gallabat länger zu verweilen nicht besonders ausgeprägt. Erstens bin ich heute gerade mal 40 Kilometer unterwegs und zweitens bin ich trotz einer Stunde Verzögerung durch den Formalismus noch früh am Tag im Sudan und möchte den Tag nicht verplempern. So entschließe ich mich, weiter zu radeln, auch wenn für die nächsten 100 Kilometer auf Google Maps kein Dorf erkennbar ist und hier an der Grenze Hotels zur Verfügung stehen würden. 40 Kilometer von hier, sollte ich jedoch ein Hotel auf meiner Wegstrecke vorfinden, so verspricht es mir ein Sudanese im gebrochenen Englisch. Doch daraus wird nichts. Hier gibt es nach meinem ersten Eindruck nur unendliche Weite, Hitze, Wind, Sand und schlechte Straßen.

Auch beim zweiten Eindruck lässt sich das Radfahren im Sudan mit Äthiopien nicht vergleichen. Ich habe die hohen Berge des äthiopischen Gebirgsmassives verlassen und radle ohne erkennbare weitere Erhebungen auf völlig ebener Strecke bis nach Khartum. Hier im Sudan wird es heiß, sehr heiß sogar. Und schattige Wälder sind hier weit und breit nicht zu erkennen. Dörfer, oder auch nur Tankstellen, bei denen ich meinen Getränkevorrat nachfüllen kann, liegen teilweise 50 bis 100 Kilometer auseinander. Es ist deshalb ungemein wichtig, meinen Flüssigkeitsvorrat akribisch zu planen. Die Straßenführung verläuft nicht durch die Dorfzentren, sondern an den Dörfern vorbei. Damit habe ich viel weniger Kontakt zu den Einheimischen und muss mir immer vorher überlegen, ob ich in ein Dorf hineinradle oder den schnelleren Weg daran vorbei nehme. Dabei ist der Kontakt zu der muslimischen Bevölkerung, bei der die meisten Frauen auch in der Öffentlichkeit verschleiert sind, ohnehin viel zurückhaltender. Die Tatsache, dass ich nicht mehr ständig angequatscht werde, empfinde ich jedoch als sehr angenehm. Die Straßen sind geteert und ohne größere Schlaglöcher, dafür ist der Straßenbelag wesentlich rauer und hat somit einen höheren Rollwiderstand, was ich spürbar merke.

Als ich mich nach fast 130 Kilometern in eine Tankstelle rette, kaufe ich fast den Laden leer. Apfelsaft, Kirschsaft, Mango und noch Cola und Wasser. In kürzester Zeit leere ich nacheinander alle Getränke. Doch damit tue ich mir keinen Gefallen, da die Getränke aus dem Kühlfach für meinen Magen viel zu kalt sind. Die Auswirkungen werde ich in den nächsten Tagen leider zu spüren bekommen. Doch für den Augenblick waren meine Speicher leer und sie mussten dringend wieder aufgefüllt werden. So sitze ich an einer Stufe der Tankstelle, als ein weißer Amerikaner mit einem dicken Pickup Truck vorfährt. „You must be cracy" gibt er mir zur Begrüßung zu verstehen, als er mich mit meinem Fahrrad sieht. Er arbeitet hier einige Jahre für einen amerikanischen Konzern und erklärt mir, dass ich bis zur nächsten größeren Stadt Qadarif keine Unterkunft mehr finden werde. Das bedeutet, ich werde erstmals auf dieser Reise in meinem Zelt unter freiem Sternenhimmel schlafen. Kein Problem für mich. Nun habe ich die Unterschiede zwischen dem Radfahren in Äthiopien und dem Sudan schon ausführlich beschrieben. Aber genau diese beschriebene Zurückhaltung der Menschen erweist sich für mich als großer Glücksfall. Solange ich nicht selbst Hilfe benötige und danach frage, kümmern sich die Menschen nicht um mich. So kann ich ungestört mein Zelt für die Nacht aufbauen und habe in der Nacht wie so oft freie Sicht auf ein Sternenzelt mit Millionen funkelnder Sterne über mir. Der Anblick entschädigt für die Mühen des Tages. Doch vor Müdigkeit schlafe ich trotzdem schnell ein, auch wenn ich mich zwinge, diese Momente so lange wie möglich zu genießen.

Am nächsten Tag fahre ich wie geplant bis Qadarif. Auch hier in Qadarif pumpe ich literweise Flüssigkeit in mich hinein. Diesmal passe ich jedoch etwas auf und greife nicht nach den kältesten Getränken. In den frühen Morgenstunden weht noch eine etwas kühlere Brise, doch sobald sich der Chronometer jenseits der 10:00 Uhr Marke befindet, wird es fast unerträglich heiß. Dann sollte das Ziel vor Augen sein oder ich muss mir so langsam einen Schattenplatz suchen, an dem ich die heißeste Tageszeit verbringen kann. Für heute jedenfalls habe ich ein gemütliches Hotel gefunden.

Banken wechseln hier kein Geld, so muss ich mir eine Wechselstube suchen, die ich nach langen Irrwegen und häufigem Nachfragen in einer kleinen Seitengasse gefunden habe. 400 Dollar wechsle ich um. Mit diesem Geld muss ich für den Rest der Reise auskommen, aber das Leben im Sudan ist äußerst billig und im Vergleich zur Grenze bekomme ich auch einen wesentlich besseren Wechselkurs für mein Geld.

Am Abend gibt es Pizza. Aber irgendwie schmeckt sie mir nicht so besonders, deshalb lasse ich auch einen Teil davon wieder zurückgehen. Es sind die ersten Anzeichen meiner Magenverstimmung, wie ich später schmerzvoll erfahren werde. Doch einen Tag habe ich noch, bevor meine Leidenszeit beginnt. Leider verspüre ich jetzt auch jeden Tag immer mehr Gegenwind, der sich im Laufe des Vormittages einstellt und pünktlich bis zur Mittagshitze mir mit voller Stärke ins Gesicht bläst.

Ich denke an die Tour d Afrique, die mir entgegenkommen würde, falls sie ein paar Tage vor ihrem Zeitplan liegen. Es wäre eine willkommene Abwechslung für mich. Sie könnten mit Rückenwind und ohne Gepäck sicher ein wesentlich höheres Tempo als ich vorlegen. Sie würden wohl an mir vorbeifliegen. Doch nichts passiert. Einsam trete ich die Pedale meines Fahrrads. Bernd wäre zu diesem Zeitpunkt ohnehin nicht dabei gewesen. Ich suche mir in der Mittagszeit einen Platz im Schatten, der bei den wenigen Bäumen gar nicht so leicht zu finden ist. Stundenlang liege ich unter einem Baum, nutze den winzigen Schatten, den die lausige Baumkrone wirft und warte bis die Hitze mir erlaubt weiter zu radeln. Am Abend habe ich dann meinen ersten Platten, als ich mein Rad zum Zeltaufbau von der Straße schiebe und dabei ein Dornenfeld übersehe.

Als ich den Plattfuß bemerke, ist es bereits dunkel geworden. Mit dem Licht meiner Taschenlampe baue ich mein Vorderrad aus und versuche durch das Abtasten der Mantelinnenfläche mit der Hand alle Dornen, die sich in den Mantel gespießt haben, zu erfühlen. Gezählt habe ich sie nicht, aber es waren doch einige Dornen vorhanden. Am Ende kann ich nur hoffen, dass ich alle Spitzen aus dem Mantel gezogen habe. Erst dann baue ich mein Fahrrad wieder zusammen und bin froh, dass ich am nächsten Morgen den Reifen immer noch prall gefüllt mit Luft vorfinde. Es wird ein weiterer Tag der Leiden. Ewige Weite, kein Schatten in praller Hitze, Gegenwind, lauwarmes Wasser in meinen Trinkbehältern und jetzt auch noch Magenkrämpfe, die mich plagen. Seit meiner Pizza habe ich keinen Bissen mehr hinuntergebracht. Aber ich möchte mein Tagesziel in Wad Madani erreichen. Die Menschen hier sind so nett. Ich frage eine Gruppe Männer, die ihren Nachmittagstee gemeinsam trinken, ob ich hier Wasser nachkaufen kann. Sofort laden sie mich in ihre Runde mit ein, und spendieren mir anschließend noch ein warmes Cola. Sie sehen mir meinen schlechten Zustand wohl an. „Ich fahre ohnehin die 20 Kilometer nach Wad Madani" erklärt mir einer der Gruppe und bietet mir seine Hilfe an. „Ich nehme dich gerne mit deinem Fahrrad mit". In meiner augenblicklichen Lage möchte ich sein Angebot nicht abschlagen, und so landet im nächsten Moment mein Fahrrad auf der Ladefläche seines Pick-Up's und ich steige auf der Beifahrerseite ein. Die Produktvielfalt der Lebensmittel in den Städten ist beachtlich. In Wad Madani bekomme ich in den Lebensmittelläden alles was ich brauche. Die Auswahl der Produkte ist wesentlich größer als sie noch in Äthiopien war. Aber auf der

Straße ist mir die letzten Tage auch schon aufgefallen, dass sowohl die landwirtschaftlichen Fahrzeuge wie Mähdrescher, als auch die Privat-PKW's wesentliche neuer und moderner sind als in Äthiopien. Die Auswahl in den Lebensmittelläden lässt eigentlich keine Wünsche offen. Ich kaufe mir zwei frisch gepresste Organgensäfte, die so lecker sind, dass ich am liebsten noch einen Erholungstag hier einlegen würde. Aber ich strebe Khartum entgegen und teile mir die restlichen 170 Kilometer lieber in drei kleinen Tagesetappen ein, als bei diesen Verhältnissen und in meinem derzeitigen Zustand eine lange Gewaltstrecke zu bewältigen. Ich versuche mit Kebab etwas feste Nahrung zu mir zu nehmen, auch wenn ich immer noch an Appetitlosigkeit leide. Aber mir ist völlig klar, dass ich die restlichen Tage meiner Reise nicht ohne Energiezufuhr überstehen kann.

Bei allen Qualen und Anstrengungen, die ich hinter mich gebracht habe, spielt der Sicherheitsgedanke in diesem Land bisher überhaupt keine Rolle. Ich denke mir sogar, dass es mein bisher sicherstes Reiseland in Afrika ist.

Meine letzten drei Etappen gestalten sich nochmals als echte Herausforderung. Bei orkanartigem Gegenwind zeigt mein Tachometer über weite Strecken gerademal zwischen 9 und 15 Kilometer in der Stunde an. Der Wind zeigt sich nochmal sehr ekelhaft und bläst mir den aufgewirbelten Staub direkt ins Gesicht. Ich schütze mich mit Sonnenbrille und einem Tuch vor dem Mund so gut es geht vor dem aufgewirbelten Staub.

Bei diesen Bedingungen können auch 60 Kilometer am Tag zum Problem werden. In Altekaina entdecke ich am vorletzten Reisetag ein Restaurant. Hotels oder Gueshouses gibt es hier nicht, wird mir bestätigt. Auch wenn ich dachte meine Magenprobleme sind bereits etwas besser geworden, spüre ich sie jetzt wieder wesentlich stärker. Vor dem Restaurant musste ich mich deshalb schon zweimal übergeben. So frage ich den Restaurantbesitzer, ob ich mich nicht in einem Nebenzimmer kurz hinlegen könnte. Es gibt hier einige aufgebaute Pritschen, die jedoch allesamt bereits belegt sind. Meinen Wunsch nach einer Liege zum Ausruhen kann ich schon durch mein jämmerliches Aussehen unterstreichen. Ich werde vom Besitzer des Restaurants in einen Nebenraum mit weiteren Pritschen geführt. „You can stay here as long as you want", erklärt er mir. Und so bin ich glücklich, für die nächsten Stunden, die Möglichkeit zu haben, mich ein wenig erholen zu können. Über meine nächtliche Bleibe kann ich mir immer noch Gedanken machen, sobald es mir wieder etwas besser geht. Ein junger Mitarbeiter, der an der Orangenpresse seinen Dienst verrichtet, kommt auf mich zu. Er spricht kein Wort Englisch, gibt mir aber zu verstehen, dass ich bei ihm übernachten könnte. Wenn es dir ganz schlecht geht, kommt irgendwie und unverhofft Hilfe herbei, denke ich mir und bedanke mich schon mal im Voraus für seine Gastfreundschaft. Dann gehen wir nach nebenan, wo er in einem kleinen dunklen Zimmer wohnt (*siehe Bild Unterkunft in Altekaina*). Ich schiebe mein Fahrrad ins Zimmer und sehe mich im Gebäude etwas um. Das Haus ist aus Lehm gebaut und beherbergt zwei oder drei Bedienstete des Restaurants. Es gibt keine sanitären Anlagen, lediglich eine Waschschüssel und ein Plumpsklosett stehen zur Verfügung, dass allerdings nur im Notfall benutzt werden sollte. Denn dabei muss man schon hartgesotten sein und eine Wäscheklammer für die Nase sollte man auch griffbereit haben. Der Raum ist dunkel, da er nur über ein einziges kleines Fenster verfügt. Möbel gibt es keine, außer den zwei Betten im Raum. Alles, was mein Gastgeber an Kleidung besitzt, hängt mit wenigen Kleiderhaken an einer Stange. Er bietet mir das zweite, unbenutzte Bett für meine Übernachtung an. Ich bin sehr froh darum und frage ihn wie viel er dafür haben möchte. „No money", lautet spontan seine Antwort. Er bringt mir frisches Wasser in der Schüssel und erklärt, dass er erst nach Feierabend am späten Abend zum Schlafen wiederkommt. Ich wasche mich, lege mich aufs Bett und wache nur nochmals auf, als ich ihn höre, wie er sich schlafen legt.

Wie an jedem Tag, stehe ich auch an meinem letzten Reisetag wieder sehr früh auf. Mein junger Gastgeber schläft noch, als ich ihm einige Pfund aus meiner Reisekasse aufs Bett lege und leise in die noch dunkle Morgenstunde entfliehe.

Meine letzten Kilometer bis nach Khartum stehen auf dem Plan. Lange vor dem Stadtzentrum fahre ich durch die Vorstädte dieser Millionenstadt. Die Hauptstadt des Landes hat zurzeit etwa 6 Millionen Einwohner. Aber es wird erwartet, dass die Stadt in den nächsten 20 bis 30 Jahren um das doppelte wächst. In einem Artikel im Internet habe ich gelesen, dass Khartum die sicherste Metropole Afrikas wäre. Im Gegensatz zu den Städten davor, durch die ich auf meiner Reise gekommen bin, erwarten mich hier Hochhäuser in modernem Design. Die Stadt wirkt sauber und ich stelle bald fest, dass sie auch einen sehr sicheren Eindruck auf mich macht. Ich habe es nicht ausprobiert, aber würde ich mein Fahrrad unverschlossen in der Stadt abstellen, dann habe ich das Gefühl, es wäre am nächsten Tag wohl immer noch da.

Ich quartiere mich ins City Flats Hotel, in der 49ten Straße nahe dem Flughafen ein. Das Dreisterne Hotel ist eine Luxusunterkunft, welches ich für die letzten beiden Übernachtungen buche. Nach all den Strapazen möchte ich mir diesen kleinen Luxus gönnen. Und doch komme ich mir gegenüber meinem Gastgeber von heute Nacht dekadent vor.

Das Fünfsterne Hotel Burj al-Fateh übertrifft diese Dekadenz allerdings noch bei weitem. Es ist in seiner ovalen Form das augenfälligste Gebäude der Stadt. Ich radle direkt daran vorbei, als ich zu meinem letzten großen Ziel der Reise aufbreche. Es ist der Zusammenfluss der beiden Nilflüsse, der Weiße Nil und der Blaue Nil. Beide verbinden sich an der Grenze der zusammengewachsenen Städte Khartum und Omdurman. In meinem Reiseführer und einigen Internetseiten steht geschrieben, dass es verboten wäre vom Zusammenfluss der Nilflüsse ein Bild zu machen. Doch als ich mit meinem Fahrrad über die White Nile Bridge fahre, ist weit und breit kein Polizist und auch sonst kein Staatsbediensteter zu sehen. So zücke ich meine Kamera und schieße schnell ein paar Bilder für meine Sammlung. So spektakulär sieht es eigentlich gar nicht aus, denke ich mir und halte weiter mit der Kamera drauf. Warum sollte es hier auch verboten sein Bildaufnahmen zu machen. Von meinen kleinen Erfolgen angestachelt, fahre ich auch noch unter die Brücke und lichte die Perspektive nahe am Flussufer ab. Da höre ich auch schon einen lauten Schrei: „Hey, what are you doing?" Erschrocken nehme ich meine Kamera herunter, drehe mich um und gehe auf einen Polizisten zu, der mir die Frage gestellt hat. Ich hoffe nur, dass er mir den Speicherchip nicht entnimmt, dann sind alle hier gemachten Aufnahmen wohl vergebens.

Und im schlimmsten Fall, würde ich nicht mal mehr meine Speicherkarte zurückbekommen. Damit wären auch viele weitere Bilder verloren. Ich erkläre ihm in ruhigem Ton, dass ich hier eine Bild machen wollte und versuche dabei den Eindruck zu erwecken, dass ich gerade erst dabei begonnen habe. „You need a permit", sagt er mir mit bestimmendem Ton. „Oh, i didn't know", sage ich und mime den Ahnungslosen. „Where do i get this?". Dann lasse ich mir den Weg zur Behörde erklären, die für die Ausstellung des permits verantwortlich ist und wiederhole sicherheitshalber nochmals akribisch seine Wegbeschreibung, um nachdrücklich mein Interesse daran zu zeigen. Abschließend bedanke ich mich noch für seine freundliche Hilfe und verlasse zielstrebig und mit großer Erleichterung den Ort unserer Unterhaltung. Nochmals Glück gehabt.

Meine Rückreise steht kurz bevor. Für meinen Rückflug mit British Airways muss ich mir auch für den Transport meines Fahrrads wieder etwas einfallen lassen. Fahrradgeschäfte, die mir möglicherweise einen Karton für die Verpackung überlassen könnten, konnte ich in der Stadt noch nicht ausfindig machen. Und auch eine Nachfrage an der Hotelrezeption nach einem Fahrradgeschäft bringt mich nicht viel weiter. So sammle ich schon seit meiner Ankunft in Khartum alle Kartonagen, die ich am Wegesrand finde und verstaue sie in meinem Hotelzimmer. Für die täglichen Reinigungskräfte schreibe ich noch einen Hinweis, dass ich den Kartonstapel noch brauche und platziere ihn darauf. Wer weiß, ruckzuck würde meine aufwändige Sammelaktion sonst der Müllentsorgung meines Zimmers zum Opfer fallen. Mit den angehäuften Kartonfetzen auf dem Gepäckträger schiebe ich dann am Abreisetag mein Fahrrad zum Flughafen und beginne in der Abflughalle erstmal damit, mit Klebeband aus den Kartons eine geschlossene Fläche zu bauen. Anschließend stelle ich mein Fahrrad darauf und versucht mit den Kartons alles zu verschließen. Danach geht`s zum Stand für Folienumwicklung und schon steht das Fahrrad mit vielen Puzzleteilen verpackt zur Aufgabe für Sperrgepäck bereit.

Improvisation ist etwas, das ich auf meinen Afrikareisen gelernt habe.

13. Ein Blick auf Simbabwe und Äthiopien

„Das Ende der Mugabe-Dynastie",

mit dieser Schlagzeile verkündete die Augsburger Allgemeine am 16. November 2017 das Ende einer Ära. Am 21. November 2017 ist Simbabwes Präsident Robert Mugabe endlich, nach fast vier Jahrzenten an der Macht, zurückgetreten. Seit meiner Durchquerung Simbabwes 1999 habe ich die Entwicklungen in diesem Land verfolgt. Die Jahre waren geprägt vom Leid der Bevölkerung, von Missmanagement und Korruption, die der inzwischen 93-jährige Despot über dieses Land gebracht hatte. Doch es waren nicht sein Alter oder gar die Einsicht, sein Amt nach so vielen Jahren des Missmanagements endlich abzugeben, die ihn zu diesem Schritt bewegt haben, sondern ein Militärputsch. Ausgelöst durch den Versuch seiner Ehefrau Grace, sich als seine Nachfolgerin den Weg zur Präsidentschaft zu ebnen. Dieser Versuch scheiterte und so konnte er am Ende einer Amtsenthebung nur dadurch entgehen, in dem er sein Amt aufgab und bei Neuwahlen nicht mehr antrat. Für die Bevölkerung bleibt nur zu hoffen, dass sein Nachfolger Emmerson Mnangagwa mehr Fingerspitzengefühl für die Menschen in diesem Land beweist. Sie hätten es nach so vielen Jahren der Entbehrung, der Angst und der Verfolgung mehr als verdient.

Einen weiteren Hoffnungsträger gibt es in Äthiopien. Nach Jahren blutiger Auseinandersetzungen zwischen Äthiopien und Eritrea hat der neue äthiopische Premierminister Abiy Ahmed überraschend schnell Frieden mit dem Nachbarland geschlossen. Und auch sonst führte er in rasantem Tempo weitere Reformen durch, die sein Land hoffentlich nachhaltig positiv verändern werden. Angesichts der vielen Flüchtlinge aus beiden Ländern, die in dieser Zeit in großen Mengen nach Europa strömen, sind diese Veränderungen ein positives Zeichen. Diese Zeichen müssen auch von Europa und den anderen Nationen erkannt werden, um die kleine Pflanze Demokratie in Afrika zum Blühen zu bringen und den Menschen dort eine nachhaltige Bleibeperspektive zu geben.

14. Zurück im Sudan

„Endlich geht es wieder los“, dachte ich mir, nachdem sechs Jahre seit meiner letzten Reise vergangen waren. Um ganze drei Jahre musste ich meine letzte Tour durch Afrika verschieben. Zunächst war Anfang 2020 die Corona Pandemie ausgebrochen. Sie führte dazu, dass bis einschließlich 2021 alle Reisetätigkeiten nur sehr eingeschränkt möglich waren und deshalb auch im Sudan die Grenzen dicht waren. 2022 durfte ich in der günstigsten Reisezeit einen runden Geburtstag feiern und wollte deshalb meine Tour um ein weiteres Jahr verschieben.

Aber nun müsste es 2023 klappen. Am 15. Februar sollte mein Flieger von Qatar Air von München abheben und über Doha nach Khartum fliegen. Um 22.35 Uhr sollte ich dort landen. Eine Unterkunft konnte ich bei Airbnb zum Glück vorab buchen. Mit Airbnb hatte ich vorher noch keine Erfahrungen gemacht, war aber vorab guten Mutes, dass es klappen wird. Meine Bekannten Manfred und Doris aus Wehringen gaben mir den Tipp mich bei German Guesthouse ein zu quartieren. Aber das Guesthouse konnte ich im Internet nicht mehr finden. Es war nur noch der Hinweise zu finden, dass die Internetseite nicht mehr betrieben wird. Wenn ich die Zeit finde, werde ich in Khartum zu dieser Adresse fahren. Vielleicht gibt es das Guesthouse noch, dann könnte ich mir dort sicher wichtige Informationen zu meiner Reise holen und auch noch schöne Grüße von Manfred und Doris übermitteln.

Zur Vorbereitung gab es viel zu tun: Der Urlaub musste mit dem Arbeitgeber geklärt werden, Flug buchen, Hotel für die ersten Tage buchen, Fahrrad checken, Passbilder machen lassen, Euro in Dollars wechseln (im Sudan klappt der Wechsel von Dollars leichter, auch wenn ich dadurch doppelten Wechselkursgebühren zahle) usw.

Das Wichtigste ist natürlich die Visen für den Sudan und Ägypten. Das Sudan Visum konnte ich erst wieder 4 Wochen vor Einreise beantragen. „Sie brauchen eine persönliche Einladung aus dem Sudan“ erzählte mir ein

Mitarbeiter der sudanesischen Botschaft in Berlin. Die musste ich bei meiner letzten Einreise nicht vorweisen. Seit das Militär 2019 das Ruder übernommen hatte, galt diese neue Regelung aber. Reiseagenturen aus dem Sudan verlangen 200 bis 300 Dollar dafür. Ein Zufall half mir hier zum Glück weiter. Als ich in meiner Arbeit von diesem Problem erzählte, konnte mir ein ebenfalls reisefreudiger Kollege weiterhelfen, „Ich kenne jemanden mit Beziehungen in den Sudan, erklärte er mir". 14 Tage später hielt ich die Einladung der Firma Dome Technologies in der Hand. Zum Glück noch rechtzeitig bevor ich die Antragsunterlagen an die Botschaft nach Berlin abschickte. Jetzt begann das Warten.

In der Zwischenzeit trieb ich meine Planungen voran. Ich kaufte mir einen DJI Osmo Pocket2 3-Achs-Gimbal als Kamera samt Zubehör. Zwei 36000 mAh Solar Powerbank, eine neue bayerische Flagge für mein Fahrrad und neue Bücher auf meinem elektronischen Reader. Ich brachte mein Fahrrad auf Vordermann, neue Beleuchtung und eine neue Halterung für die Kamera.

Aber im Hinterkopf hatte ich immer noch mein ausstehendes Visum für den Sudan. Dabei wollte ich anschließend auch noch das Visum für Ägypten beantragen, doch das würde knapp werden mit der Zeit.

Ich fragte mehrmals telefonisch in der Botschaft Sudans nach, immer wurde ich vertröstet. Sie erklärten mir, dass die Prüfung noch andauerte. Dann kam der Hinweis, dass ich eine offizielle Registrierung der Firma, die mich eingeladen hatte, benötigen würde. Das hätten sie mir vor 2 Wochen auch schon sagen können. Jetzt ging der Stress wieder los. Zum Glück bekam ich die Bestätigung der Registrierung von der Firma 16 Tage vor Abreise zugeschickt und schickte es mit Email gleich weiter an die Botschaft. Wieder wartete ich. Dann wurde mir mitgeteilt, dass die Bestätigung schon 6 Monate alt war. In der Zwischenzeit könnte die Firma ja in Konkurs gegangen sein. Ich gab auch diesen Hinweis an meinen Bekannten weiter. Geschäftsunterlagen neueren Datums sollten die Geschäftstätigkeit der Firma bestätigen. Auch hierfür schickte ich die Unterlagen an die Botschaft weiter. Aber ich vermutete langsam, dass es vorgeschobene Gründe waren, mir das Visum nicht zu erteilen.

Doch dann. Endlich. 5 Tage vor dem Abflug lag mein Reisepass mit dem gültigen Visumeintrag im Briefkasten. Mein Visum für Ägypten hatte ich in der Zwischenzeit als eVisum beantragt und 3 Tage später bekommen. Jetzt konnte es endgültig losgehen.

Eins wusste ich bereits vor Abflug. Ich werde wohl kaum auf Radfahrer meines Alters treffen, die wie ich eine Landesdurchquerung mit Rad unternehmen.

Ich bin in Khartum angekommen. Und zum Glück mit mir mein gesamtes Gepäck. Leider gab es beim Einchecken in München das Problem, dass ich nur zwei Gepäckstücke aufgeben durfte. Dabei war mein Fahrrad schon eines davon. So musste ich mich am Schalter kurzfristig entscheiden, zwei meiner vier Fahrradtaschen als Handgepäck mitzunehmen. An Werkzeug, Taschenmesser und Hygieneartikel hatte ich beim Umpacken gedacht. Die ließ ich im aufgegebenen Gepäck. Aber nicht an meine Zeltstangen und -heringe. Die wurden dann im Handgepäck genauer unter die Lupe genommen. Ohje dachte ich, darauf kann ich unmöglich verzichten. Bange Sekunden des Wartens, aber die Stangen sind sehr dünn und aus Carbon. Und die Heringe wohl stumpf genug. Zumindest nach der Daumenprüfung der Gepäckkontrolle. Ich hatte nochmals Glück.

Im Flughafen in Khartum baue ich mein Rad zusammen und wechsle erstmal 600 Dollar in sudanesische Pfund um. Jetzt habe ich das nächste Problem. Wie kann ich 380.000 Pfund in meinen Taschen verstecken? Verstecken lässt sich das viele Geld sicher nicht. Der Kollege am Wechselschalter grinst zwischen den Geldstapeln hindurch. Er ahnt wohl mein Problem. Ich bin schon froh, überhaupt noch genügend Zwischenräume für das Geld in den Satteltaschen zu finden.

Ich hole mir noch eine 8 Gbyte SIM Karte und rolle aus dem Flughafen. Google Mail navigiert mich zu meinem Airbnb Hotel hier in Khartum. Doch die Adresse scheint falsch zu sein. Oder die Navigation. Jedenfalls finde ich das Haus mit der angegebenen Adresse auf Google Maps nicht. Ich klopfe immer wieder an verschiedenen Haustüren, aber niemand öffnet mir. Naja, ist ja auch schon ein Uhr nachts. Da würde ich auch keinem Fremden mehr öffnen, der an die Tür klopft. Ein paar Jugendliche auf der Straße helfen mir zum Glück weiter. Alle hier sind sehr nett und hilfsbereit. Doch zunächst habe ich mit ihrer Hilfe auch keinen Erfolg. Bis ich nochmals in einem kleinen Laden den dortigen Ladenbesitzer frage. „Yes i know this place" erklärt er mir, „it is just 100 m from here". „Bist du aus Deutschland?" fängt er mich dann noch anschließend in gebrochenem Deutsch. Er war auch schon mal in Deutschland und kann deshalb noch einige Sätze sprechen. Jedenfalls reicht es aus, um sich verständlich auszudrücken. Glück gehabt. So treffe ich Mohamed Khalil, meinen Vermieter zwei Minuten später in seinem Haus. Er hätte nicht mehr gedacht, dass ich noch komme, sagt er mir. Auch er ist sehr freundlich, gibt mir gleich seine Handy Nummer und zeigt mir mein Zimmer. Drei Betten und Küche. Ich denke das reicht für mich erstmal aus. Toilettenpapier brauche ich noch, gebe ich ihm zu verstehen. „Come with me, we can buy in the shop on the opposit side". Ich begleite ihn um 1.30 Uhr in der Nacht in einen Shop nur 50 m von der Unterkunft entfernt. Dabei fällt mir auch auf, dass er immer eine weiße Plastiktüte bei sich hat. Zunächst habe ich keine Ahnung wozu. Als wir zurück gehen, klärt er mich aber auf. In der Nacht musst du hier in der Stadt aufpassen, meint er, sonst könnten sie dich leicht ausrauben. Dann zeigt er mir, was er genau in der Tüte mitschleppt. Eine Pistole und sein Finger ist dabei immer am Abzug. Wow. Erst jetzt merke ich, wie aufmerksam er seine Umgebung beobachtet. Auf mich haben hier bisher alle einen unheimlich netten und hilfsbereiten Eindruck gemacht. Aber Vorsicht ist ja bekanntlich die Mutter der Porzellankiste. Und mit 380.000 Pfund in den Satteltaschen gilt das umso mehr. Um 2.30 Uhr geh ich dann müde aber zufrieden ins Bett.

Ich schlafe aus und fahre erst mittags in ein Restaurant in der Nähe meiner Unterkunft. Als ich zu meinem Rad zurückkehre, sehe ich, wie ein junger Mann meine bayerische Flagge fotografiert. „Kommen Sie aus Deutschland?" frägt er mich. „Ja, woher sprichst du denn so gut Deutsch und warum fotografierst du meine Flagge?" will ich wissen. Dann zeigt er mir eine Web-Seite mit einer bayerischen Flagge. Er erklärt mir, dass er sich die Sprache selbst übers Internet beigebracht hat. Er wollte wissen aus welchem Teil Deutschlands ich komme, deshalb seine Recherche mit der Fahne. Aus Bayern sage ich ihm. Dazu fällt ihm nur der FC Bayern München ein. Na klar, was denn sonst. Er ist Fan von dem Verein. Vom FCA hat er noch nie etwas gehört, aber er wird jetzt auch Fan von Augsburg werden, meint er. Na also, geht doch. Ich muss ein wenig schmunzeln. Ein sehr interessierter und gebildeter junger Mann, denke ich mir. Und das nicht nur weil es sich jetzt auch noch für den richtigen Verein entschieden hat. Mohamed Gibbril heißt er, studiert Medizin und interessiert sich sehr für deutsche Kunst und Literatur. „Sag Gibbril zu mir, Mohamed heißt hier sowieso jeder". Stimmt, mein Vermieter heißt nämlich auch Mohamed.

Ich verabschiede mich, denn ich will einen Besuch im Italien Tourist Office machen. Bei meinen Recherchen in Deutschland bin ich auf diese Reiseagentur gestoßen. Sie haben mir Hilfe bei allen Fragen angeboten. Allerdings bekomme ich keine allzu guten Nachrichten von ihnen. Ich brauche ein Travel Permit, sagen sie mir, ausgestellt vom Ministerium of Tourism und beantragt von der Firma, die mich eingeladen hat. Anschließend brauche ich noch eine Erlaubnis der Polizei. Nur mit diesem Permint darf ich mich angeblich außerhalb der Hauptstadt bewegen. Die Genehmigung dauert allerdings 2 bis 3 Tage. Und Freitag und Samstag ist alles wegen der Feiertage geschlossen. Na, das sind ja tolle Aussichten. Ich werde wohl deshalb ein paar Tage länger hier in Khartum bleiben müssen, bevor es losgeht.

Ich versuche Ashraf von der Firma Dome Technologie, der Firma die mich eingeladen hat, zu erreichen. Vergebens. Erst am Abend ruft er mich zurück. Wir vereinbaren uns für morgen Vormittag zum Lunch, um die weiteren Schritte zu besprechen.

In der Zwischenzeit sitze ich hier in Khartum fest. Erst am Sonntag sind die Behörden wieder offen. Meine Hoffnung ist Ashraf, meine Kontaktperson hier. Ohne ihn wird es für mich viel schwerer alle Genehmigungen zu bekommen. Aus dem Lunch wird kurzfristig ein gemeinsames Abendessen. Er macht mir jedoch Hoffnung: „i can't do anything before Sunday, but i am sure you will get everything you need". Mit dieser Hoffnung starte ich ins Wochenende.

Nach einem tollen FCA Sieg gegen Hoffenheim am Freitagabend kann ich in bester Stimmung meine Stadtbesichtigung am Samstag beginnen. Zunächst schaue ich mich nach einem Adapter für meine Elektrostecker um. Die meisten Unterkünfte haben zwar auch den 2poligen Steckeranschluss wie wir in Deutschland, aber der 3polige Stecker (ich glaube die Briten haben den) ist hier in den Häusern ebenfalls eingebaut. So bin ich flexibler beim Laden meiner elektronischen Geräte. Ich finde in einer Mall den passenden Elektro-Laden. Doch zunächst werde ich dort nicht fündig. Nachdem der Verkäufer dann selbst in der Passage alle möglichen Geschäfte abgeklappert hat, bringt er einen passenden Adapter. Der sieht schon ziemlich dreckig und abgenutzt aus. Ich frage nach dem Preis. 20 Euro!! will er dafür und lässt auch nicht mit sich handeln. Wow, zähneknirschend zahle ich den Preis, auch wenn ich mir nicht ganz sicher bin, ob er ihn vom Elektroschrott herausgeholt hat. Aber es gibt mir schließlich ein sicheres Gefühl auch die 3poligen Steckdosen nutzen zu können.

Ich fahre durch Khartum, über die Brücken des Nils. Hier fließen der Blaue (aus Äthiopien) und der Weiße Nil (aus Ruanda) zusammen, um als gemeinsamer Fluss durch Ägypten bis zum Mittelmeer zu fließen. Ich werde ihn hoffentlich noch öfter in seinem Lauf begleiten.

Doris und Manfred von der Laufgemeinschaft Wehringen haben mir ja vor der Reise das German Guesthouse ans Herz gelegt. Da die Internetseite des Guesthouses im weltweiten Netz nicht mehr aktualisiert wird, glaube ich, dass der Vermieter den einbrechenden Gästezahlen in der Corona-Zeit zum Opfer gefallen ist. Google Maps zeigt mir aber die Location noch an. Also fahre ich hin und überprüfe meine Vermutung vor Ort. In der Tat. Hier weist nichts mehr auf ein früheres Guesthouse hin. Schade.

Ich besuche eine Einkaufsmall. Nicht zu glauben, dass sich die Menschen hier die Lebensmittelpreise leisten können. Alles kostet mindestens so viel wie in Deutschland, teilweise sind die Produkte sogar erheblich teurer. Vor allem Markenprodukte. Oder kostet bei uns ein kleines Nutellaglas auch schon 5 Euro? Lediglich die Getränke sind etwas günstiger. Wasser, Cola, O-Saft, alle Produkte sind relativ günstig zu bekommen. Nur beim Bier fühle ich mich an den Song von Paul Kuhn erinnert: „Es gibt kein Bier auf Hawaii..." und auch nicht im Sudan, no Alkohol. Aber das wusste ich schon vor der Reise. Dass es anschließend an der Kasse recht gemütlich zugeht, muss ich nicht erwähnen, denn das liegt auch an den Bündeln an Geld, das hier jeder Kunde hierlässt. Die größte Banknote ist gerade mal 1 Euro 70 wert. Da heißt es bei größeren Beträgen blättern und zählen. Zuerst der Kunde, dann die Kassiererin. Das dauert.

Hier in Khartum auf den Start zu warten ist zermürbend. Ich sitze im Zimmer und lese. Naja Bücher habe ich genug auf meinem Book-Reader. Und es soll ja auch bilden. Draußen ist es mir mit 40 Grad zur Mittagszeit zu heiß. Dann entschließe ich mich doch noch, zu meinem Lieblingskaffee mit WLAN Verbindung zu radeln. Bei dem Verkehr ist das aber auch kein Vergnügen. Ein PKW touchiert meinen Lenker mit seinem Außenspiegel. Ich kann das Rad gerade noch kontrollieren. Puh das war Glück. Hoffentlich komme ich hier bald weg.

Dann ruft mich Ashraf an, es sieht gut aus. Er holt mich am Nachmittag ab, um vier Passfotos von mir machen zu lassen. Dafür habe ich mir schon mal mein FCA Trikot angezogen. Soll ja schließlich nach etwas Vernünftigem aussehen. Er fährt mich zum Foto-Shop und wieder zurück. Ich gebe ihm anschließend meinen Pass, die Fotos und 30 Euro. Das alles braucht er, um mit dem Brief seiner Firma das Permit in die Wege zu leiten. Morgen Mittag soll ich es bekomme. Eigentlich gebe ich meinen Pass sehr ungern aus der Hand. Aber ich vertraue Ashraf. Dann muss ich eben noch eine weitere Nacht hierbleiben und hoffe Dienstag früh starten zu können.

Fünf Tage habe ich jetzt den Verkehr hier überstanden. Was soll jetzt noch schiefgehen. Ashraf ruft mich gegen 2 Uhr am Nachmittag an. Er muss mich noch in der Ausländerbehörde registrieren. Und auch am Grenzübergang nach Ägypten in Wadi Halfa gibt es wohl Schwierigkeiten. Welche das sind, konnte ich in dem Gespräch zwischen den hupenden Autos und schreienden

Marktverkäufer nicht entnehmen. Er will mich abends nochmal anrufen, wenn alle Papiere erstellt sind. Inschallah. Ich besuche ein nettes Kaffee um die Ecke und warte.

Ashraf meldet sich wie vereinbart am Abend. Leider bekomme ich sämtliche Unterlagen erst morgen Mittag, erklärt er mir. Wieder ein Tag warten. Und die Wettervorhersage sagt nichts Gutes. Es wird noch heißer. Am nächsten Tag sitze ich wieder in meinem Lieblingskaffe namens „Manuela" mit Klimaanlage und WLAN. Als ich zurück radle um mich mit Ashraf zu treffen, glaube ich meinen Augen und Ohren nicht. Direkt an der Ecke meiner Unterkunft findet eine wilde Demonstration mit Jugendlichen auf der einen und Polizei und Militär auf der anderen Seite statt. Die Luft ist voller Rauch und Tränengas und alle paar Minuten höre ich Detonationen oder Schüsse. Der Rauch ist ziemlich aggressiv und reizt meine Augen zu tränen, ich bekomme kaum Luft. Die Polizei hält mich auf. Hier komme ich nicht mehr durch. Auch wenn ich nur noch 500 m zu meinem Airbnb Hotel habe. Ok, nichts wie weg hier. Ich versuche mit einem großen Bogen die Unterkunft von der anderen Seite aus zu erreichen. Auch hier stehe ich 50 m vor dem Haus im Zentrum des Konflikts. Jetzt allerdings auf der Seite der Demonstranten. Auch sie halten mich zurück. Ich habe doch nur noch 50 Meter und deute auf das blaue Haus. Dann lassen sie mich doch gehen. Ich renne zum Haus. Am Haus angekommen gehe ich in meine Unterkunft, verschließe die Tür und atme erstmal kräftig durch. Der Rauch reizt dermaßen meine Schleimhäute, dass ich ein paar Minuten brauche um wieder meine Augen öffnen zu können. Jetzt kann ich mir das Schauspiel von oben aus meinem Fenster und in sicherer Lage ansehen.

Immer wieder höre ich das Knallen von Geschossen. Die Jugendlichen mit Schutzschilden und Helmen rücken vor, werfen Steine und weichen im nächsten Moment gleich wieder zurück. Gegen die gepanzerten Fahrzeuge des Militärs haben sie keine Chance. Ca. eine Stunde dauert das Gefecht. Dann ist Schluss. Und wenn nicht die immer noch brennenden Reifen wären, würde man nicht vermuten, dass hier noch vor wenigen Minuten eine Straßenschlacht stattgefunden hat. Ich rufe Ashraf an und schlage vor, das

Treffen auf die Abendstunden zu verschieben. Gerade ist vielleicht keine gute Zeit. Mein Vermieter Khalil sagt mir, dass hier in diesem Stadtteil regelmäßig Demonstrationen wie diese stattfinden. Er ist schon daran gewöhnt.

Am Abend steht dann Ashraf vor meiner Tür und überreicht mir endlich meinen Pass mit der notwendigen Registrierung und das Travel Permit. Vielen Dank Ashraf. Ohne ihn hätte ich es wohl nicht so schnell geschafft. Wir verabschieden uns und wünschen uns viel Glück. Das Tränengas von heute Nachmittag liegt dabei immer noch in der Luft.

Um 5.45 Uhr sitze ich auf dem Fahrrad. Ich habe heute Nacht nur wenig geschlafen. Entweder weil ich die letzten Nächte zu lange ausgeschlafen habe oder ich bin einfach zu nervös. Die ersten Kilometer sind immer die Schwersten. Ich komme in der relativ kühlen Morgenluft aber gut voran. Doch nach 10 Kilometer bekomme ich plötzlich Panik. Ich habe ALLE meine Getränkeflaschen im Kühlschrank vergessen. So ein Mist. Wenn ich jetzt zurück radle ist der erste Tag schon wieder nach wenigen Kilometern dahin. Doch ohne Getränkeflaschen wäre es mehr als fahrlässig. Ich rufe meinen Vermieter Khalil an. Er geht zum Glück gleich ans Telefon. „Khalil, kannst du mir bitte die Flaschen nachfahren?" frage ich ihn. Ich denke er erkennt sofort meine Not und macht es zum Glück. Ich schicke ihm meine GPS Position. In der Zwischenzeit spricht mich ein kleiner Schuljunge auf Arabisch an. Ich verstehe leider kein einziges Wort, nicht mal seinen Namen. Aber ich habe eine sehr nette Begegnung mit ihm, während ich auf meine Getränkeflaschen warte. Kurze Zeit später kommt Khalil freudig mit den drei Flaschen an. Was für ein Glück. Ich bedanke mich tausendmal bei ihm und fahre weiter.

Die Landschaft wird trostloser, die Straßen schlechter und der Gegenwind mehr. Ich schaue auf meinen Tacho am Rad: 15, 14, 13, 12 km/h dann trete ich voller Motivation wieder fester in die Pedale und erreiche wieder 14 km/h. Nur, über Stunden kann ich das nicht durchhalten. Jetzt ist mein Radfahrgefühl hier in Afrika wieder zurück. Es ist reine Willenskraft die Touren bei diesem Gegenwind durchzuziehen.

Nach 60 km bin ich endlich an meinem Ziel angekommen. Einem kleinen Café. Hier lege ich mich den ganzen Nachmittag auf eine Pritsche und relaxe, so wie ich es im Sudan die meisten Nachmittage tun werde. Um vier oder fünf radle ich weiter. Noch ein paar Kilometer. Dann suche ich mir einen Zeltplatz. 70 km sind für heute ein guter Start.

Die nächsten Tage laufen im gleichen Muster ab. Bereits um 5 Uhr stehe ich auf, dann ab 5.45 Uhr aufs Rad. Möglichst schon gleich Tempo und viele Kilometer machen. Gegen 11:00 Uhr erreiche ich meist mein Tagesziel. Dann wird es auch zu heiß, um auf dem Rad zu sitzen. Das Thermometer klettert dann auf über 40 Grad. Heute war mein Ziel laut meiner App MAPS.ME ein kleiner Shop. Aber da war nichts zu sehen von einem Shop. Außer ein paar Gebäude mit ein paar wenigen Menschen war nichts da. Ich frage trotzdem, ob ich nachmittags hier im Schatten liegen darf. Das darf ich. Ohne Probleme. Ich liege den ganzen Nachmittag hier. Langweilig wird`s nicht. Ein junger Sudanese telefoniert die ganze Zeit so laut, dass er sich das Smartphone eigentlich sparen könnte. Den hört eh die ganze Gegend. Immer wieder beten sie oder sie spielen Spiele zusammen. Und wenn es endlich mal leiser ist, schreit mir eine Ziege in mein Ohr. Ruhe gibt es hier nicht.

Dann plötzlich helle Aufregung. Alle geben mir zu verstehen aufzustehen und zur Straße zu blicken. Erst verstehe ich nicht so recht, was sie mir sagen wollen. Dann sehe ich einen Radfahrer mit Gepäcktaschen die Straße entlang fahren in Richtung Khartum. Ich pfeife ihm nach. Aber er dreht sich nicht mehr um. Würde ich wohl auch nicht tun an seiner Stelle, selbst wenn ich einen Pfiff gehört hätte. Schade. Ich hätte mich gerne mit ihm über meine weitere Tour unterhalten. Kaum liege ich wieder auf meiner Isomatte, schon wieder Aufregung. Wieder sind zwei Radler in die gleiche Richtung unterwegs. Und wieder kann ich nur noch hinterherschauen. Ich denke die drei gehören zusammen. Aber jetzt um 16.00 Uhr ist es halt noch verdammt heiß. Mir jedenfalls ist es zu heiß, um schon wieder auf dem Rad zu sitzen.

Leider habe ich mir hier unter einem kleinen Shop in meiner Navigations-App etwas anderes vorgestellt. Zumindest sollte es etwas zu trinken geben. Wasser, Cola, Fanta halt irgendetwas kaltes. Nix. Nur Wasser aus dem

Tontopf, von dem sich alle bedienen. Mir ist das wegen den möglichen Keimen zu gefährlich. Noch habe ich ja genügend zur Reserve. Aber morgen brauch ich dringend Nachschub, sonst muss ich mich auch von dem Wasser aus den Krügen bedienen, die hier überall für alle Menschen aufgestellt sind.

Sand, überall nur Sand. Sand in den Schuhen, im Zelt, in den Satteltaschen, an der Fahrradkette, einfach überall kriecht dieser feinstaubige Sand hinein. Ich empfinde das Zelten in der Wüste plötzlich nicht mehr so idyllisch wie ich es mir vorgestellt hatte. Ich versuche den Sand in der Dunkelheit des Tagesanbruchs auszuschütteln, so gut es eben geht. Dann starte ich, natürlich wieder gegen den Wind. Meine Hoffnung, dass der Wind sich früh morgens noch zurückhält, hat sich leider nicht erfüllt. Den Gefallen tut er mir wohl nicht.
Nach kurzer Zeit auf dem Rad, donnern plötzlich Busse in meiner Fahrtrichtung an mir vorbei. Einer nach dem anderen. Ich habe sie gezählt. 35 Busse, die innerhalb 5 bis 10 Minuten in einem Affentempo an mir vorbeirauschen. Bei jedem einzelnen Bus verspüre ich einen Windstoß. Am späten Vormittag rasen sie wieder zurück. Keine Ahnung wohin die fahren. Vielleicht bis an die Grenze zu Ägypten nach Wadi Halfa. Die gleichen 35 Busse werde ich jetzt jeden Tag am Morgen treffen. Aber jeden Tag ein wenig später und jeden Tag kommen sie wieder etwas früher zurück.

Ich komme wieder an ein kleines Café. Chai, heißen Chai gibt's hier. Ich trinke 3 hintereinander, mit verdammt viel Zucker. Aber so trinken alle hier den Tee. Ich kann ihn richtig genießen. Ich frage den jungen Mann, ob ich auch Wasser, Cola oder sonst etwas Kühles zu trinken bekomme. Leider nicht. Er führt mich zu den Krügen mit Trinkwasser und einer Schöpfkelle. Diesmal nehme ich zur Sicherheit etwas mit. Ich fülle 2 Liter in meine Trinkflaschen ab. Ich will sie allerdings nur im Notfall nutzen. Anschließend mache ich mich wieder auf den Weg.

Von Weitem sehe ich nach vielen weiteren Kilometern in den Beinen einen Melonenstand. Einen echten MELONENSTAND. Es ist keine Fata Morgana. Ich kaufe eine der vielen großen Melonen auf dem Stand und bitte Achmed den Verkäufer mir die Melone aufzuschneiden. Was für ein Genuss. Wann habe ich eine Melone so sehr genossen. In kurzer Zeit esse ich die Hälfte. Mehr traue ich mich nicht. Nicht dass ich noch Magenschmerzen bekomme. Dann packe ich mir noch 2 Schnitze in eine Tüte und verstaue sie. Den Rest der Frucht lasse ich ihm wohl oder übel als Geschenk zurück.

Ich erreiche mein Tagesziel. „Food and Drinks" hat mir meine App bei diesem Stopp versprochen. Naja, vielleicht hätte ich mir darunter noch vor zwei Wochen etwas anderes vorgestellt, aber jetzt bin ich völlig glücklich damit. Ein schattiger Platz und kühle Getränke, mehr brauche ich gar nicht. Und die 2 Liter Trinkwasser, die ich als Reserve seit dem Café heute früh habe, dienen mir für meine Katzenwäsche. Ich frage den Besitzer ob ich hier übernachten darf – darf ich. Also heute Nacht geht es ohne Zelt *(siehe Bild Café mit Food and Drinks)*.

Ich übernachte auch die nächsten 2 Nächte an den wenigen Raststationen auf den Straßen mit viel Sand auf und neben der Strecke. Zum Glück sind die Straßen in relativ gutem Zustand. Ich schlafe entweder auf dem Boden oder auf einer der Pritschen, die hier überall stehen und den Einheimischen als Raststation oder Bett für die Nacht dienen. Aber immerhin muss ich früh morgens mein Zelt nicht zusammenbauen. Das spart mir 20 bis 30 Minuten, die ich in der Früh länger schlafen kann.

Immer wieder mal werde ich von den Sudanesen zum Essen eingeladen. Aber ich muss gestehen, es kostet mich schon sehr große Überwindung mit allen zusammen aus einem gemeinsamen Teller und nur mit meiner rechten Hand zu essen. Unten liegt das Fladenbrot aus Sauerteig, dann wird eine Fleischsoße mit Fleischstücken draufgegossen, und los geht es. Jeder reißt sich vom Rand ein Stück Brot ab und taucht es in die Fleischsoße ein. Wie schon gesagt, es kostet mich Überwindung, aber ich finde es dann doch sehr lecker.

Später am Abend holt mein Gastgeber von heute einen alten und verstaubten Röhrenfernseher heraus. Alle Stühle, Tische und Pritschen werden zur Seite gestellt. Und der Fernseher in die Mitte platziert. Denn jetzt ist Kino-Time. Männer und Kinder (wo sich die Frauen versteckt haben, kann ich nicht sagen) sitzen am Boden und sehen sich eine drittklassige Bollywood Serie an. Vielleicht bin ich zuhause mit meinem riesigen Flachbildschirm doch ein wenig verwöhnt? Ich glaube schon. Nach der zweiten Serie wird ausgesteckt und das Abendprogramm ist für alle heute Abend vorbei.

Es ist ja nicht so, dass es keine Frauen und Mädchen hier gibt, nur ich sehe sie kaum. Aus den Reisebussen steigen gleichwohl Männer und Frauen ein und aus, aber seit ich Khartum verlassen habe, sehe ich an den Raststationen nur Männer und Jungs. Keine Frauen, keine Mädchen. Soll ich sie mal fragen? Aber kaum jemand spricht ein wenig Englisch und ich will auch nicht indiskret sein.

Wie jeden Tag stehe ich wieder schon sehr früh um 5.45 Uhr abfahrbereit an der Straße. Es ist noch Dämmerstunde. Ein Sudanese winkt von weitem und kommt auf mich zu. Erst im letzten Augenblick erkenne ich, dass es mein Gastgeber ist, bei dem ich heute auf der Pritsche übernachtet habe. Er will sich bei mir noch verabschieden und mir viel Glück wünschen. Ich bin gerührt. Dass er deshalb extra aufsteht und hinter mir her auf die Straße läuft, da fehlen mir die Worte. Wir verabschieden uns herzlich. 50 Kilometer stehen heute auf dem Programm und wenn ich dachte langsamer als 11 Kilometer je Stunde geht es nicht, dann werde ich heute eines Besseren belehrt. Heute ist die Anzeige teilweise auf 9 km/h gesunken. Die letzten Kilometer schleppe ich mich mühsam ins Ziel.

Ich liege im Zelt, in der Wüste, aber wie immer zu nahe an der Straße. Da höre ich natürlich jeden einzelnen PKW und LKW. Aber das Rad vollbepackt in dem tiefen Sand weiter von der Straße zu schieben, kostet so viel Kraft. Auf- und Abbau des Zeltes gestaltet sich leider auch alles andere als einfach. Der Wind bläst stetig, ich bin alleine und Heringe finden hier im Sand überhaupt keinen Halt. Aber irgendwie muss es gehen und den Straßenlärm in der Nacht muss ich ertragen. Es hört sich an, als ob die LKWs in der Nacht geradeweg durchs Zelt fahren. Dafür funkeln Millionen von Sternen wieder einmal über mir, sobald ich mich auf den Rücken lege, denn auf mein regen- und winddichtes Überzelt verzichte ich meistens. Nur wenn der Wind zu stark bläst, baue ich als Schutz mein Überzelt noch über das Innenzelt. Damit bin ich besser gegen die Lichter der LKWs und den stetigen Wind geschützt *(siehe Bild Zeltaufbau bei Starkwind).*

Am nächsten Tag komme ich ausnahmsweise sehr gut voran. Ich habe zum ersten Mal das Gefühl nicht immer nur bergauf zu fahren, was mir der Gegenwind vorgaukelt. Das liegt wohl vor allem daran, dass ich etwas mehr Richtung Westen fahre. Der Wind kommt eher von der Seite. Jetzt fehlt nur noch ein Melonenverkäufer zu meinem vollständigen Glück. Aber auf den warte ich heute vergebens.

Macht nix. Um 10:00 Uhr habe ich nicht nur mein Tagesziel erreicht, sondern ab Khartum die längste Passage ohne feste Unterkunft hinter mir. Ab jetzt sollte ich wenigstens nach zwei spätestens nach drei Tage ein Hotel finden, so meine Hoffnung. Und hier bekomme ich neben dem gesüßten Tee ein Omelett, Tomaten, Zwiebel und Peperoni zum Frühstück. Ein scharfes Frühstück. Und statt der Melone gibts zum Nachtisch Pampelmuse. Auch sehr saftig und lecker.

Auch hier stehen im Café mehrere Pritschen für müde LKW-Fahrer oder auch Radfahrer wie mich zur Verfügung. Aber zuvor gibt es an dieser Raststätte noch viel zu sehen und zu kaufen. Hier kann ich mir endlich frisches Obst, Wasser und Säfte besorgen. In einer der Hütten bemerke ich regen Zulauf. Als ich selbst hineingehe, sehe ich, dass Kinder und Jugendliche an den aufgestellten Spielekonsolen ihren Spaß haben. Für einen Augenblick drehen sich alle zunächst mal zu mir um. Aber schon bald sind sie wieder auf ihre Bildschirme fixiert. So viel Abwechslung vom Alltag an einem Tag kommt ja auch selten vor. Ich gehe wieder zurück zu meinem Fahrrad und ruhe mich von meiner Tagessetappe aus. Viele versuchen sich mit mir zu unterhalten, auch wenn das meist nur mit Händen und Füßen geht. Abdrahman spricht mich an. Er kümmert sich rührend um mich. „Wenn du ein Problem hast auf deiner Reise, ruf mich an". Er gibt mir seine Telefonnummer. Wirklich sehr nett, herzlichen Dank. Aber leider spricht er nur wenige Brocken Englisch. Das würde übers Telefon wohl nicht klappen. Aber eh Wurst, hier will kein Mensch etwas von mir. So sicher wie hier, fühle ich mich in keiner Großstadt in Deutschland. „Heute Abend kannst du gerne hier schlafen", gibt er mir zu verstehen, nachdem ich angedeutet habe, ob es hier Schlafmöglichkeiten gibt. Da nehme ich das Angebot doch dankend an.

Ich schlafe auf einer Pritsche unter freiem Himmel inmitten meiner Gastgeber. Bis in die Nacht wird gegessen, getrunken und Musik gehört. Freunde und Nachbarn besuchen uns und es herrscht ausgelassene Stimmung bis langsam alles verstummt und wir in den Schlaf fallen. Ich bin natürlich wieder früh unterwegs, aber leider erweist sich mein erhofftes Hotel am nächsten Tag wieder mal als Flop. Naja, spätestens in Dongola, also in 2 Tagen so meine Hoffnung, werde ich sicher wieder eine erfrischende Dusche in einem Hotel bekommen. Und ich bin mir ganz sicher, dass ich diese Dusche sehr genießen werde. Die Straßen waren für mich bisher ganz in Ordnung. Aber heute werden die Schlaglöcher immer größer. Ich staune nicht schlecht, als ich sehe, dass mich ein großer Bus direkt rechts abseits der eigentlichen Straße auf einer staubigen Piste überholt. Der Fahrer und ich schauen uns mit großen Augen gegenseitig an, dann zieht er vorbei und lässt hinter sich eine riesige Staubwolke, in der ich mit meinen verschwitzten Klamotten eintauche. So bildet sich auf der Haut jeden Tag immer wieder ein natürlicher Sonnenschutz und mit meinem mitgebrachtes Rei in der Tube versuche ich regelmäßig am Abend den größten Dreck wieder auszuwaschen. Doch das gelingt mir immer weniger gut.

An meiner heutigen Raststation in meiner Mittagspause, stehen ein halbes Dutzend leere Cola-, Sprite- und Fanta Flaschen vor mir auf dem Tisch. Als ein Bus mit Fahrgästen kommt, sind die leeren Flaschen in wenigen Sekunden vergriffen. Die Fahrgäste füllen Wasser darin auf und nehmen sie mit auf ihrer Weiterfahrt. Berührungsängste kennen sie hier überhaupt nicht. An den Raststationen steht immer ein Frischwasserkanister bereit. Meist hängt ein Krug daran, der mit einem Strick festgebunden ist. Hier bedienen sich alle. Alte, Junge, Männer und Frauen, um ihren Durst zu löschen oder einfach um sich Hände, Gesicht oder Füße zu waschen. Ich selbst trinke zwar nicht daraus, aber als Abkühlung fürs Gesicht ist es sehr wohl tuend.

Überall wird Kaffee oder Tee ausgeschenkt. Die Sudanesen süßen das Getränk meist mit sehr viel Zucker. Ein 5 l Ölkanister dient hier an der Raststätte zum Auffüllen von Kaffee- und Teewasser. War vielleicht ein öliger Geschmack in meinem Tee? Ich habe zumindest keinen bemerkt, aber alles hat hier auch nach dem Gebrauch noch einen anderen wichtigen Zweck. Trotz der vielseitigen Nutzung, liegen in jedem Dorf so viel Plastikmüll auf den Straßen. Meist sind es alte Trinkflaschen. All diese Verpackungen werden in unserer technologischen und kommerziellen Welt in Europa oder Amerika produziert und in großen Mengen auf den afrikanischen Kontinent verschickt. Doch es wurde wohl noch nie über Rücknahmesysteme oder Mehrwegverpackung nachgedacht, geschweige denn, ein solches Systeme in den Ländern meiner Reisen eingeführt. Alleine die Schuld bei diesen Menschen für das Vermüllen ihres Landes zu suchen, wäre wohl zu einfach. Regierungen der Industrieländer hätten schon sehr viel früher politischen Druck auf die jeweiligen Regierungen ausüben müssen, dass die Markterschließung nur über ein geschlossenes Rücknahmesystem möglich gemacht wird. Ich für meinen Teil, versuche zumindest meinen Abfall in den wenigen Abfallbehältern, die ich finde, zu entsorgen. Die Menschen um mich herum tun dies leider nicht.

Strom gibt es auf dem Land leider nicht den ganzen Tag. Aber ab 18.00 Uhr steht er bisher immer zur Verfügung. „Das ist Sudan" sagen die Menschen mit einem Lächeln. Für mich sind die Lademöglichkeiten meiner akkuunterstützten Geräte dadurch natürlich sehr begrenzt möglich. Denn ab 16.30 Uhr mache ich oft den zweiten Teil meiner Tagesstrecke und schlafe dann im Zelt. Aber eins gilt hier überall. Die Menschen sind sehr freundlich, hilfsbereit und aufgeschlossen. Leider sprechen nur die Wenigsten so gut Englisch um sich ein wenig mit ihnen unterhalten zu können.

Ich bin in Dongola angekommen und habe hier ein Zimmer mit WC und Dusche gefunden. Was gibt es schöneres? Naja, die Dusche funktioniert leider nicht so, wie sie eigentlich soll. Die Halterung bricht schon auseinander und das Wasser ist eher lauwarm. Aber Wurst. Dann stehe ich halt etwas länger in der Dusche um alle Körperteile mit Wasser zu bedecken und mich grünglich reinigen zu können.

Die 550 Kilometer, die ich bisher hinter mir gebracht habe, ließen sich bei dem Gegenwind und der Hitze ab 10.00 Uhr wirklich nicht leicht radeln. Zum Glück sind die Straßen trotz der vielen und großen Schlaglöcher bisher halbwegs ok.

Eine gute Zeit, um auf meiner Reise eine Zwischenbilanz zu ziehen. Was ich sehr angenehm empfinde und schon beim letzten Sudanbesuch empfunden habe, ist die Unaufdringlichkeit der Sudanesen. So ein weißer Radfahrer gehört ja nicht zum Alltagsbild. Und trotzdem sind alle hier freundlich und höflich aber niemand aufdringlich. Kein Mann, keine Frau und kein Kind haben mich bisher angebettelt. Wenn ich mein Rad stehen lasse, muss ich es nicht abschließen, ich tue es aber trotzdem sehr häufig. Auch das war mir bei meinem ersten Sudanaufenthalt schon aufgefallen. Es hat sich wieder bestätigt. Aber meine und die Sicherheit meines Hab und Gutes sind sicher ein echter Pluspunkt auf meinem Weg durch den Sudan.
Was viel schwerer ist als ich mir vorstellen konnte, ist die Versorgung mit Lebensmittel. Sudan hat eine noch viel schlechtere Infrastruktur als die anderen afrikanischen Länder durch die ich gereist bin. Ein Lebensmittelgeschäft auf Google Mail erweist sich hier meist als Laden, der vielleicht vier Stunden am Tag geöffnet hat und fast nichts verkauft. Mit Glück ein paar Getränke und mit viel Glück sind die noch gekühlt. Ansonsten ist die Auswahl der meist abgelaufenen Produkte sehr überschaubar. Dazu hat nicht jedes Dorf ein Geschäft. Restaurants und Essensmöglichkeiten gibt es außerhalb Khartums nur sehr wenig. Das war mir auf der ersten Sudanreise nicht aufgefallen. Aber diesmal geht es auch durch weniger urbane Gebiete. Heute fand ich in Dongola einen Dönerladen mit Fleisch vom Spieß. Der war sehr lecker. Ich denke, da geh ich morgen wieder hin.

Kontakt findet man hier sofort, weil die Menschen immer wieder nachfragen. Gestern lag ich im Schatten einer Moschee während meiner Mittagspause. Als die Schulkinder nach Hause gingen, blieben sie alle bei mir stehen, packten ihre Englisch-Bücher aus und übten ihre gelernten Englischsätze mit mir. Auch wenn ich mich eigentlich ausruhen wollte, habe ich lange Zeit mit ihnen geübt. Es sind einfach besondere Momente auf meiner langen Reise.

Mein Travel Permit habe ich bisher noch nicht vorzeigen müssen. Hätte ich mir wohl am Ende des Tages sparen können. Aber man weiß ja nie.

Ich treffe in Dongola auf Hameed. Er ist Reiseführer und mit einer Gruppe älterer Franzosen im gleichen Camp hier abgestiegen. Wir unterhalten uns, als seine Gruppe (alle ca. 70 bis 80 Jahre alte Touristen) mit Rollkoffer ihre Zimmer beziehen. Hier gibt es wichtige archäologische Ausgrabungen aus der Zeit der ersten afrikanischen Zivilisation. Dieses Gebiet zwischen der ägyptischen Grenze und Dongola wird als Nubien bezeichnet. Hameed bezeichnet sich selbst auch als Nubier und ist auch sehr stolz darauf.

Er nennt mir mehrere Ziele auf meiner weiteren Tour und rät mir, die letzten 100 Kilometer nach Wadi Halfa den Bus zu nehmen. „Dort sind einige Berge und da treiben sich nachts Hyänen rum, dort würde ich nicht im Zelt übernachten." ich werde mir seine Worte zu Herzen nehmen.

Nach einem Erholungstag, breche ich am nächsten Tag früh morgens wieder auf. Meine Trinkflaschen stelle ich zur Sicherheit schon mal aus dem Kühlschrank und für die frühe Abfahrt bereit. Mein Weg führt mich nach Kerma. Dort existierte 2000 Jahre vor unserer Zeitrechnung die Kerma Kultur, von den Ägyptern als Reich der Kusch bezeichnet. Ein massiver Lehmziegelbau, der heute noch hoch aufragt, kennzeichnet das Zentrum der damaligen Siedlung.

Als ich in die Anlage mit dem Rad hineinfahre, werde ich von zwei Wärtern schon zurückgepfiffen. Die habe ich im ersten Moment gar nicht gesehen. Sie bieten mir erstmal zu trinken an und wir plaudern bei einer Tasse Tee über den Eintrittspreis. 20 Dollar kostet der offizielle Zutritt zum abgegrenzten Areal. Dabei kann ich von hier doch schon die gesamte Anlage problemlos einsehen. 20 Dollar nur um die Steine etwas näher in Betracht zu nehmen, erscheint mir völlig übertrieben. Schon kommt eine italienische Gruppe mit ihrem Guide um die Ecke. „20 Dollar, 20 Dollar, 20 Dollar..." zählt er nacheinander die Touristen ab und lacht mich dabei grinsend an. „Is there a hotel nearby?" frage ich ihn und er gibt mir ein Zeichen, dass es nur 5 Minuten von hier eines gibt. Ich fahre zum Tourist Resort (so ist der Name des

Hotels laut Google Maps). Tourist Resort hört sich zwar gut an, das Hotel sieht aber total verlassen aus, es hat wohl seine besten Tage schon hinter sich. Da werde ich sicher nicht übernachten können. Also zurück zu meinen beiden Freunden. Die haben nichts dagegen, dass ich Fotos und Filmaufnahmen von der Anlage außerhalb der Abzäunung mache und so spare ich mir den aus meiner Sicht überteuerten Eintrittspreis.

Ich finde heute als Pausenplatz ein besonders bequemes Plätzchen. Schattig und mit mehreren Pritschen ausgelegt. Dazu kühle Getränke gleich gegenüber. Außerdem ist heute am Samstag wieder Bundesliga Spieltag. So lassen sich die Samstagsspiele doch angenehm am Live Ticker auf dem Handy verfolgen. Wenn der FCA auch noch gewinnt, umso besser. Langweilig wirds nicht. Ist es doch der tägliche Treffpunkt vieler Menschen hier. So komme ich nicht umher tausende Hände zu schütteln und an allen Mahlzeiten mit teilzunehmen. Viele Nachbarn und Freunde nehmen ebenfalls daran teil. Auch Alte und Kranke kommen vorbei und bekommen hier ihren Essensanteil. Sie sind Teil dieser Gemeinschaft. Das gemeinsame Essen dient wie der gemeinsame Tee oder Kaffee als wichtiger sozialer Kontakt unter den Menschen. So übernachte ich heute Nacht nicht alleine auf der Pritsche, neben mir liegt noch ein älterer Sudanese, der wohl jede Nacht hier verbringt. Ein Nachbar innerhalb der Gruppe bietet mir die Mitnutzung der Toilette in seinem Haus an. Die Gastfreundschaft ist wirklich überwältigend hier im Sudan.

Entlang des Nils bis Tumbus geht es auf Staubstraßen durch kleine Siedlungen. Ich bin etwas später dran, denn meine Gastgeber haben darauf bestanden mir zum Frühstück noch Kaffee, Kekse und Brot zu reichen. Ich weiß nicht wie oft ich schon auf meiner Reise zum Mitessen eingeladen wurde. Aber das gemeinsame Essen, der gemeinsame Tee oder Kaffee oder auch das gemeinsame Zusammensitzen gehören hier einfach zur Kultur dieser Menschen.

Die Landschaft ändert sich. Sie wird grüner und auch steiniger. Getreideanbau und Dattelpalmen kennzeichnen die Strecke. Aus der Sandwüste ist inzwischen eine Steinwüste geworden mit teilweise spektakulären

Felsformationen. Die Häuser sehen hier am Ufer des Nils vornehmer aus. Ein Merkmal dafür sind die Eingangstüren und -tore, die ganz besonders schön gestaltet sind. Sie wirken wie Statussymbole der Hausbesitzer *(siehe Bild Junger Sudanese vor einem prachtvollen Eingangstor).*

Ich treffe plötzlich den jungen Holländer Tim in meiner Mittagspause im Café, als ich sehe, wie er seine Trinkflaschen auffüllt. Neben ihm steht sein Fahrrad. Wir kommen natürlich gleich ins Gespräch. Er ist von Holland per Anhalter gestartet, in Kairo hat er sich das Fahrrad gekauft und fährt in gegensätzlicher Richtung nach Khartum. Dort will er sein Fahrrad wiederverkaufen und dann nach Saudi-Arabien weiterreisen. Die Unbekümmertheit der jungen Leute ist echt klasse. Er gibt mir auch noch tolle Tipps auf meiner bevorstehenden Strecke und ich teile ihm meine Erfahrungen mit.

Durch seine Informationen komme ich am Abend noch an vielen Felszeichnungen vorbei, die wohl schon sehr alt sind, die ich aber ohne ihn sicher nicht entdeckt hätte. Und dann gibt er mir noch einen Tipp für Ägypten mit: „Ignore the police, they always want to stop you in Egypt". Na dann weiß ich ja Bescheid.

Am nächsten Tag fahr ich wieder Staubstraßen direkt am Nil entlang. Wechsle mit der Fähre auf beide Seiten des Flusses. Hier ist das Vorankommen viel schwieriger, aber die Landschaft dafür auch spektakulärer. In der Nacht zelte ich wieder. Der Wind bläst die Nacht hindurch so stark und rüttelt so kräftig an meinem Zelt, dass ich mir kaum vorstellen kann morgen früh dagegen anzuradeln.

In Wawa kündigt mir Google Maps das Nubian Guesthouse als Übernachtungsmöglichkeit an. Endlich wieder duschen und auf einer Matratze schlafen und vielleicht habe ich sogar einen WLAN Empfang? Doch ich stehe an der angegebenen Adresse und kann es nicht finden. Nichts deutet auf ein Guesthouse hin. Ich fragte einen Sudanesen, den ich auf der Straße zufällig begegne: „Do you know is here a guesthouse?" und er antwortet mir: "Oh yes, its just this in front of you, its my brothers house, i will call him right now to open you". Super, da wäre ich vor verschlossener Tür gestanden und wäre dann wohl sicher wieder frustriert weitergefahren.

Das Guesthouse selbst, hat eher einen niedrigsten Standard. Drei durchgelegene Betten im Zimmer, eine kalte Dusche und Toilette im Hof. Und natürlich kein WLAN. War ja auch klar. Aber macht nix, dann gehts halt ohne.

Mit einem Boot fahre ich wieder über den Nil zum Tempel Soleb. Ich bin der einzige Besucher dort und kann mich umsehen wie ich möchte. Ob das bei den Tempelanlagen in Ägypten auch so sein wird? Ich wage es zu bezweifeln. Als ich zurückkomme fragt mich mein Gastgeber, ob ein Polizist vor Ort war, der die 20 Dollar Eintrittsgeld kassiert hat? „Nein, es war keiner da", sag ich ihm. Glück gehabt.

Am nächsten Tag geht es weiter nach Sai Island. Von Hameed hatte ich eine Telefonnummer bekommen von Mr. Adil. Und genau dieser Mr. Adil holt mich zusammen mit seinem Sohn Muaz ab und bringt mich mit dem Boot auf die Insel. Nochmal einen Tag Zeit, mich der Nubian Kultur zu widmen. Auch hier gibt es mehrere tausend Jahre alte Siedlungen. Nicht aus massivem Stein, sondern massive Lehmbauten haben hier Jahrhunderte und Jahrtausende überlebt. Wenigstens ein Teil davon stehen hier als Ruinen zur Besichtigung.

Muaz, der gut Englisch spricht, versichert mir, dass wir beide heute Abend das Champions League Rückspiel der Bayern gegen Paris ansehen können. „No problem, my neighbour has TV access for Champion League". Doch leider war es am Ende doch ein Problem und aus dem Spiel wurde nix. Zumindest was den TV Zugang angeht. Der versprochene Access hat sich doch als Luftnummer erwiesen. Und so sitzen wir zu sechst im Wohnzimmer seines Nachbarn und gehen anschließend enttäuscht wieder nach Hause.

Am nächsten Tag nehme ich mir einen Bus und fahre die restlichen 150 Kilometer nach Wadi Halfa. Als ich so im Bus bei kühlem Wasser und Cola sitze, denke ich mir, was doch für eine lebensfeindliche Steinwüste hier draußen zu sehen ist. Oh Gott, bin ich froh, diese Entscheidung getroffen zu haben. Der orkanartige Gegenwind, die Hitze und die feindliche

Lebensumgebung hätten mich an meinem weiteren Vorhaben mit Sicherheit zweifeln lassen. Aber nun bin ich in Wadi Halfa.

Ich treffe mich mit Magdi, meinem Kontaktmann von Hameed. „Eine Fähre von Halfa nach Abu Simbel oder Assuan gibt es nicht mehr. Die Verbindung wurde schon vor einigen Jahren eingestellt", erklärt er mir. Ich muss also 30 Kilometer nach Esket radeln, dort über die Grenze und dann die Fähre auf der ägyptischen Seite über den Nil nehmen. Der Grenzübergang sollte auf sudanesischer Seite kein Problem sein, in Ägypten gibt es da schon eher Probleme, meint er. Er wechselt mir noch ein paar ägyptische Pfund und gibt mir die Kontaktnummer von Hamada. „Er kann dir an der Grenze helfen, falls es dort Schwierigkeiten gibt". Ok, dann bin ich für morgen hoffentlich gut gerüstet.

So habe ich in Wadi Halfa noch den ganzen Tag Zeit mich umzusehen. Die Stadt am riesigen Stausee des Nils gelegen macht einen urbanen Eindruck. Aber auch hier in Halfa ist der Plastikmüll allgegenwärtig. Da dieser Müll weder verrottet noch eingesammelt wird und sich dadurch immer mehr anhäuft, stelle ich mir vor, wie es die nächsten Jahre und Jahrzehnte hier aussehen wird. Ein sehr trauriges Szenario für die nächsten Generationen, das mir durch den Kopf geht.

Am nächsten Tag bin ich um 6.00 Uhr wieder auf dem Rad. Die 60 Kilometer bis zur Fähre hatte ich eigentlich nicht eingeplant, ich wollte ja ursprünglich in Wadi Halfa auf die Fähre. Hilft ja nix. Um 8.00 Uhr bin ich in Esket, um 11.00 Uhr dann über der Grenze in Ägypten. Doch die 3 Stunden an der Grenze muss ich im Detail beschreiben.

Zuerst wurde die offiziellen Öffnungszeit 30 Minuten verschoben. Mit meinem Bike werde ich von A nach B geschickt. Endlich bekomme ich für 5000 sudanesischen Pfund den Ausreisestempel in meinen Pass. „Wo ist dein Ticket?" frägt mich ein Grenzpolizist. Wieder werde ich zurückgeschickt. 1000 weitere Pfund für das Ticket muss ich zahlen. Jetzt fehlt das zweite Ticket. Wieder zurück. Für 5000 Pfund gabs auch das. Warum ich die zwei Tickets benötige, wird mir nicht gesagt. Dann werde ich durchgelassen. Doch das letzte Tor bleibt verschlossen. Gepäckkontrollschein! Wieder zurück und warten bis die Gepäckdurchleuchtung in Betrieb genommen wird. Ich bekomme einen Aufkleber – diesmal sogar kostenlos und werde anschließend noch abgetastet. Dann gehe ich durch das letzte Tor. Geschafft, zumindest die sudanische Seite habe ich hinter mir.

Jetzt kommt die Einreise nach Ägypten. Ein junger Mann fängt mich ab und nimmt mein Gepäck total auseinander. Kulturbeutel, Medizinbeutel, Werkzeug, Klamotten, Zeltausrüstung, Wasserflaschen. Alles wird ausgepackt und bis ins Detail untersucht. Und alles liegt anschließend ausgebreitet vor mir. Anschließend alles wieder rein in die Taschen. Erstes Tor: Ich bekomme einen Einreisestempel für 35 ägyptische Pfund. Das Tor geht aber noch nicht auf. Ich benötige ein Ticket (für was auch immer) für weitere 105 ägyptische Pfund. Jetzt geht das Tor auf. Ein Mitarbeiter begleitet mich jetzt ab diesem Zeitpunkt. Gepäckdurchleuchtung, diesmal wird auch das Fahrrad geröntgt. Anschließend muss ich alle Taschen wieder komplett leeren. Ich protestiere verhalten, weise darauf hin, dass alles ja schon bis ins Kleinste kontrolliert wurde. Egal, nochmal, war je schließlich ein anderer Mitarbeiter. Dann geht's an den Visum Schalter. Ich händige Pass und mein elektronisches Visum aus Deutschland dem Schalterbeamten aus. Der Mitarbeiter, der mich begleitet, fragt mich, ob ich Wasser und ein wenig ägyptische Pfund habe. „Habe ich", sag ich ihm. 5 Minuten später kommt er wieder, schenkt mir eine Flasche Wasser und 200 Pfund (ca. 7 Euro). Mein Restgeld vom Sudan will er dafür aber nicht haben. „For your inconvenience, welcome in Egypt" sagt er mir und muss auch gleich wieder zurück an seine Arbeit. Ich bekomme den Pass zurück und spaziere durch die letzte Kontrolle nach Ägypten. Puh, ich habe es geschafft. Ich habe mein letztes Reiseland erreicht.

Fazit. Ca. 20 Euro auf sudanesischer Seite und 5 Euro auf ägyptischer Seite habe ich bezahlt. Dafür habe ich aber 7 Euro von einem Mitarbeiter geschenkt bekommen. Bis auf meine erste Gepäckdurchsuchung in Ägypten waren alle Grenzkontrolleure sehr freundlich. Und lustig wars obendrein. Im Nachhinein gesehen.

15. Mein letztes Reiseland Ägypten

Es geht 30 Kilometer weiter zur Fähranlegestelle. Ich warte mit zig LKW-Fahrer auf die Fähre. Wann sie kommt, kann mir keiner so genau sagen. Ich werde von zwei sudanesischen LKW-Fahrern zum Tee eingeladen, wir plaudern ein wenig im Schatten zwischen ihren Fahrzeugen. Da ist die Fähre ganz plötzlich auch schon da. Nach 50 Minuten auf der kostenlos verkehrenden Fähre bin ich direkt in Abu Simbel gelandet. Ich nehme mir ein schickes Hotel nur 500 Meter vom Tempel entfernt. Und am Abend gibt es nach vier Wochen endlich mal wieder ein leckeres Bier.

Ich bin mehrere Tage in der „Wohlfühloase" Abu Simbel und Assuan. Hier kann ich neue Kräfte sammeln, etwas Luxus genießen, historische Monumente besuchen und das leckere Essen (verglichen mit dem Sudan) genießen. Der Lebensstandard in Ägypten ist um ein Vielfaches höher als im Sudan. Der Tempel von Abu Simbel steht auf dem Programm und auch der berühmte Assuan Staudamm. Abu Simbel besuche ich bereits bei Sonnenaufgang. Mein Hotel ist ja nur wenige hundert Meter entfernt und so kann ich den Touristenmassen, die im Laufe des Vormittages mit dem Bus von Assuan anreisen, entgehen.

Eine besondere Begegnung hatte ich dann doch noch in Abu Simbel. Ein junger Mann (ich schätzte ihn vielleicht zwischen 20 und 25 Jahre alt) spricht mich auf Englisch an. Er sieht aus wie ein Ägypter, spricht aber kein Arabisch. Er sah mein Fahrrad stehen, sagt er mir und hätte deshalb ein paar Fragen an mich. Er möchte morgen in den Sudan einreisen. Ein Visum hat er allerdings bisher noch keines. Nachdem ich alle Fragen so gut wie es mir möglich ist beantworte, frag ich ihn wie er denn reise und wie lange er unterwegs sei. „Hitchhike" sagt er mir, also per Anhalter. Ein zeitliches Limit gibt es für ihn nicht. Solange er eben Lust hat und das Geld reicht. Ich schenke ihm mein restliches sudanesisches Geld. „good luck" wünsche ich ihm. Ich glaube er kann es wirklich gut gebrauchen auf seiner weiteren Reise.

Mit dem Bus fahre ich von Abu Simbel nach Assuan. Ich hatte auch nie vor, diese Strecke mit dem Fahrrad zu fahren und wollte eigentlich ursprünglich mit der Fähre bis nach Assuan. Da diese Fähre seit einiger Zeit jedoch nicht mehr verkehrt, bleibt mir nur der Bus. Für die 290 Kilometer durch die Wüste von Süd nach Nord, wären bei dem stetig vorhandenen starken Gegenwind vier Tage nötig. Mit sechs bis sieben Litern Flüssigkeit am Tag, hätte ich an die 30 Liter mitnehmen müssen, vom Essen ganz zu schweigen. Denn ich kann auf den Karten nicht sehen, wo und wann ich Einkaufsmöglichkeiten habe. Somit ist und war es für mich auch nie eine ernsthafte Überlegung, die Strecke mit dem Fahrrad zu bewältigen.

Assuan gefällt mir wirklich gut. Ich beschließe hier auf dem Elephantine Island zwei Tage zu bleiben. Auf der Insel gibt es kleine nubische Dörfer, schmale Gassen und eine touristische Infrastruktur. Mir gefällt es hier sehr gut. Meine Gastgeberin aus Holland hat sich hier das Mango Guesthouse aufgebaut und hat sich mit ihrem ägyptischen Mann auf Dauer niedergelassen. Ich besuche mehrmals das Bob Marley Moonlight Café. Auf der Dachterrasse bietet sich ein wunderschöner Blick auf den Nil mit den sogenannten Dahabeyas, also den landestypischen Segelschiffen und auch den vielen Kreuzfahrtschiffen, die hier angelegt haben. Hier in Assuan lässt es sich wirklich sehr gut entspannen. Ich besuche auch die Tempelanlage von Philae und das Nubische Museum. Im Gegensatz zum Sudan werde ich allerdings von Touristengruppen, Touristenführern und Verkäufern umlagert. Alle wollen sie schnelles Geld mit mir und den vielen anderen Touristen machen.

Es gibt natürlich auch viel Positives für Radfahrer. Die Bedingungen zum Radfahren sind hier wesentlich besser als im Sudan. Gute Straßen, ein wesentlich schwächerer Wind und vor allem weniger Hitze. Hier kann ich eigentlich den ganzen Tag Radfahren, ohne eine lange Mittagspause wegen den extremen Temperaturen einzulegen. Und so bin ich heute 130 Kilometer! bis nach Idfu geradelt. Wow. In zwei Tagen bin ich in Luxor.

Wo Licht ist, da ist aber bekanntlich auch immer Schatten. Denn meine Befürchtung hat sich hier in Assuan schon bestätigt. Es ist viel mehr Polizei und/oder Militär auf der Straße.

Es geht wieder auf Strecke. Zunächst bin ich heute erstmals nach dem Routenplan von meiner Komoot-App gefahren. Das war deshalb interessant, weil ich nur auf Seiten- und Nebenstraßen unterwegs war und so eben auch ziemlich interessante Eindrücke bekommen habe. Es geht aber auf den nicht geteerten Nebenstraßen sehr viel langsamer voran, aber egal dachte ich mir. Der Weg führte mich zum Kamelmarkt nach Daraw und zum Tempel Kom Ombo. Als ich weiterfahre und in ein kleines Dorf in der Nähe von Kom Ombo komme, halten mich plötzlich die Dorfbewohner an. Und plötzlich steht eine ganze Gruppe von Menschen um mich herum und versperrt mir den Weg. Hier darf ich nicht weiterfahren. Warum und wieso? – keine Ahnung. Ich stehe plötzlich in einer Traube von Menschen. Schade, die kleinen engen Straßen haben mir hier sehr gefallen. Ich muss umdrehen, wenn ich keinen Konflikt riskieren will. Und das will ich natürlich nicht. Also fahre ich den einige Kilometer zurück und bin wieder auf der Hauptstraße. Und da kommt natürlich was kommen musste. 30 Kilometer vor Edfu kommt mir die Polizei entgegen, dreht plötzlich um als sie mich sieht und hält mich auf. Zuerst wollen sie meine Nationalität und mein Ziel wissen. Pass und Visum interessiert sie nicht. Dann bieten sie mir an, mich mit meinem Fahrrad dorthin zu bringen. Ich lehne natürlich dankend ab. Deshalb fahren sie einfach die komplette Strecke hinter mir her. Ist ja kein Problem, aber ich fühle mich dadurch irgendwie gehetzt. Bergauf kriechen sie im Schritttempo mit mir hoch. Sie sind freundlich und nett, aber ich fühle mich irgendwie nicht wohl in meiner Haut. Vielleicht haben sie sonst einfach nichts zu tun. Als einmal eine Lücke entsteht und ich außer Sichtweite bin, steuere ich das nächste Café an und bestelle mir einen leckeren Kaffee. Mit einem Grinsen im Gesicht, sehe ich, wie sie an mir vorbeifahren. 10 Minuten später haben sie mich auf dem Rückweg wiederentdeckt. Ein paar verärgert Worte auf Arabisch, aber im nächsten Moment war wieder alles ok. Sie waren, vorsichtig gesagt „not amused". Ich bin sie bis zum Hotel nicht mehr losgeworden. Selbst beim Einchecken steht einer der Polizisten neben mir. Morgen gegen 9.00 Uhr holen sie mich wieder ab. Und wehe ich fahre schon früher los, drohen sie mir noch bevor sie endlich gehen. Also gut, bis Luxor werde ich die sicher nicht mehr los, denke ich mir.

In aller früh besuche ich den beeindruckenden Horus Tempel in Edfu. Den kann ich vom Hotel aus fußläufig erreichen. Ich bin einer der ersten Besucher heute. Als ich nach meiner Rückkehr der Besichtigung der Tempelanlage auschecke, steht mein Polizistenfreund schon wieder neben mir. Er hält mich von der Weiterfahrt noch kurz zurück. Noch zwei oder drei wichtige Telefonate, dann gibt er mir das Kommando „ok, go". Und los geht's. Zweimal links, zweimal rechts, einmal umgedreht und schon war kein Polizeifahrzeug mehr hinter mir. Keine Ahnung, wo sie abgeblieben sind. Die kennen ja meinen Weg, denke ich mir und fahre weiter. Ich rechne jeden Kilometer damit, dass sie mich einholen und einmal mehr ihren Frust ablassen. Aber nix. Nicht nach 10, nicht nach 20 und auch nicht nach 30 Kilometer. Sie waren einfach weg. Vielleicht hatten sie aber auch einfach die Lust verloren.

Erst 15 Kilometer vor Esna komme ich wieder in eine Polizeikontrolle. Gleiches Spiel wie gestern. Nationalität, wohin gehts? Und dann wird telefoniert. Aber auch diese Polizisten sind wieder sehr freundlich. Und dieses Mal lassen sie mich einfach weiterfahren. „Ok, you can go", na also, geht doch.

Ich fahre enge, kleine Seitenstraßen und werde hier zum Tee eingeladen. Die Menschen sind auch in Ägypten wieder sehr nett. „WELCOME" ist das Wort, welches ich am meisten höre. Aber solche Begegnungen sind nur möglich, wenn die Polizei nicht 10 m hinter mir herfährt. Zum Glück ist das heute nicht der Fall.

In Esna suche ich mir ein Hotel. Das Beste, weil einzige Hotel hier heißt El Haramein Hotel. Es schaut weder von außen noch vom Anblick des Empfangs sehr einladend aus. Ein Mann schläft auf einem alten, löchrigen und dreckigen Sofa hinter der Rezeption. Als er mich bemerkt, steht er auf und frägt mich wie lange ich bleiben möchte. „Ich weiß es nicht, ich schau mich erst mal anderweitig um" sage ich ihm und verlasse den Empfang um gleich wieder auf mein Rad zu steigen. Der Eindruck war alles andere als einladend, deshalb will ich mir eine andere Bleibe für die Nacht suchen. Doch alle Fragen nach Hotels in der Stadt führen zu keinem Erfolg. Im Gegenteil, die Menschen die ich frage, behaupten es gibt gar kein Hotel hier. Dabei habe ich doch selbst schon eins entdeckt. Ein Taxifahrer will mir dann doch ein Hotel zeigen. Das einzige hier in der Stadt, wie er mir versichert. Ich fahre ihm hinterher. Und kurze Zeit später stehe ich wieder vor dem El Haramein. Ich bedanke mich bei meinem Guide und bin jetzt doch bereit mir die Zimmer anzusehen. Und die sind zum Glück wirklich in Ordnung. Ein eigenes Bad ist sogar auch dabei. Und das Beste sind die Betten. Nicht weich, sondern hart genug um gut schlafen zu können. Am Abend schau ich mir hier in Esna noch den Tempel des Khnums an.

Auf dem Weg nach Luxor bin ich wieder alleine. Ich fahre jetzt hauptsächlich auf Nebenstraßen und hoffe so den Polizeikontrollen zu entgehen. Das klappt auch sehr gut, bis ich bei der Hälfte der Strecke eine Pause einlege. Als ich auf einer Bank sitze hält ein Polizist auf dem Motorrad an und kontrolliert meinen Ausweis. Wieder gibt es die gleichen Diskussionen, warum mit Fahrrad, warum alleine usw. Ich kann ihn überzeugen alleine weiter zu radeln, da es ja nur noch ca. 30 Kilometer bis zum nächsten Ziel sind. Er gibt mir noch einen Rat durch welche Dörfer ich nicht radeln soll. „Da sind Jugendliche Banden unterwegs". Es ist nur zu meiner Sicherheit, sagt er mir noch. Ich verspreche ihm, auf seinen Rat zu hören und fahre weiter.

15 Kilometer vor Luxor kommt mir ein junger ägyptischer Radfahrer mit einem relativ neuen Mountainbike entgegen. Er sieht aus, als ob er eine Trainingseinheit auf dem Rad absolviert. Als er mich sieht, dreht er um und heftet sich an meine Fersen. Er bietet mir gleich mal einen Powerriegel an. Oh Gott, mach ich einen so abgekämpften Eindruck auf ihn? Wir kommen miteinander ins Gespräch und fahren gemeinsam die restlichen Kilometer. Ich versuche ein wenig Gas zu geben, um einigermaßen seinen Ansprüchen gerecht zu werden. Aber ich denke, er will sich nur ein wenig unterhalten. Für ihn ist es wohl eher ein lockeres ausradeln.

Drei Tage Luxor, drei Tage Entspannung, drei Tage gutes Essen, Stella Bier und jede Menge zu sehen.

Ob Karnak Tempel, Luxor Tempel, Tal der Könige oder den Tempel der Hatschepsut, hier fühlt man sich in der Zeit um tausende Jahre zurückversetzt. Über Luxor und den Hatschepsut Tempel steigen jeden Morgen unzählige Ballons nach oben um den Touristen einen ganz besonderen Blick auf diese Sehenswürdigkeiten zu bieten. Auch ich nehme diese Möglichkeit war und steige in einen Ballon ein, der mir einen atemberaubenden Blick ermöglicht.

Leider habe ich heute nach meinem Abendessen massive Magenschmerzen bekommen, die ich in der Nacht auch nicht loswerde. Zum Glück geht es mir dann am Morgen wieder etwas besser. Nach drei Ruhetagen geht es für mich aber wieder weiter auf meiner Strecke zum Mittelmeer. Am nächsten Tag habe ich schon mittags meine Tagesetappe hinter mir gebracht. Es sind zwar nur 60 Kilometer, aber mir bläst ein Wind mit 25 km/h ins Gesicht. Da radle ich lieber 120 km in die andere Richtung. Aber der Wetterbericht gelobt zum Glück Besserung. Ab morgen soll der Wind abflauen und nur noch leicht wehen. Ich vertraue mal der Vorhersage. Dafür treffe ich am nächsten Tag wieder meine Freunde, die liebe Polizei. Vier Kontrollen habe ich an diesem Tag. Es sind immer die gleichen Fragen. Woher? wohin? German? Dann wird immer ganz wichtig mit vielen Leuten telefoniert und ich warte auf das Ergebnis. Dann kommt: „ok, you can go". Meist geben sie mir noch einen Rat mit auf die Reise. Nur die letzten fünf Kilometer haben sie mir an diesem Tag noch Aufpasser mitgegeben, die sich hinter mir herschleichen. Diesmal mach ich es anders. Ich fahre extrem langsam, hilft aber leider auch nichts, sie bleiben einfach dran. Sie haben halt ihren Job zu machen. Aber dafür zeigen sie mir den Weg zu meinem Hotel, immerhin.

Qina ist eine furchtbar laute Stadt ohne jeglichen Charme. Jedenfalls für mich. Ich weiß nicht, warum die Auto- und Motorradfahrer immerzu nur hupen müssen? Wenn man mitten im Stau steht, macht hupen einfach keinen Sinn für mich. Es ist ja nicht nur hier so, sondern überall im Land. Aber hier fällt es mir aber ganz besonders auf. Ein regelrechtes Hupkonzert über den ganzen Tag hinweg. Es ist wohl die südländische Mentalität.

Der Tempel von Dendera ist sicher der Höhepunkt hier in der Stadt. Von allen Tempelanlagen, die ich bisher in Ägypten gesehen habe, ist er für mich bisher am eindrucksvollsten.

Ich habe jetzt eine neue Taktik. In der Früh, wenn ich mein Hotel verlasse, suche ich mir die kleinsten Schleichwege aus der Stadt, um die Kontrollstellen der Polizei zu umgehen. Die sind meist an den wichtigen Kreuzungen am Stadtrand. Das hat jetzt zweimal gut funktioniert. Es dauert zwar etwas länger, aber an der Kontrolle müsste ich ja auch warten. Nur besteht jetzt die Gefahr den vielen aggressiven streunenden Hunden in den engen Gassen zu begegnen. Da heißt es dann kräftig in die Pedale treten. Aber Hunde die bellen beißen ja bekanntlich nicht. Hoffentlich wissen die das aber auch. Jeder Tag eine neue Herausforderung, bis ich früh morgens endlich die Stadt verlassen habe.

Ich bin in Sohag angekommen und habe jetzt etwas über 1500 Kilometer auf meinem Tacho. Noch vielleicht 700 bis 800 Kilometer, dann habe ich die knapp 13.000 Kilometer durch Afrika hinter mir. Das sollte doch Ansporn genug sein.

Aber täglich grüßt ja bekanntlich das Murmeltier. Meine Begegnungen mit der Polizei sind für mich täglich die größten Herausforderungen auf die ich mich konzentriere. Zunächst gilt es der Polizei bis Asyut wieder zu entkommen. Zweimal muss ich allerdings zunächst selbst auf den Nebenstraßen den freilaufenden, Zähne fletschenden und bellenden Hunden entkommen, die gleich im Rudel hinter mir her sind und mir gefährlich nahekommen. Da hilft nur in die Pedale treten und nichts wie weg. Ich höre wie einer dieser Köter mit seinen Zähnen in meine Satteltasche beißt und gebe gleich noch mehr Gas. Zu meiner Sicherheit muss ich meine Strategie doch wieder ändern und bleibe lieber auf den Hauptstraßen. Es hilft nichts. Von den Hunden möchte ich wirklich nicht gebissen werden.

40 Kilometer vor Asyut bin ich wieder in einer Polizeikontrolle. Gleiches Spiel wie immer. Ich muss warten, bis ein Polizeifahrzeug kommt. Wieder fahren sie mir im Schleichgang hinterher. Diesmal bin ich sogar etwas schneller, da ich heute keinen Gegenwind habe. Sobald mich ein Tuk-Tuk Fahrer seitlich aus seiner Kabine anspricht, wird er von der Polizei gnadenlos

abgedrängt. Immerhin fühle ich mich von ihnen wirklich beschützt. Ich quartierte mich in das schwimmende Fünf-Sterne-Schiffshotel Miss Egypt ein und verabschiede mich von den Polizisten. So komm ich auch noch auf ein Schiff auf dem Nil, wenn auch nur für eine Nacht. Die Miss Egypt hat auch schon einige Kratzer in der Vergangenheit abbekommen, aber es ist trotzdem ein schönes Gefühl auf einem ehemaligen Nilkreuzfahrtschiff zu übernachten.

Als ich am späten Nachmittag mein Hotel verlassen möchte, frägt mich die Security im Hotel wohin ich gehe. Jetzt wird es mir zu viel. Etwas unwirsch sag ich, dass ihn das gar nichts angeht. Jetzt schaut er mich doch etwas beleidigt an und ich zieh los.

Um 5.30 Uhr früh stehe ich am nächsten Morgen mit gepackten Satteltaschen an der Rezeption um loszufahren. Der Polizei hatte ich als Abfahrtszeit 6.00 Uhr am Vortag mitgeteilt, um sie abzuschütteln. Aber Pech gehabt. Sie stehen bereits an der Rezeption und warten auf mich.
Als ich meine Taschen am Rad anbringen möchte, umlagern fünf oder sechs Polizisten mein Rad. „No, bicycle – Taxi". Es beginnt eine 10-minütige Verhandlung mit ihnen. Sie lassen mich nicht fahren. Keine Chance. Ein Minibus steht schon bereit. Dort soll ich einsteigen und die 130 Kilometer bis Minya mitfahren. „From Minya to Kairo its safe" sagt mir der Oberhäuptling. Mir bleibt gar nichts anderes übrig, sie lassen mich nicht zu meinem Fahrrad. Also Fahrrad rein, ich rein und los geht es. Im Konvoi fahren wir los. Vor und hinter dem Minibus ein Polizeifahrzeug. Als ich den Fahrer bitte kurz anzuhalten, um mir aus den Radtaschen etwas zu holen und die Türe aufmache, stehen sofort wieder die Gesetzeshüter neben mir. Sie dachten, ich habe es mir anders überlegt und will wieder aufs Fahrrad steigen.

Dann geht's plötzlich weiter auf einem Polizeifahrzeug. Vier- oder fünfmal wechseln anschließend die Polizei-Fahrzeuge die mich mitnehmen und mich mitsamt dem Fahrrad von einem zum anderen reichen. Einmal muss ich dabei über zwei Stunden warten. Dann bin ich endlich nach fünf Stunden Fahrt in Minya angekommen. Auch hier frägt mich die junge Frau an der Rezeption, ob ich vorhabe das Hotel zu verlassen. „I don't know yet" sage ich ihr und frage sie warum das wichtig wäre. „The police can accompany you" sagt sie darauf. Als ich sie frage, ob es hier gefährlich wäre, meint sie nein. Aber weil hier niemand Englisch spricht wäre es nur als Hilfe gedacht, falls ich Fragen hätte. Wer glaubt denn so was.

Ich weiß nicht, richtig frei fühle ich mich hier nicht. Hier in Minya darfst du nicht alleine auf die Straße. Sobald ich das Hotel verlasse ist Polizei dabei. Ätzend. Die tun mir zwar nichts. Aber ich vermisse es, dorthin gehen zu können wohin ich will und das zu tun, was ich eben machen will. In allen acht Ländern, die ich mit dem Rad zuvor in Afrika bereist habe, war ich frei und fühlte mich auch frei. Hier fühle ich mich wie ein Gefangener. So gut mir vor allem Assuan aber auch Luxor zuvor gefallen haben, schlägt das alles hier bei mir sehr negativ zu buche.

Ein Polizist besucht mich im Hotel. Er sagt, ich darf das Hotel mit Fahrrad nicht verlassen. Fahrradfahren ist illegal hier in dieser Gegend. Das gilt natürlich nur für Touristen. Natürlich. Ich protestiere und kündige ihm an, morgen das Hotel mit dem Fahrrad zu verlassen oder er müsse mich einsperren. Außerdem hat mir der Polizeikollege aus Asyut gesagt, from Minya to Cairo its safe. „He was lying", sagt er mir nur lapidar. Am Ende verspreche ich ihm zumindest heute nur zu Fuß zu gehen. Morgen werden wir sehen was kommt. Aber ich befürchte, es wird nix aus dem Radfahren.

Ich lasse am Abend die Polizei vor dem Hotel einfach stehen und gehe zu Fuß Richtung Innenstadt, weil sie nach fünf Minuten Wartezeit immer noch keine Begleitung für mich gefunden haben. Die Stadt macht auf mich einen modernen und angenehmen Eindruck. Ich kann einfach nicht verstehen, warum sie solche Schutzmaßnahmen für mich ergreifen müssen.

Als ich früh morgens losradeln möchte, stehen wieder drei Securities vor mir. „Please stop, one minute". Das sagen sie immer. Daraus werden meist 20 Minuten. Als sie ihre wichtigen Telefonate führen, setz ich mich einfach aufs Rad und fahr los. „No time" sage ich und höre nur stop, stop, stop. Ein Security läuft mir hinterher. Aber der dürfte so in meinem Alter sein, also auch nicht mehr der Schnellste.

Ich fahre aus der Stadt und habe Glück, dass der Police Checkpoint nicht besetzt ist. Ich komme gut voran, doch nach ca. 20 Kilometer sehe ich wieder Polizei hinter mir. Sie stoppen mich. „What is the problem?" frage ich sie. „No problem" sagen sie mir. „Ok", sag ich, „then i can go", schwing mich wieder aufs Rad und fahre davon. Sie kriechen mal wieder hinter mir her. Ich habe heute noch 100 Kilometer vor mir, wollen die wirklich den ganzen Tag so hinterherfahren? Nein, tun sie nicht. Nach 10 Kilometer steht wieder Polizei vor mir und hält mich auf. „i can not allow you to cycle here, it's too dangerous". Dann telefoniert er nochmal und nimmt mich mit Fahrrad und Gepäck auf sein Polizeifahrzeug. Ich habe keine Chance zu entkommen. Alle 10 Kilometer muss ich das Polizeifahrzeug wechseln. Mittlerweile ist es schon wieder das vierte.

Dann steige ich in einen bereits überfüllten Kleinbus um. Mein Fahrrad wird oben auf dem Dach festgebunden. Allerdings dauert die Fahrt wieder nur 10 Kilometer. Am nächsten Checkpoint muss ich wieder aussteigen. Ich beklage mich, weil eine meiner Trinkflaschen auf der Fahrt verloren gegangen ist. Am Checkpoint wird wieder telefoniert. Ich muss mit dem Kleinbus zurück zum letzten Checkpoint. Warum? keine Ahnung. Alle Fahrgäste im Bus müssen jetzt aussteigen und der Busfahrer fährt mich alleine zurück zu dem Checkpoint, genau dorthin wo er mich eingeladen hatte. Beim Blick zurück sehe ich alle Fahrgäste am Straßenrand stehen. Sie schauen mir ungläubig hinterher. Ich hoffe sie sind nicht allzu sauer auf mich. Auf der Rückfahrt steigt der Fahrer plötzlich aus voller Fahrt scharf in die Eisen, fährt kurz zurück, steigt aus und holt mir die Trinkflasche, die er am Straßenrand auf dem Boden liegen sieht, und dass bei diesem Tempo, Respekt.

Am ersten Checkpoint wieder angekommen, bleibe ich weitere 20 Minuten in der Polizeiwache, dann fahre ich mit dem nächsten Minibus wieder dorthin, von wo ich zurückgeschickt wurde. Jetzt dreh ich langsam durch. Spinnen die alle zusammen? Wieder warten. Jetzt bekomme ich wenigstens Tee serviert. Ich warte wieder 30 Minuten bis ein Polizeifahrzeug für mich bereit steht. Jeder der mir ein übliches „welcome" wünscht, entgegne ich „i don't think so", so angefressen bin ich mittlerweile. Dann bekomme ich endlich die

Freigabe „ok, you can go. And if you like with your bycicle". So fahre ich die letzten 40 Kilometer wieder auf meinem Fahrrad mit der Polizei als Begleitschutz hinter mir.

Es macht einfach keinen Spaß hier in Ägypten. Als ich am nächsten Tag in Bani Suef das Hotel um 6.00 Uhr verlassen möchte, wartet schon die Polizei auf mich. Sie halten mein Lenkrad fest und lassen mich nicht losradeln. Nach endlosen Telefongesprächen reiß ich mich los, schwing mich aufs Rad und fahr einfach los. Die Polizei natürlich hinter mir her. Nach 10 Kilometer halten sie mich an. Sie halten mein Fahrrad fest und bestehen darauf, dass ich einsteige. Wir diskutieren eine ganze Stunde, unterstützt von seinem Kollegen am Telefon der ein wenig English spricht. Es hilft nichts. Sie lassen mich einfach nicht alleine fahren. Ich steige ins Polizeifahrzeug und sie fahren mit mir wieder zurück zur Busstation nach Bani Suef. Ich steige in den Bus. Es geht Richtung Kairo. Am Ziel werde ich von der Polizei schon wieder erwartet. Wenigstens muss ich mich nicht um irgendwelche Fortbewegungsmittel kümmern, die Polizei organisiert alles für mich und dass auch noch kostenlos. Da ich über Booking bereits eine Unterkunft in Dahshur gebucht habe, fahren sie mich wieder 20 km zurück, direkt zum Sanfro Café, so der Name der Unterkunft. Mein Vermieter vermietet ein Zimmer zum ersten Mal, sagt er und stellt mir Cola und Datteln zur Begrüßung hin. Ich habe mich schon gewundert, weil keine Bewertung in Booking vorhanden ist. In der Zwischenzeit bemerke ich viel Polizei im Garten des Cafés. Schließlich kommt der Vermieter nach 30 min zu mir und erklärt, er könne mir das Zimmer nicht geben. Die Polizei verbietet es. Ich nehme an, dass diese Unterkunft nicht gemeldet ist und deshalb die Polizei ihm Vermietungen generell untersagt. Oder es ist nicht erlaubt während des Ramadans das Café zu öffnen, denn alle Cafés und Restaurants sind tagsüber in dieser Zeit leider geschlossen. Und wir haben jetzt zu meinem Leidwesen Ramadan. Aber genau kann oder will er es mir mit seinem gebrochenen Englisch nicht erklären. Jetzt brauch ich eine Alternative, denn hier in Dahshur gibt es kein Hotel.

Bevor ich eine alternative Unterkunft suche, schaue ich mir noch die Rote Pyramide an, die nur zwei Kilometer vom Café entfernt ist. Deshalb ist Dahshur auch bekannt und deshalb wollte ich auch hierher.

Es sind nur 25 Kilometer zu den großen Pyramiden in Gizeh. Dort finde ich ein Hotel. Wieder diskutiere ich eine gefühlte Ewigkeit damit ich die Strecke endlich wieder selbst fahren kann. Aber ich habe wieder keine Chance. Die Polizei umringt mich und drängt mich in ein Polizeifahrzeug zu steigen. Lediglich beim Umstieg in ein anderes Fahrzeug kann ich meine Gesetzeshüter überreden, die letzten acht Kilometer hinter ihnen herzuradeln.

Aber auch das wird zum Fiasko. Aus acht werden locker mal 15 Kilometer, weil sie ständig auf andere Straßen ausweichen. Grund sei der dichte Verkehr, reden sie sich heraus. Dabei wäre ich schon längst am Ziel, könnte ich selbst die Straßen aussuchen. Da könnte ich jeden Stau ganz einfach umfahren.

Bei dem Verbot fürs Fahrradfahren kann man sich schon fragen, ist es denn wirklich so gefährlich in Ägypten zu radeln? Eindeutig NEIN. Die Menschen sind alle sehr nett und freundlich. Nichts deutet darauf hin, dass es gefährlich wäre. Selbst die Polizei sagt mit: its safe, wenn ich sie danach frage. Und warum darf ich nicht selbst radeln? „Goverment" bekomme ich dann zur Antwort. Es gibt wohl ganz einfach eine gesetzliche Vorgabe für die Polizei keine Touristen auf dem Fahrrad fahren zu lassen.

Jetzt bin ich in Gizeh und hier bleibe ich auch ein paar Tage. Der Blick von der Dachterrasse entschädigt für vieles. Hier habe ich einen phantastischen Ausblick auf die Pyramiden von Gizeh. Als ich meinen Vermieter frage, ob er auch ein Stella Bier hat, sagt er mir nur „sorry, it's Ramadan, we have no beer while we have Ramadan". Na super.

Ich fahre für zwei Tage in die Innenstadt von Kairo. Die vielen Moscheen in Kairo sind sehr beeindruckend. Vor allem die Al-Hakim-Moschee (*siehe Bild Al-Hakim-Moschee in Kairo*) hat es mir angetan. Ein Wahrzeichen der Stadt ist auch der Kairo Tower. Ob kurz vor Sonnenuntergang oder später in der Nacht zeigt sich aus einer Höhe von knapp 150 Meter ein beeindruckendes Bild auf die riesige 10 Millionenstadt. Außerdem gibt's hier leckeres Essen und ausnahmsweise trotz Ramadan auch wieder ein Stella Bier.

Auch wenn ich fußläufig fast alles gut erreichen kann, nehme ich mir hier für weitere Strecken ein Taxi. Als mich ein Taxifahrer frägt, ob er mich mitnehmen kann, bin ich ganz froh darum und willige ein. Allerdings wäre es auch kein Fehler gewesen, sich das Fahrzeug vorher mal anzusehen. Als wir um die Ecke biegen stehe ich davor. Die Türe klemmt schon beim Einsteigen, Kopfstützen und Sicherheitsgurte sind hier nicht vorhanden und deshalb auch nicht zu finden, dafür ist der Innenraum mit Plüschtieren verkleidet. Vielleicht als Aufprallschutz. Aber wenigstens komme ich schneller voran als zu Fuß. Bei uns auf den Straßen wäre dieses Taxi undenkbar. Er spricht ein wenig Englisch. So erfahre ich sein Alter. Wie ich selbst, ist er auch 1962 geboren. Das macht ihn gleich noch sympathischer und uns geht der Gesprächsstoff nicht aus.

Als wir in den Stau kommen, höre ich eine Polizeisirene. Die kommt allerdings aus unserem Fahrzeug. Mein Freund der Taxifahrer grinst, zulässig ist es nicht, das weiß er selbst. Aber hier sind die Regeln ein wenig anders. Ich schenke ihm für die abenteuerliche Fahrt noch ein wenig Trinkgeld, erfreut darüber grinst er mich wieder an und zeigt mir seine noch drei verbliebenen Zähne.

Jetzt gilts. Die Tage für Sightseeing und Relaxing sind vorbei. Am nächsten Tag fahre ich die erste Strecke der letzten 250 Kilometer bis Alexandria – hoffentlich ohne meine Beschützer. Wegen dem Ramadan habe ich in Kairo und Umgebung ein wenig Pech. Alle Cafés und Restaurants sind tagsüber geschlossen und Bier gibt's abgesehen vom Kairo Tower auch keines.

Seit ich von Kairo nach Alexandria aufgebrochen bin, interessiert sich aber auch keine Polizei mehr für mich. Straßenkontrollen sind nicht mehr vorgesehen und Polizei, die ich zufällig auf der Straße begegne, ignoriert mich völlig. Ich bin völlig perplex und kann es kaum glauben, aber mir kanns nur recht sein.

Das Gefährlichste sind immer noch diese Straßenköter. Hier gibt es so viele davon und einige sind richtig aggressiv und springen mir wieder bellend hinterher.

Drei Etappen habe ich noch vor mir. Bis Schibin, anschließend Damanhur und zum Abschluss Alexandria. Da ich 5:30 Uhr immer starte, stehe ich schon um 5:00 Uhr auf und bin gegen 11:00 Uhr am Ziel. Ab 4:00 Uhr früh kann ich ohnehin nicht mehr schlafen, denn dann brüllt mir für gewöhnlich der Muezzin mit einer solchen Lautstärke ins Ohr, dass an Schlaf ohnehin nicht zu denken ist. Die morgendliche Stimmung auf dem Rad ist immer ganz besonders schön. Natürlich auch wegen dem tollen Licht um diese Zeit. Getrübt wird die Freude leider immer durch die riesigen Mengen an Plastikmüll, die auch hier in Ägypten überall zu finden sind. In den Köpfen der Menschen müsste hier ein Umdenken erfolgen. Allzu leicht wird der Abfall einfach auf der Straße entsorgt. Ich bin entsetzt, als ich über die Brücke eines Flusses fahre und das Wasser vor lauter Plastikmüll nicht sehen kann (*siehe Bild Überall Plastikmüll*). Naja, die Hoffnung, dass es besser wird, stirbt ja bekanntlich zuletzt.

Ich habe es geschafft! Nach fast 13 000 Kilometer auf dem Rad, auf 7 Reisen, durch 9 Länder (Südafrika, Eswatani, Simbabwe, Sambia, Tansania, Kenia, Äthiopien, Sudan und Ägypten) bin ich am Ziel am Mittelmeer angekommen. Von Süden über den höchsten Punkt, den Mt. Kilimandscharo bis zum nördlichen Rand des Kontinents habe ich die drei Pole Afrikas erreicht. 26 Jahre habe ich dieses Ziel verfolgt, als ich zum ersten Mal 1997 mit meinem Freund Peter in Kapstadt gestartet bin.

Die letzten Tage in Alexandria gönne ich mir noch ein schönes, luxuriöses Hotel direkt am Strand. Hier gibt es neben dem einladenden Pool auch leckeres Essen und lokales Bier. Jedenfalls zu Beginn meines Aufenthaltes. Denn bereits nach dem ersten Tag war das überall gängige Stella Bier vergriffen, nach dem zweiten Tag gab es noch das ebenfalls in Ägypten gebraute Sakara Bier und wer hätte es gedacht. Auch diese Sorte sollte am dritten Tag aufgebraucht sein. So muss ich die letzten Tage auf das achtprozentige Master Max aus Deutschland ausweichen. So verlasse ich den afrikanischen Kontinent nach acht Wochen mit vielen verschiedensten Eindrücken. Mit meinem Fahrrad, das mich seit 1997 begleitet hat, geht`s mit der Türkisch Airways nach Hause. Am 11. April 2023 lande ich in München und beende mein vorerst letztes Abenteuer in Afrika.

16. Sudan im Ausnahmezustand

Eine Woche nach meiner Rückkehr und sieben Wochen nachdem ich Khartum verlassen habe, herrschen bürgerkriegsähnliche Zustände im Land. Binnen weniger Stunden hatte sich die Hauptstadt im Sudan zu einem Kriegsgebiet verwandelt, mit Luftangriffen und Straßenkämpfen zweier rivalisierender Generäle. Mohammed Hamdan Dalgo und Abbel Fattah al-Burahn wollen beide die uneingeschränkte Macht in diesem Land gewinnen. Dabei hatten sie beide versprochen nach dem Sturz des Diktators Omar al-Baschir eine Demokratie aufzubauen. Nichts davon ist mehr zu sehen. Die Leidtragenden sind wie immer die Menschen in diesem Land, die friedlich und ohne Einfluss auf das Geschehen dort zurechtkommen müssen.

Der Flughafen wurde für die zivile Luftfahrt gesperrt, Krankenhäuser wurden bombardiert die Menschen in der Hauptstadt bleibt nur noch die Flucht. Es gibt hunderte von Toten und tausende verwundete Menschen dort.

Dieses Mal hatte ich Glück. Wäre der Konflikt früher ausgebrochen, hätte ich meine Reise wieder verschieben müssen oder ich wäre im Krisengebiet festgesteckt und hätte um mein Leben bangen müssen und wäre auf die Hilfe der deutschen Behörden angewiesen gewesen.

Zum Glück kann ich diese Überlegungen im Konjunktiv schreiben, da ich es noch rechtzeitig geschafft habe.

Wann beginnen Regierungen in weiten Teilen Afrikas für ihre Menschen da zu sein und nicht nur ihre egoistischen machthaberischen Ziele zu verfolgen? Erst wenn hier ein Wendel erkennbar ist, können der Kontinent und ihre Menschen aufatmen und ihre Lebensumstände sich verbessern. Ich fürchte ich werde es nicht mehr erleben.

Danksagung

Ein Buch über meine Reisen?

Ich hatte niemals vor, ein Buch über alle meine Reisen mit dem Fahrrad in Afrika zu schreiben. Meine Eindrücke während der Reisen konnte ich nach so viele Jahre nur erhalten, weil ich auf jeder Reise ein ausführliches Tagebuch führte. Das Tagebuch habe ich dann auch immer in einen zusammenhängenden Text geschrieben, den ich für meine persönlichen Erinnerungen aufbewahrte.

Über einen Zeitraum von mehr als 25 Jahren ändern sich aber Vieles. Das Reisen wurde mir erleichtert z.B. durch Navigation-Apps. Und auch für die Vorplanung oder für die Suche nach Unterkünften vor Ort standen mir zahlreiche Programme zur Verfügung. Es gab plötzlich auch zahlreiche Foren, in denen ich mich mit anderen Radreisenden austauschen konnte. Mit der Erstellung meiner eigenen Homepage, begann ich auch meine Reisen aktuell für Menschen in meinem Umfeld zu dokumentieren. Zunächst nur sporadisch und zusammengefasst in zeitlichen Blöcken. Am Ende konnte ich tagesaktuell meinen Reise-Blog ins Internet stellen.

Viele meiner Freunde erzählten mir, wie spannend sie das fanden. Fast so, als ob sie jeden Tag dabei gewesen wären. Wenn ich mal einen Tag aussetzen mussten und aufgrund des fehlenden Internet-Zugangs keinen Tagesbericht einstellen konnte, freuten sie sich schon mit Spannung auf den nächsten Tag. Nachdem mir so viele Menschen aus meinem privaten Umfeld das erzählt haben, begann ich mir darüber Gedanken zu machen ein Buch über alle Reisen in Afrika zu schreiben.

Aber wie schreibe ich ein Buch über meine Reisen?

Meine Texte für ein umfangreiches Manuskript hatte ich schon längst geschrieben.

Zum Glück hat mein Freund Hubert nicht nur ein Fahrradgeschäft, sondern ist auch selbst Autor und hat schon selbst mehrere Bücher geschrieben. Er war also Rad- und Ratgeber für mich in einer Person. Er empfahl mir das finanzielle Risiko erstmal gering zu halten und das Buch im Internet bei Book on Demand (BoD) zu erstellen. Auch auf einen Lektor sollte ich seiner Meinung nach verzichten. Selbst wenn die eine oder andere Passage vielleicht etwas holperig geschrieben ist, ist die Authentizität meiner Erlebnisse und meiner Schreibweise besonders wichtig. „Ein Lektor macht dir unter Umständen eine andere Geschichte daraus" meinte er. Und so habe ich mich entschlossen, alles selbst in die Hand zunehmen und mit seiner Unterstützung alles bei BoD umzusetzen.

Das Ergebnis meiner Arbeit lieber Leser, hältst du jetzt in der Hand.

Epilog

Würde ich es wieder machen?

Es gab sicher sehr viele Tage auf meinen Reisen, da hätte ich mit einem klaren NEIN geantwortet. Aber mit etwas zeitlichem Abstand gibt es für mich nur eine Antwort auf diese Frage. JA. Ich würde es mit Sicherheit wieder machen. Vielleicht etwas anders. Vielleicht würde ich die Strecke etwas anpassen oder eine Tour auf einem ganz anderen Kontinent wählen. Vielleicht würde ich versuchen noch mehr mit den Menschen in Kontakt zu treten. Vielleicht würde ich noch mehr die Reisen dokumentieren, um mich später wieder an die Einzelheiten zu erinnern. Aber auf jeden Fall würde ich noch intensiver die Strecken durchqueren. Es müssen nicht immer 100 Kilometer oder mehr als Tagesziel angesetzt werden. Gerade die Langsamkeit des Reisens mit dem Fahrrad macht den Reiz aus. Je länger die Reise dauert, je langsamer ich unterwegs war, desto intensiver waren die Eindrücke. Manchmal dachte ich, um meine Tagesziel sicher zu erreichen kann ich immer noch später anhalten um die Natur zu bewundern, ein Foto zu knipsen oder mit den Menschen zu sprechen. Und manchmal ist das später dann zu spät. Die Landschaft hat sich verändert, die Vegetation ist eine andere, selbst die Menschen sehen anders aus oder bewegen sich anders fort.

Ich hatte Afrika als Ziel gewählt, weil es der ursprünglichste aller Kontinente ist. Und ich hatte Radfahren als Fortbewegungsmittel gewählt, weil es eine große Herausforderung darstellt, diese Strecke mit der eigenen Muskelkraft zu bewältigen. Ich wusste allerdings nicht, dass es auf der Strecke so viele Berge gibt. Und ein weiterer Aspekt kam hinzu, den ich erst auf und nach den Reisen realisierte. Alleine und nur mit dem Fahrrad trete ich den Menschen völlig ungeschützt gegenüber. So konnte ich ihr Vertrauen viel leichter gewinnen.

Vor jeder Reise hatte ich aber auch ein mulmiges Gefühl im Bauch oder vielleicht sage ich besser großen Respekt vor dem, was auf mich zukommen sollte. Denn Restrisiken konnte ich natürlich nie ausschließen. Ich malte mir gefährliche Tiere, kriminelle Menschen und Sandstürme in der Wüste aus. Doch alle wilden Tiere waren in Reservaten eingesperrt, Skorpione und Schlangen bin ich nie begegnet, die Menschen waren arm, neugierig und hilfsbereit aber nie kriminell und gegen echte Sandstürme musste ich zum Glück auch nie ankämpfen. Am Ende der Reise stand immer die Erkenntnis, dass alle Sorgen und Ängste völlig unbegründet waren.

Im Gegenteil. Ich durfte auf den einzelnen Reisen viel erleben und habe dabei sehr viel Gastfreundschaft erfahren. Ohne die Hilfe all dieser Menschen, denen ich begegnet bin, hätte ich es nicht geschafft. Menschen helfen einander. Das gilt überall auf dieser Welt. Und nirgendwo kann man dies so sehr erfahren, wie auf einer Reise. Ich hoffe ich erinnere mich immer wieder daran, wenn sich mein eigenes Ego bei mir meldet.

Autor

Gerhard Christian Jaksch

1962 in Augsburg geboren. Ich wuchs zusammen mit 2 Brüdern in Großaitingen südlich von Augsburg auf. An der FH Augsburg studierte ich Maschinenbau.

Fußball, Leichtathletik, Rad- und Skifahren sind und waren über Jahrzehnte meine Leidenschaft um mich körperlich fit zu halten.

Der Hang zum Abenteuer war in meinem Leben immer schon sehr ausgeprägt. Neben den Reisen mit und ohne Fahrrad auf allen Kontinenten, durfte ich diese Abenteuerlust beim Drachen-, Gleitschirm- und Motorschirmfliegen, beim Bungee Jumpen, beim Rafting, beim Canyoning, beim Bergwandern und Tourengehen spüren.

Länder und Jahre meiner Durchquerung